学习新时代治国理政的思想和智慧

曲青山 著

学习出版社

出版说明

当代中国，正经历着历史上广泛而深刻的社会变革，正进行着人类历史上宏大而独特的创新实践。伟大的实践呼唤伟大的理论。党的十八大以来，习近平总书记围绕治国理政新实践发表系列重要讲话，深刻回答了新形势下党和国家事业发展的一系列重大理论和现实问题，创立了习近平新时代中国特色社会主义思想。

中共中央党史和文献研究院院长曲青山同志就学习习近平新时代中国特色社会主义思想撰写了一系列理论文章。这些文章观点鲜明，逻辑严密，通俗易懂。为此，我社特邀曲青山同志精选其近年来发表的一些文章结集成册，予以出版。我们相信，本书对于广大党员干部深刻领悟"两个确立"的决定性意义，增强"四个意识"、坚定"四个自信"、做到"两个维护"，深刻领会和把握习近平新时代中国特色社会主义思想的世界观、方法论和贯穿其中的立场观点方法，加强理论武装，具有帮助和启迪。

学习出版社

2025 年 9 月

目 录

守正创新：《习近平谈治国理政》第五卷的
鲜明特点……………………………………………………001

实现中华民族伟大复兴的行动指南
　　——深入学习《习近平著作选读》第一卷、第二卷……………004

习近平新时代中国特色社会主义思想实现了
马克思主义中国化新的飞跃…………………………………021

开辟马克思主义中国化时代化新境界………………………030

关于开辟马克思主义中国化时代化新境界的
几个重大理论问题……………………………………………039

新时代中国共产党人的政治宣言……………………………048

创造新时代中国特色社会主义伟大成就的根本原因
　　——"两个确立"的确立过程及决定性意义……………………058

推进中国式现代化的行动指南
——深入学习习近平总书记关于中国式现代化的
重要论述 075

全面准确领会和把握进一步全面深化改革的原则 097

新时代全面深化改革的重大成就 103

改革不停顿　开放不止步
——访中共中央党史和文献研究院院长曲青山 111

深刻理解新发展阶段 122

建设金融强国的强大思想武器 133

制度优势是党和国家的最大优势
——深入学习《习近平谈治国理政》第三卷 142

学习习近平文化思想 151

深入学习贯彻习近平生态文明思想 177

新时代我国对外工作的根本遵循和行动指南
——学习《习近平外交思想学习纲要》......187

新时代全面从严治党的强大思想武器
　　——深入学习习近平总书记关于党的自我革命的
　　　重要思想 197

坚持"九个以"的实践要求，把党的自我革命进行到底 209

中央八项规定：激发凝聚起历史性变革力量 220

新时代加强党的作风建设的锐利思想武器
　　——学习习近平总书记关于加强党的
　　　作风建设的重要论述 229

坚持历史思维
　　——学习习近平总书记关于党的历史的重要论述 241

学好党的光辉历史　用好党的历史经验
　　——深入学习《习近平谈治国理政》第四卷 253

坚持问题导向　破解发展难题
　　——专访中共中央党史和文献研究院院长曲青山 260

调查研究是我们党的传家宝 268

守正创新:《习近平谈治国理政》第五卷的鲜明特点

经党中央批准,《习近平谈治国理政》第五卷正式出版发行,这是党和国家政治生活中的一件大事。这部重要著作是全面系统反映习近平新时代中国特色社会主义思想最新成果的权威著作。认真研读这部重要著作,我们深切体会到,守正创新是贯穿全书的鲜明特点,充分彰显了习近平新时代中国特色社会主义思想的理论品格和独特魅力。

坚持守正创新,是党的二十大报告总结提炼和深刻阐述的"六个必须坚持"之一,是习近平新时代中国特色社会主义思想的立场观点方法的重要体现,是其理论精髓的重要方面,也是我们党在新时代治国理政的重要思想方法。坚持守正创新,要求我们始终走正道、善于闯新路,不断开辟马克思主义中国化时代化新境界。

《习近平谈治国理政》第五卷集中展现了习近平总书记坚持守正创新,深刻回答中国之问、世界之问、人民之问、时代之问,推进马克思主义中国化时代化的最新成果。比如,关于推进党的理论创新,深刻阐明了"两个结合"的基本内涵和实践意义,强调始终坚守理论创新的魂和根,把马克思主义思想精髓同中华优秀传统文化精华贯通起来,聚变为新的理论优势,不断攀登新的思想高峰。关于推进中国式现代化,明确以中国式现代化全面推进中华民族伟大复兴的使命任务;概括提出并深入阐述了中国式现代化理论,强调守好中国式现代化的本和源、根和魂,积极识变应变求变。关于深化改革开放,明确进一步全面深化改革的主题、重大原则和重大举措,强调既要有道不变、志不改的强大定力,又要有敢创新、勇攻坚的锐气胆魄;提出以高水平对外开放促进深层次改革、高质量发展。又如,关于推动经济社会高质量发展,创造性提出因地制宜发展新质生产力、一体推进教育科技人才事业发展;强调大力发展全过程人民民主,鲜明提出把铸牢中华民族共同体意识作为新时代党的民族工作主线、民族地区各项工作的主线;强调坚持党的文化领导权、担负起新时代的文化使命,深刻阐释中华文明的突出特性;提出以人口高质量发展支撑中国式现代化;提出以美丽中国建设全面推进人与自然和谐共生的现代化;提出健全社会工作体制机制,以新安全格局保障新发展格局;等等。关于开创中国特色大国外交新局面,强调坚守中国外交的优良传统和根本方向,系统阐述构建人类命运共同体理念的丰富内涵和实践要求;在提出全球发展倡议、全球安全倡议基础上,进一步提出全球文明倡议;提出携手同行现代化之路,建设开放包容、互联互通、共同发展的世界等重大主张。再如,关于深入推进新时代党的建设新的伟大工程,创造性地提出并阐释解决大党独有难题、健全全面从严治党体系、铲除腐败滋生的土壤和条件等重大命题;全面阐述深入推进党的自我革命的实践要求,强调坚持解放思想、实事求是、与时俱进、守正创新,不断深化对党的自我革命的规律性认识。这一系列新思想新观点新论断,进一步丰富了新时代党的思想理论宝库。

实现中华民族伟大复兴的行动指南
——深入学习《习近平著作选读》第一卷、第二卷

中共中央文献编辑委员会编辑的《习近平著作选读》第一卷、第二卷已经正式出版发行。这是党和国家政治生活中的一件大事，具有重大而深远的意义。这部重要著作，以党的二十大报告为开卷篇，第一卷收录的是习近平总书记在党的十八大至党的十九大期间（2012年11月至2017年10月）的重要著作，共有讲话、演讲、指示、批示、训令等71篇，部分著作是第一次公开发表。第二卷以党的十九大报告为首篇，收录的是习近平总书记在党的十九大至党的二十大期间（2017年10月至2022年10月）的重要著作，共有报告、讲话、谈话、演讲、指示等75篇，部分著作是第一次公开发表。

党的十九大报告，是党的十八大以来5年党的理论创新和实践创新的集大成；党的二十大报告，是新时代10年党的理论创新和实践创新的集大成。以这两篇重要著作为代表，《习近平著作选读》第一卷、第二卷收录的重要文献，集中回答了新时代坚持和发展什么样的中国特色社会主义、怎样坚持和发展中国特色社会主义，建设什么样的社会主义现代化强国、怎样建设社会主义现代化强国，建

设什么样的长期执政的马克思主义政党、怎样建设长期执政的马克思主义政党等重大时代课题，具体回答了实践中遇到的一系列新问题，生动记录了习近平新时代中国特色社会主义思想的创立历程，集中展现了这一重要思想的科学体系、精神实质、核心要义、实践要求，是习近平总书记最重要、最基本的著作，为全党深入开展学习贯彻习近平新时代中国特色社会主义思想主题教育，为武装全党、教育人民提供了权威教材。

科学回答了新时代坚持和发展什么样的中国特色社会主义、怎样坚持和发展中国特色社会主义的重大时代课题

坚持和发展中国特色社会主义是一篇大文章，邓小平为它确定了基本思路和基本原则，以江泽民同志、胡锦涛同志为主要代表的中国共产党人在这篇大文章上都写下了精彩的篇章。继续把这篇大文章写下去，是新时代中国共产党人的任务。党的十八大以来，以习近平同志为核心的党中央准确把握中国特色社会主义的历史新方位、时代新变化、实践新要求，以全新的视野深化对共产党执政规律、社会主义建设规律、人类社会发展规律的认识，科学回答了新时代坚持和发展中国特色社会主义的总目标、总任务、总体布局、战略布局和发展方向、发展方式、发展动力、战略步骤、外部条件、政治保证等基本问题，推动党和国家事业取得历史性成就、发生历史性变革，开创了中国特色社会主义新时代。《习近平著作选读》中的《人民对美好生活的向往，就是我们的奋斗目标》《实现中华民族伟大复兴是中华民族近代以来最伟大的梦想》《关于坚持和发展中国

特色社会主义的几个问题》《必须准备进行具有许多新的历史特点的伟大斗争》《坚持党对一切工作的领导》《坚持和运用好毛泽东思想活的灵魂》《积极培育和践行社会主义核心价值观》《努力开创中国特色社会主义事业更加广阔的前景》《坚定对中国特色社会主义政治制度的自信》《推进协商民主广泛多层制度化发展》《构筑各民族共有精神家园》《加快建设社会主义法治国家》《毫不动摇坚持我国基本经济制度，推动各种所有制经济健康发展》《要有高度的文化自信》《共同构建人类命运共同体》《走中国特色社会主义乡村振兴道路》《学习和实践马克思主义》《共同努力把人类前途命运掌握在自己手中》《把人民政协制度坚持好，把人民政协事业发展好》《坚持和完善中国特色社会主义制度、推进国家治理体系和治理能力现代化》《中华民族共同体意识是民族团结之本》《毫不动摇坚持、与时俱进完善人民代表大会制度》《正确认识和把握我国发展重大理论和实践问题》《重视战略策略问题》《坚定不移走中国人权发展道路》《促进海内外中华儿女团结奋斗》《新征程是充满光荣和梦想的远征》等篇目，对这个重大时代课题进行了深刻阐述，并作出了全面反映。

　　中国特色社会主义最本质的特征是中国共产党领导，中国特色社会主义制度的最大优势是中国共产党领导。坚持党的全面领导是坚持和发展中国特色社会主义的必由之路。党政军民学，东西南北中，党是领导一切的，是最高政治领导力量。我们的全部事业都建立在这个基础之上，都根植于这个最本质特征和最大优势。坚持和完善党的领导，是党和国家的根本所在、命脉所在，是全国各族人民的利益所在、幸福所在。习近平总书记鲜明地提出要"确保党始终成为中国特色社会主义事业的坚强领导核心"，强调"党的领导是全面的、系统的、整体的，必须全面、系统、整体加以落实"。坚持和加强党的全面领导，首先要维护习近平总书记党中央的核心、全党的核心地位，维护党中央权威和集中统一领导；最关键的就是坚持党总揽全局、协调各方的领导核心地位，"形象地说是'众星捧月'，这个'月'就是中国共产党"；坚持和完善党的领导制度体系，提高党科学执政、民主执政、依法执政水平。

中国特色社会主义是历史的结论、人民的选择，是党和人民历经千辛万苦、付出巨大代价取得的根本成就。坚持和发展中国特色社会主义是当代中国发展进步的根本方向。要坚定中国特色社会主义道路自信、理论自信、制度自信、文化自信。方向决定道路，道路决定命运。习近平总书记指出，中国有了中国共产党执政，是中国、中国人民、中华民族的一大幸事。只有社会主义才能救中国，只有中国特色社会主义才能发展中国，只有坚持和发展中国特色社会主义才能实现中华民族伟大复兴。中国特色社会主义是社会主义，不是别的什么主义。中国特色社会主义，既坚持了科学社会主义基本原则，又根据时代条件赋予其鲜明的中国特色，是科学社会主义理论逻辑和中国社会发展历史逻辑的辩证统一，是根植于中国大地、反映中国人民意愿、适应中国和时代发展进步要求的科学社会主义，必须倍加珍惜、长期坚持、永不动摇。

社会主义从来都是在奋勇开拓中前进的。从党的十八大开始，中国特色社会主义进入新时代，这是我国发展所处的一个新的历史方位。中国特色社会主义新时代，是承前启后、继往开来、在新的历史条件下继续夺取中国特色社会主义伟大胜利的时代，是决胜全面建成小康社会、进而全面建设社会主义现代化强国的时代，是全国各族人民团结奋斗、不断创造美好生活、逐步实现全体人民共同富裕的时代，是全体中华儿女勠力同心、奋力实现中华民族伟大复兴中国梦的时代，是我国不断为人类作出更大贡献的时代。新时代，我国社会主要矛盾已经转化为人民日益增长的美好生活需要和不平衡不充分的发展之间的矛盾。习近平总书记强调，"我国社会主要矛盾的变化是关系全局的历史性变化，对党和国家工作提出了许多新要求"。进入新时代，以习近平同志为核心的党中央立足我国发展新的历史方位，深刻把握我国社会主要矛盾发展变化带来的新特征新要求，团结带领全党全国各族人民砥砺奋进，推动党和国家事业取得历史性成就、发生历史性变革。新时代的伟大变革，在党史、新中国史、改革开放史、社会主义发展史、中华民族发展史上具有里程碑意义。

统筹推进"五位一体"总体布局、协调推进"四个全面"战略布局，从全局上确立了新时代坚持和发展中国特色社会主义的战略规划和部署。习近平总书记指出，统筹推进"五位一体"总体布局，"是因为中国特色社会主义是全面发展的社会主义"。从我们党提出物质文明、精神文明"两个文明"建设，到经济、政治、文化建设"三位一体"，再到经济、政治、文化、社会建设"四位一体"，又到经济、政治、文化、社会和生态文明建设"五位一体"，这是党的重大理论和实践创新，带来了发展理念和发展方式的深刻转变。"五位一体"各方面相互联系、相互促进、不可分割，共同构筑起中国特色社会主义事业的全局。"四个全面"战略布局，是党在新形势下治国理政的总方略，是事关党和国家长远发展的总战略。"四个全面"战略布局既有战略目标又有战略举措，是一个逻辑严密、相互渗透、

实现中华民族伟大复兴的行动指南
——深入学习《习近平著作选读》第一卷、第二卷

相互关联的有机统一体。全面建设社会主义现代化国家是战略目标，在"四个全面"中居于引领地位；全面深化改革、全面依法治国、全面从严治党是三大战略举措，为全面建设社会主义现代化国家提供重要保障。要紧紧扭住战略目标不动摇、战略举措不放松，努力做到"四个全面"相辅相成、相互促进、相得益彰。

以中国式现代化全面推进中华民族伟大复兴，是新时代坚持和发展中国特色社会主义的总任务。实现中华民族伟大复兴是中华民族近代以来最伟大的梦想。这个梦想，凝聚了几代中国人的夙愿，体现了中华民族和中国人民的整体利益，是每一个中华儿女的共同期盼。100多年来，中国共产党团结带领中国人民进行的一切奋斗、一切牺牲、一切创造，归结起来就是一个主题：实现中华民族伟大复兴。习近平总书记指出，"中国式现代化，是我们为如何唤醒'睡狮'、实现民族复兴这个重大历史课题所给出的答案"。中国式现代化是我们党领导全国各族人民在长期探索和实践中历经千辛万苦、付出巨大代价取得的重大成果，这条路走得通、行得稳，是强国建设、民族复兴的唯一正确道路，我们必须倍加珍惜、始终坚持、不断拓展和深化。

人民对美好生活的向往，就是我们的奋斗目标。坚持以人民为中心是新时代坚持和发展中国特色社会主义的根本立场。江山就是人民、人民就是江山，打江山、守江山，守的是人民的心。中国共产党根基在人民、血脉在人民、力量在人民，人民是党执政兴国的最大底气。党代表中国最广大人民根本利益，没有任何自己特殊的利益，从来不代表任何利益集团、任何权势团体、任何特权阶层的利益，这是党立于不败之地的根本所在。习近平总书记在访问俄罗

斯、回答俄罗斯记者提问时指出,"我的执政理念,概括起来说就是:为人民服务,担当起该担当的责任"。在会见意大利众议长菲科时指出,"我将无我,不负人民"。这些都彰显了我们党坚持人民至上的崇高理念和坚定立场。全党要牢固树立以人民为中心的发展思想,始终坚持全心全意为人民服务的根本宗旨,坚持党的群众路线,坚定不移走全体人民共同富裕道路,让人民过上好日子,使人民群众获得感、幸福感、安全感更加充实、更有保障、更可持续。如此,我们就能获得人民群众的拥护和支持,永远立于不败之地。

发展中国特色社会主义是一项长期而艰巨的历史任务。中国特色社会主义事业是一项前无古人的开创性事业,在前进的道路上,我们不可能一帆风顺。昨天的成功并不代表着今后能够永远成功,过去的辉煌并不意味着未来可以永远辉煌。习近平总书记指出,"今天,我们比历史上任何时期都更接近、更有信心和能力实现中华民族伟大复兴的目标,同时必须准备付出更为艰巨、更为艰苦的努力"。我们必须准备进行具有许多新的历史特点的伟大斗争,依靠顽强的斗争,打开事业发展新天地。坚持奋斗,持续奋斗,不懈奋斗,把新时代坚持和发展中国特色社会主义的伟大社会革命不断推向前进。

科学回答了建设什么样的社会主义现代化强国、怎样建设社会主义现代化强国的重大时代课题

建设社会主义现代化强国,实现中华民族伟大复兴,是中华民族的最高利益和根本利益。党的十八大以来,习近平总书记就建设什么样的社会主义现代化强国、怎样建设社会主义现代化强国,围

绕解决现代化建设中存在的突出矛盾和问题，根据新的实践对经济、政治、法治、科技、文化、教育、民生、民族、宗教、社会、生态文明、国家安全、国防和军队、"一国两制"和祖国统一、统一战线、外交等各方面作出新的理论概括和战略指引，不断实现理论和实践上的创新突破，成功推进和拓展了中国式现代化。《习近平著作选读》中的《改革开放永无止境》《良好的生态环境是最普惠的民生福祉》《确保我国粮食安全》《坚持总体国家安全观》《中国必须有自己特色的大国外交》《经济工作要适应经济发展新常态》《脱贫攻坚必须在精准上出实招下实功见实效》《做好城市工作的基本思路》《深入理解新发展理念，推进供给侧结构性改革》《正确把握推进健康中国建设的重大问题》《建设世界科技强国》《坚定不移把国有企业做强做优做大》《树立"绿水青山就是金山银山"的强烈意识》《推动形成绿色发展方式和生活方式是发展观的一场深刻革命》《服务实体经济，防范金融风险》《推进强军事业，建设世界一流军队》《推动我国经济高质量发展》《全过程人民民主是最广泛、最真实、最管用的社会主义民主》《不断增强人民群众获得感幸福感安全感》《中国开放的大门只会越开越大》《加快推进网络强国建设》《推动长江经济带发展需要正确把握的几个关系》《加强生态文明建设必须坚持的原则》《努力开创中国特色大国外交新局面》《大力支持民营企业发展壮大》《为实现民族伟大复兴、推进祖国和平统一而共同奋斗》《建设更高水平的平安中国》《黄河流域生态保护和高质量发展的主要目标任务》《深化对中长期经济社会发展重大问题的认识》《关于构建新发展格局》《推动新发展阶段改革取得更大突破、展现更大作为》《把握新发展阶段，贯彻新发展理念，构建新发展格局》《促进我国社会保障事业高质量发展、可持续发展》《把碳达峰碳中和纳入生态文明建设整体布局》《努力建设人与自然和谐共生的现代化》《努力实现高水平科技自立自强》《发展数字经济，抢占未来发展制高点》《全面推进中国特色社会主义法治体系建设》等篇目，对这个重大时代课题进行了深刻阐述，并作出了全面反映。

在全面建成小康社会、实现第一个百年奋斗目标基础上分两步走全面建成社会主义现代化强国。经过全党全国各族人民长期奋斗，我们实现了第一个百年奋斗目标，在中华大地上全面建成小康社会，踏上了全面建设社会主义现代化国家、向第二个百年奋斗目标进军的新征程。站在历史新的更高起点上，习近平总书记指出，"到2035年基本实现社会主义现代化，到本世纪中叶把我国建成富强民主文明和谐美丽的社会主义现代化强国"，"以中国式现代化全面推进中华民族伟大复兴"。新时代"两步走"战略安排，为当前和今后一个时期我国发展指明了前进方向、规划了宏伟蓝图。

高质量发展是全面建设社会主义现代化国家的首要任务，必须完整准确全面贯彻新发展理念。发展是解决我国一切问题的基础和关键。习近平总书记强调，要坚持以推动高质量发展为主题，坚定不移贯彻创新、协调、绿色、开放、共享的新发展理念。建设现代化经济体系，加快构建新发展格局，坚持"两个毫不动摇"，使市场在资源配置中起决定性作用，更好发挥政府作用，深化供给侧结构性改革，推进高水平科技自立自强，实施国家重大发展战略，建设现代化产业体系，推动经济实现质的有效提升和量的合理增长。

教育、科技、人才是全面建设社会主义现代化国家的基础性、战略性支撑。教育是国之大计、党之大计。创新是引领发展的第一动力,抓创新就是抓发展,谋创新就是谋未来。我们要实施科教兴国战略,强化现代化建设人才支撑。坚持教育优先发展、科技自立自强、人才引领驱动,加快建设教育强国、科技强国、人才强国,坚持为党育人、为国育才,全面提高人才自主培养质量,着力造就拔尖创新人才,聚天下英才而用之。

改革开放是决定当代中国命运的关键一招,也是决定实现"两个一百年"奋斗目标、实现中华民族伟大复兴的关键一招。改革开放是我们党的一次伟大觉醒,是中国人民和中华民族发展史上一次伟大革命,已成为当代中国最鲜明的特色、当代中国共产党人最鲜明的品格。习近平总书记指出,"推动经济社会持续健康发展,除了深化改革开放,别无他途"。全面深化改革是有方向、有立场、有原则的,总目标是完善和发展中国特色社会主义制度、推进国家治理体系和治理能力现代化。要注重系统性、整体性、协同性,推动全面深化改革落地生根。开放也是改革,中国开放的大门不会关闭,只会越开越大。新形势下,必须坚持实施更大范围、更宽领域、更深层次对外开放,建设更高水平开放型经济新体制。

人民民主是社会主义的生命,是全面建设社会主义现代化国家的应有之义。没有民主就没有社会主义,就没有社会主义的现代化。全过程人民民主是社会主义民主政治的本质属性,是最广泛、最真实、最管用的民主。习近平总书记强调,"必须坚定不移走中国特色社会主义政治发展道路,坚持党的领导、人民当家作主、依法治国有机统一,坚持人民主体地位,充分体现人民意志、保障人民权益、激发人民创造活力"。

坚持全面依法治国,为全面建设社会主义现代化国家提供有力法治保障。全面依法治国是国家治理的一场深刻革命。全面依法治国的总目标是建设中国特色社会主义法治体系、建设社会主义法治国家。必须坚持走中国特色社会主义法治道路，围绕保障和促进社会公平正义，坚持依法治国、依法执政、依法行政共同推进，坚持法治国家、法治政府、法治社会一体建设，全面推进科学立法、严格执法、公正司法、全民守法，全面推进国家各方面工作法治化。

文化兴国运兴，文化强民族强，没有高度的文化自信，没有文化的繁荣兴盛，就没有中华民族伟大复兴。全面建设社会主义现代化国家，必须坚持中国特色社会主义文化发展道路。必须坚持马克思主义在意识形态领域指导地位的根本制度，坚持为人民服务、为社会主义服务，坚持百花齐放、百家争鸣，坚持创造性转化、创新性发展，以社会主义核心价值观为引领，发展社会主义先进文化，弘扬革命文化，传承中华优秀传统文化，满足人民日益增长的精神文化需求，巩固全党全国各族人民团结奋斗的共同思想基础，不断提升国家文化软实力和中华文化影响力。

坚持在发展中保障和改善民生，让现代化建设成果惠及全体人民。增进民生福祉是发展的根本目的。习近平总书记指出，"必须坚持在发展中保障和改善民生，鼓励共同奋斗创造美好生活"。加强普惠性、基础性、兜底性民生建设。在共建共治共享中推进社会治理现代化，善于把党的领导和我国社会主义制度优势转化为社会治理效能，建设人人有责、人人尽责、人人享有的社会治理共同体。

尊重自然、顺应自然、保护自然，是全面建设社会主义现代化国家的内在要求。生态环境没有替代品，用之不觉，失之难存。习近平总书记强调，要"坚定不移走生产发展、生活富裕、生态良好的文明发展道路"、"建设人与自然和谐共生的现代化"、"建设美丽中国"。坚持绿水青山就是金山银山，推动形成绿色发展方式和生活方式，积极稳妥推进碳达峰碳中和。坚持系统观念，统筹山水林田湖草沙系统治理。实行最严格的生态环境保护制度，为生态文明建设提供可靠保障。站在对人类文明负责、为子孙后代负责的高度，秉持生态文明理念，共建地球生命共同体。

坚定不移贯彻总体国家安全观，为全面建设社会主义现代化国家提供坚强保障。国家安全是民族复兴的根基。习近平总书记指出，"必须牢固树立总体国家安全观"、"推动建设更高水平的平安中国"。坚持国家利益至上，以人民安全为宗旨、以政治安全为根本、以经济安全为基础、以军事科技文化社会安全为保障、以促进国际安全为依托，维护各领域国家安全，推进国家安全体系和能力现代化，走中国特色国家安全道路，以新安全格局保障新发展格局。

如期实现建军一百年奋斗目标，加快把人民军队建成世界一流军队，是全面建设社会主义现代化国家的战略要求。强国必须强军，军强才能国安。习近平总书记强调，"深入贯彻新时代党的强军思想"、"坚定不移走中国特色强军之路"、"把新时代强军事业不断推向前进"。坚持党对人民军队的绝对领导，坚持政治建军、改革强军、科技强军、人才强军、依法治军，坚持边斗争、边备战、边建设，坚持机械化信息化智能化融合发展，加快军事理论现代化、军队组织形态现代化、军事人员现代化、武器装备现代化，提高捍卫国家主权、安全、发展利益战略能力，开创国防和军队现代化新局面。

实现祖国完全统一，是中华民族根本利益所在。"一国两制"是中国特色社会主义的一个伟大创举。"一国两制"是香港、澳门回归后保持长期繁荣稳定的最佳制度安排，也是解决台湾问题、实现两岸统一的最佳方式。要始终坚定"一国两制"制度自信，全面准确、坚定不移贯彻"一国两制"、"港人治港"、"澳人治澳"、高度自治的方针，促进香港、澳门长期繁荣稳定。坚持贯彻新时代党解决台湾问题的总体方略，牢牢把握两岸关系主导权和主动权，坚定不移推进祖国统一大业。

推动构建人类命运共同体，始终不渝走和平发展道路，为全面建设社会主义现代化国家营造和平国际环境。天下为公，人间正道。习近平总书记强调，"中国共产党是为中国人民谋幸福、为中华民族谋复兴的党，也是为人类谋进步、为世界谋大同的党"。始终高举和平、发展、合作、共赢旗帜，积极参与全球治理体系改革和建设，践行真正的多边主义，弘扬全人类共同价值，推动落实全球发展倡议、全球安全倡议、全球文明倡议，高质量共建"一带一路"，建设持久和平、普遍安全、共同繁荣、开放包容、清洁美丽的世界，努力为人类和平与发展作出更大贡献。

科学回答了建设什么样的长期执政的马克思主义政党、怎样建设长期执政的马克思主义政党的重大时代课题

全面建设社会主义现代化国家、全面推进中华民族伟大复兴，关键在党。党的十八大以来，以习近平同志为核心的党中央把全面从严治党纳入"四个全面"战略布局，从制定和落实中央八项规定开局破题，以党的政治建设统领党的建设各项工作，坚持思想建党和制度治党同向发力，持之以恒正风肃纪，开展史无前例的反腐败

斗争，打出一套自我革命的"组合拳"，找到了跳出治乱兴衰历史周期率的第二个答案，管党治党宽松软状况得到根本扭转，党的自我净化、自我完善、自我革新、自我提高能力显著增强，为党和国家事业取得历史性成就、发生历史性变革提供了坚强政治保障。《习近平著作选读》中的《八项规定是改进作风的切入口和动员令》《群众路线是党的生命线和根本工作路线》《着力培养选拔党和人民需要的好干部》《把宣传思想工作做得更好》《各级干部都要树立和发扬"三严三实"作风》《做焦裕禄式的县委书记》《守纪律，讲规矩》《严肃党内政治生活，推进全面从严治党》《思想政治工作根本上是做人的工作》《注重家庭，注重家教，注重家风》《牢固树立"四个意识"，维护党中央权威》《党必须勇于自我革命》《推进党的建设新的伟大工程要一以贯之》《重整行装再出发，以永远在路上的执着把全面从严治党引向深入》《增强推进党的政治建设的自觉性和坚定性》《新时代党的建设和党的组织路线》《宣传思想工作的使命任务》《带头做到"两个维护"，着力推进中央和国家机关党的政治建设》《发扬斗争精神，增强斗争本领》《不忘初心，牢记使命》《继承和弘扬伟大抗战精神》《使伟大抗疫精神转化为实现中华民族伟大复兴的强大力量》《不断提高政治判断力、政治领悟力、政治执行力》《开展党史学习教育要突出重点》《以史为鉴、开创未来，埋头苦干、勇毅前行》《全面从严治党探索出依靠党的自我革命跳出历史周期率的成功路径》等篇目，对这个重大时代课题进行了深刻阐述，并作出了全面反映。

办好中国的事情，关键在党、关键在全面从严治党。治国必先治党，党兴才能国强。勇于自我革命，从严管党治党，是我们党最鲜明的品格，也是我们党最大的优势。习近平总书记指出，"我们党作为世界上最大的马克思主义执政党，要始终赢得人民拥护、巩固长期执政地位，必须时刻保持解决大党独有难题的清醒和坚定"。全面从严治党是新时代党的自我革命的伟大实践，开辟了百年大党自我革命的新境界。全面从严治党永远在路上，党的自我革命永远在路上。必须持之以恒推进全面从严治党，深入推进新时代党的建设新的伟大工程，以党的自我革命引领社会革命。

政治建设是党的根本性建设，推进全面从严治党，必须把党的政治建设摆在首位。旗帜鲜明讲政治，既是马克思主义政党的鲜明特征，也是我们党一以贯之的政治优势。习近平总书记多次指出，"全面从严治党首先要从政治上看"，"政治问题要从政治上来解决"。保证全党服从中央，坚持党中央权威和集中统一领导，是党的政治建设的首要任务。要严明政治纪律和政治规矩，提高各级党组织和党员干部政治判断力、政治领悟力、政治执行力。把准政治方向、坚持党的政治领导、夯实政治根基、涵养政治生态、防范政治风险、永葆政治本色。

思想建设是党的基础性建设，推进全面从严治党，必须坚定理想信念，用习近平新时代中国特色社会主义思想凝心铸魂。对马克思主义的信仰，对社会主义和共产主义的信念，是共产党人的政治灵魂，是共产党人经受住任何考验的精神支柱。习近平总书记反复强调，"革命理想高于天"。理想信念是共产党人精神上的"钙"。全面加强党的思想建设，要坚持用习近平新时代中国特色社会主义思想统一思想、统一意志、统一行动，加强理想信念教育，引导全党牢记党的宗旨，解决好世界观、人生观、价值观这个"总开关"问题,自觉做共产主义远大理想和中国特色社会主义共同理想的坚定信仰者和忠实实践者。

制度建设是全面从严治党的长远之策、根本之策,推进全面从严治党,既要解决思想问题,也要解决制度问题。人不以规矩则废,党不以规矩则乱。习近平总书记指出,"没有规矩不成其为政党,更不成其为马克思主义政党","法规制度带有根本性、全局性、稳定性、长期性"。要完善党的自我革命制度规范体系,坚持制度治党、依规治党,以党章为根本,以民主集中制为核心,完善党内法规制度体系,增强党内法规权威性和执行力,形成坚持真理、修正错误、发现问题、纠正偏差的机制。健全党统一领导、全面覆盖、权威高效的监督体系,加强对权力运行的制约和监督,让人民监督权力,让权力在阳光下运行,把权力关进制度的笼子里。

组织建设是党的建设的重要基础,推进全面从严治党,必须全面贯彻新时代党的组织路线,建设堪当民族复兴重任的高素质干部队伍。严密的组织体系是党的优势所在、力量所在。习近平总书记指出,"组织路线对坚持党的领导、加强党的建设、做好党的组织工作具有十分重要的意义"。新时代党的组织路线是全面贯彻习近平新时代中国特色社会主义思想,以组织体系建设为重点,着力培养忠诚干净担当的高素质干部,着力集聚爱国奉献的各方面优秀人才,坚持德才兼备、以德为先、任人唯贤,为坚持和加强党的全面领导、坚持和发展中国特色社会主义提供坚强组织保证。

党风问题关系执政党的生死存亡,推进全面从严治党,必须加强作风建设。党的作风就是党的形象,是观察党群干群关系、人心向背的晴雨表。习近平总书记指出,"什么是优良作风?优良作风就是我们党历来坚持的理论联系实际、密切联系群众、批评和自我批评以及艰苦奋斗、求真务实等作风"。改进工作作风的任务非常繁重，中央八项规定是一个切入口和动员令。要锲而不舍、长期坚持，作风建设永远没有休止符。坚决反对形式主义、官僚主义、享乐主义和奢靡之风。加强作风建设，必须紧紧围绕保持党同人民群众的血肉联系，归根到底，就是希望各级干部都能树立和发扬好的作风，既严以修身、严以用权、严以律己，又谋事要实、创业要实、做人要实。

加强纪律建设是全面从严治党的治本之策，必须把纪律和规矩挺在前面。党要管党、全面从严治党，靠什么管，凭什么治？就要靠严明纪律。纪律不严，全面从严治党就无从谈起。习近平总书记强调，"要把纪律建设摆在更加突出位置"，"坚持纪严于法、纪在法前"，"把纪律和规矩挺在前面"。在所有党的纪律和规矩中，第一位的是政治纪律和政治规矩。遵守政治纪律和政治规矩，必须维护党中央权威，必须维护党的团结，必须遵循组织程序，必须服从组织决定，必须管好亲属和身边工作人员。

腐败是危害党的生命力和战斗力的最大毒瘤，反腐败是最彻底的自我革命，必须坚决打赢反腐败斗争攻坚战、持久战。人民群众最痛恨腐败现象，腐败是最容易颠覆政权的问题，是我们面临的最大威胁。习近平总书记强调，"只要存在腐败问题产生的土壤和条件，反腐败斗争就一刻不能停，必须永远吹冲锋号"。要坚持不敢腐、不能腐、不想腐一体推进，同时发力、同向发力、综合发力，以零容忍态度反腐惩恶，通过长期坚持不懈的努力换来海晏河清、朗朗乾坤。

（原载《学习时报》2023年5月10日）

习近平新时代中国特色社会主义思想实现了马克思主义中国化新的飞跃

党的十九届六中全会通过的《中共中央关于党的百年奋斗重大成就和历史经验的决议》指出，以习近平同志为主要代表的中国共产党人，坚持把马克思主义基本原理同中国具体实际相结合、同中华优秀传统文化相结合，坚持毛泽东思想、邓小平理论、"三个代表"重要思想、科学发展观，深刻总结并充分运用党成立以来的历史经验，从新的实际出发，创立了习近平新时代中国特色社会主义思想。习近平新时代中国特色社会主义思想是当代中国马克思主义、二十一世纪马克思主义，是中华文化和中国精神的时代精华，实现了马克思主义中国化新的飞跃。这一重要论述科学阐明了确立习近平新时代中国特色社会主义思想指导地位的重大意义，标明了这一重要思想在马克思主义发展史、中华文化发展史上的重要地位，是党中央对习近平新时代中国特色社会主义思想的时代主题、历史地位、理论价值的最新概括，实现了党的指导思想的与时俱进，体现了党在政治上理论上的高度成熟、高度自信，为进一步增强全面贯彻习近平新时代中国特色社会主义思想的政治自觉、理论自觉、行动自觉提供了重要指引。

习近平新时代中国特色社会主义思想深刻回答了重大时代课题

伟大时代呼唤伟大理论,伟大理论指引伟大实践。党的十八大以来,以习近平同志为核心的党中央统筹把握中华民族伟大复兴战略全局和世界百年未有之大变局,坚持用马克思主义的立场、观点、方法观察时代、把握时代、引领时代,对关系新时代党和国家事业发展的一系列重大理论和实践问题进行了深邃思考和科学判断,创立了习近平新时代中国特色社会主义思想。这一思想是在伟大时代中应运而生、顺势而成的,是立足时代之基、回答时代之问、引领时代之变的科学理论,是当今最现实、最鲜活的马克思主义。

一是深刻回答了新时代坚持和发展什么样的中国特色社会主义、怎样坚持和发展中国特色社会主义的重大时代课题。中国特色社会主义是人类对社会主义探索的重要组成部分,是世界社会主义事业发展的亮点,是中国共产党领导中国人民历尽千辛万苦、付出巨大代价取得的根本成就,是实现中华民族伟大复兴的正确道路。习近平总书记深刻指出,坚持和发展中国特色社会主义是一篇大文章,我们这一代共产党人的任务,就是继续把这篇大文章写下去;中国特色社会主义,是科学社会主义理论逻辑和中国社会发展历史逻辑的辩证统一,是根植于中国大地、反映中国人民意愿、适应中国和时代发展进步要求的科学社会主义,是全面建成小康社会、加快推进社会主义现代化、实现中华民族伟大复兴的必由之路。习近平总书记以高瞻远瞩的战略视野和把握全局的战略思维,作出中国特色社会主义进入了新的发展阶段的重大战略判断,提出新的时代条件下要进行伟大斗争、建设伟大工程、推进伟大事业、实现伟大梦想；提出统筹推进"五位一体"总体布局、协调推进"四个全面"战略布局，牢牢把握中国特色社会主义发展的总体格局和战略重心；明确提出决胜全面建成小康社会，开启全面建设社会主义现代化国家新征程的历史性战略任务；等等。党的十八大以来，党和国家事业取得历史性成就、发生历史性变革，彰显了中国特色社会主义的强大生机活力，使马克思主义以崭新形象展现在世界上，使世界范围内社会主义和资本主义两种意识形态、两种社会制度的历史演进及其较量发生了有利于社会主义的重大转变。

二是深刻回答了建设什么样的社会主义现代化强国、怎样建设社会主义现代化强国的重大时代课题。现代化是一个世界性潮流，实现现代化是各国人民的共同向往。中国式现代化道路是一代又一代中国共产党人，胸怀实现现代化的历史宏愿，团结带领人民艰辛探索出来的。在分析国际国内形势和我国发展条件的基础上，习近平总书记提出，坚持和发展中国特色社会主义，总任务是实现社会主义现代化和中华民族伟大复兴，在全面建成小康社会的基础上，分两步走在本世纪中叶建成富强民主文明和谐美丽的社会主义现代化强国，以中国式现代化推进中华民族伟大复兴。围绕如何全面建设社会主义现代化这一重大问题，习近平总书记强调，我们要建设的现代化是人与自然和谐共生的现代化；要推进国家治理体系和治理能力现代化；要在坚持以经济建设为中心的同时，全面推进经济建设、政治建设、文化建设、社会建设、生态文明建设，促进现代化建设各个环节、各个方面协调发展；等等。党的十八大以来，经过全党全国各族人民持续奋斗，我们实现了第一个百年奋斗目标，在中华大地上全面建成小康社会，历史性地解决了绝对贫困问题，正在意气风发向着全面建成社会主义现代化强国的第二个百年奋斗目标迈进。在这一过程中，我们党对建设社会主义现代化国家在认识上不断深入、在战略上不断成熟、在实践上不断丰富，加速了我国现代化发展进程，极大深化了我们党对社会主义现代化建设规律的认识，为创造中国式现代化道路、实现中华民族伟大复兴提供了更为完善的制度保证、更为坚实的物质基础、更为主动的精神力量。

三是深刻回答了建设什么样的长期执政的马克思主义政党、怎样建设长期执政的马克思主义政党的重大时代课题。勇于自我革命，是我们党最鲜明的品格，是我们党最大的优势，是中国共产党区别于其他政党的显著标志。习近平总书记强调，打铁必须自身硬，办好中国的事情，关键在党，关键在党要管党、全面从严治党。必须探索出一条党长期执政条件下实现自我革命的有效路径，这关乎党和国家事业成败，关乎我们能不能跳出历史周期率。党的十八大以来，以习近平同志为核心的党中央，勇于面对党面临的重大风险考验和党内存在的突出问题，坚持和加强党的全面领导，推进全面从严治党，以顽强意志品质正风肃纪、反腐惩恶，经过坚决斗争，全面从严治党的政治引领和政治保障作用充分发挥，党的自我净化、自我完善、自我革新、自我提高能力显著增强，管党治党宽松软状况得到根本扭转，反腐败斗争取得压倒性胜利并全面巩固，消除了党、国家、军队内部存在的严重隐患，党在革命性锻造中更加坚强。习近平新时代中国特色社会主义思想，正是在不断推进党的自我革命，实现党自我净化、自我完善、自我革新、自我提高的过程中创立并不断丰富发展的。这一思想探索出一条长期执政条件下解决自身问题、跳出历史周期率的成功道路。

习近平新时代中国特色社会主义思想提出了一系列原创性的治国理政新理念新思想新战略

习近平新时代中国特色社会主义思想是不断发展的开放的理论，在指导新时代伟大社会革命和伟大自我革命的历史进军中，随着中国特色社会主义伟大实践的深入推进而持续发展、不断丰富、更加完善。

党的十八大以来，习近平总书记以马克思主义政治家、思想家、战略家的伟大历史主动精神、巨大政治勇气、强烈责任担当，以"我将无我，不负人民"的赤子情怀，提出一系列原创性的治国理政新理念新思想新战略，进一步丰富完善了党的创新理论体系。比如，在坚持党的全面领导上，强调党的领导是党和国家的根本所在、命脉所在，是全国各族人民的利益所系、命运所系，全党必须自觉在思想上政治上行动上同党中央保持高度一致，提高科学执政、民主执政、依法执政水平，提高把方向、谋大局、定政策、促改革的能力，确保充分发挥党总揽全局、协调各方的领导核心作用。在全面从严治党上，强调坚持严的主基调，突出抓住"关键少数"，落实主体责任和监督责任，强化监督执纪问责，把全面从严治党贯穿于党的建设各方面。在经济建设上，作出我国经济发展进入新常态的重大论断，强调贯彻新发展理念是关系我国发展全局的一场深刻变革，必须实现创新成为第一动力、协调成为内生特点、绿色成为普遍形态、开放成为必由之路、共享成为根本目的的高质量发展。在全面深化改革开放上，强调改革只有进行时、没有完成时，要敢于啃硬骨头，敢于涉险滩，突出制度建设，注重改革关联性和耦合性，真枪真刀推进改革，有效破除各方面体制机制弊端。在政治建设上，指出必须使中国特色社会主义政治制度深深扎根于中国社会土壤，提出要积极发展全过程人民民主，构建多样、畅通、有序的民主渠道，使各方面制度和国家治理更好体现人民意志、保障人民权益、激发人民创造。在全面依法治国上，指出依法治国首先要坚持依宪治国，坚持依法执政首先要坚持依宪执政；强调要坚持依法治国、依法执政、依法行政共同推进，坚持法治国家、法治政府、法治社会一体建设，全面增强全社会尊法学法守法用法意识和能力。在文化建设上，指出意识形态工作是为国家立心、为民族立魂的工作，文化自信是更基础、更广泛、更深厚的自信；强调必须坚持以人民为中心的工作导向，建设具有强大凝聚力和引领力的社会主义意识形态，建设社会主义文化强国，更好构筑中国精神、中国价值、中国力量，巩固全党全国各族人民团结奋斗的共同思想基础。在社会建设上，强调人民对美好生活的向往就是我们的奋斗目标，让老百姓过上好日子是我们一切工作的出发点和落脚点；指出必须一件事情接着一件事情办，一年接着一年干，在幼有所育、学有所教、劳有所得、病有所医、老有所养、住有所居、弱有所扶上持续用力，使人民获得感、幸福感、安全感更加充实、更有保障、更可持续。在生态文明建设上，强调生态文明建设是关乎中华民族永续发展的根本大计，必须坚持绿水青山就是金山银山的理念，像保护眼睛一样保护生态环境，像对待生命一样对待生态环境。在国防和军队建设上，强调必须建设同我国国际地位相称、同国家安全和发展利益相适应的巩固国防和强大人民军队；提出新时代的强军目标，确立新时代军事战略方针，制定国防和军队现代化新"三步走"战略。在维护国家安全上，强调必须坚持底线思维、居安思危、未雨绸缪，统筹发展和安全，统筹开放和安全，统筹传统安全和非传统安全，统筹自身安全和共同安全，统筹维护国家安全和塑造国家安全。在坚持"一国两制"和推进祖国统一上，强调坚持依法治港治澳，维护宪法和基本法确定的特别行政区宪制秩序，落实中央对特别行政区全面管治权，坚定落实"爱国者治港""爱国者治澳"。在外交工作上，强调必须统筹国内国际两个大局，健全党对外事工作领导体制机制，加强对外工作顶层设计，推动构建人类命运共同体，弘扬和平、发展、公平、正义、民主、自由的全人类共同价值，引领人类进步潮流，等等。

这些战略思想和创新理念，是党的十八大以来历史性成就和历史性变革的重要理论结晶，是在历史的逻辑中前进、在时代的潮流中发展的，凝结着我们党坚持和发展中国特色社会主义的宝贵经验，反映了以习近平同志为核心的党中央对世情国情党情发展变化作出的准确识变和科学应变，体现了理论与实际相结合、认识论和方法论相统一的鲜明特色。

习近平新时代中国特色社会主义思想是中华文化和中国精神的时代精华

中华民族是世界上古老而伟大的民族，创造了绵延5000多年的灿烂文明，为人类文明进步作出了不可磨灭的贡献。中华优秀传统文化是中华民族的根和魂，是中国特色社会主义植根的文化沃土。中国共产党人是马克思主义的坚定信仰者和实践者，也是中华优秀传统文化的忠实传承者和弘扬者。党的十八大以来，以习近平同志为核心的党中央高度重视中华优秀传统文化，不断推进中华优秀传统文化创造性转化、创新性发展，以新的时代内涵增强其生命力，使之成为治国理政的重要思想文化资源。比如，坚持以人民为中心，汲取了"民惟邦本，本固邦宁""以百姓心为心"的民本理念；全面深化改革，体现了"周虽旧邦，其命维新""苟日新，日日新，又日新"的变革思想；人与自然和谐共生，秉承了"道法自然""天地与我并生，而万物与我为一"的天人之道；推动构建人类命运共同体，吸收了"协和万邦""天下一家"的和合智慧；等等。习近平新时代中国特色社会主义思想，坚持把马克思主义基本原理同中国具体实际相结合、同中华优秀传统文化相结合，深刻汲取博大精深的中华优秀传统文化所蕴含的丰富哲学思想、人文精神、道德理念，是对中华优秀传统文化进行创造性转化、创新性发展的典范。这一思想实现了中华优秀传统文化的赓续传承与弘扬光大，充盈着浓郁的中国味、深厚的中华情、浩然的民族魂，推动悠久的中华文明在新时代展现新貌、焕发青春。

　　同时，习近平新时代中国特色社会主义思想传承和弘扬中华优秀传统文化基因，深刻反映中华民族自古以来的梦想和追求，承载中国共产党人为民族谋复兴的使命，擘画实现民族复兴中国梦的宏伟蓝图，高扬伟大建党精神，凝聚了中华民族伟大创造精神、伟大奋斗精神、伟大团结精神、伟大梦想精神，为实现中华民族伟大复兴提供了强大精神力量，具有强大的历史穿透力、文化感染力和精神感召力，有效激活了中华优秀传统文化的生命力，使马克思主义在中国大地焕发出新的勃勃生机。

总之，作为党和国家必须长期坚持的指导思想，习近平新时代中国特色社会主义思想为新时代坚持和发展中国特色社会主义高高举起了精神旗帜，为世界和平与人类进步提供了中国智慧，必将在中华民族复兴史上、马克思主义发展史上和人类社会进步史上绽放出更为灿烂的真理光芒。

（原载《旗帜》2021年第12期）

开辟马克思主义中国化时代化新境界

习近平总书记在党的二十大报告中鲜明提出并科学阐述了一个具有深刻理论内涵和重大政治意义的命题，这就是"开辟马克思主义中国化时代化新境界"。这个命题是对我们党成立以来党的理论创新伟大历程的全面回顾和深刻总结，是对党的十八大以来党的理论创新新鲜经验的科学概括和高度凝练，也是对新时代新征程加强党的思想理论建设、继续推进党的理论创新作出的重要政治宣示、明确的庄严历史责任、提出的重大战略任务。认真学习、深入领会这个命题，对我们全面贯彻习近平新时代中国特色社会主义思想，贯彻落实好党的二十大精神，在新时代坚持和发展中国特色社会主义，在实践的基础上继续把马克思主义中国化时代化推向前进，具有极其重大的现实意义和深远的历史意义。

习近平新时代中国特色社会主义思想实现了马克思主义中国化时代化新的飞跃

一个民族要走在时代前列，就一刻不能没有理论思维，一刻不能没有正确思想指引。马克思主义是我们立党立国、兴党兴国的根本指导思想。实践告诉我们，中国共产党为什么能，中国特色社会主义为什么好，归根到底是马克思主义行，是中国化时代化的马克思主义行。拥有马克思主义科学理论指导是我们党坚定信仰信念、把握历史主动的根本所在。

时代是思想之母，实践是理论之源。当代中国正经历着我国历史上最为广泛而深刻的社会变革，也正在进行着人类历史上最为宏大而独特的实践创新。推进马克思主义中国化时代化是一个追求真理、揭示真理、笃行真理的过程。中国特色社会主义新时代是一个迫切需要科学理论而且一定能够产生科学理论的时代。

党的十八大以来，面对国内外形势新变化和实践新要求，以习近平同志为主要代表的中国共产党人，坚持把马克思主义基本原理同中国具体实际相结合、同中华优秀传统文化相结合，坚持毛泽东思想、邓小平理论、"三个代表"重要思想、科学发展观，深刻总结并充分运用党成立以来的历史经验，从新的实际出发，创立了习近平新时代中国特色社会主义思想。

习近平总书记对关系新时代党和国家事业发展的一系列重大理论和实践问题进行了深邃思考和科学判断，就新时代坚持和发展什么样的中国特色社会主义、怎样坚持和发展中国特色社会主义，建设什么样的社会主义现代化强国、怎样建设社会主义现代化强国，建设什么样的长期执政的马克思主义政党、怎样建设长期执政的马克思主义政党等重大时代课题，提出一系列原创性的治国理政新理念新思想新战略，科学回答了新时代坚持和发展中国特色社会主义的总目标、总任务、总体布局、战略布局和发展方向、发展方式、发展动力、战略步骤、外部条件、政治保证等基本问题，并根据新的实践对经济、政治、法治、科技、文化、教育、民生、民族、宗教、社会、生态文明、国家安全、国防和军队、"一国两制"和祖国统一、统一战线、外交、党的建设等各方面作出理论分析和政策指导，以全新的视野深化了对共产党执政规律、社会主义建设规律、人类社会发展规律的认识，为推进中国特色社会主义事业提供了科学思想指引。习近平新时代中国特色社会主义思想是在新时代的伟大实践中应运而生的，是立足时代之基、回答时代之问、引领时代之变的科学理论，实现了马克思主义中国化时代化新的飞跃。习近平总书记是习近平新时代中国特色社会主义思想的主要创立者，对这一思想的创立发挥了决定性作用、作出了决定性贡献。

伟大时代产生伟大理论，伟大理论指引伟大实践。党的十八大以来的实践充分证明，习近平新时代中国特色社会主义思想是当代中国马克思主义、二十一世纪马克思主义，是中华文化和中国精神的时代精华，是党和人民实践经验和集体智慧的结晶，是全党全国各族人民为实现中华民族伟大复兴而奋斗的行动指南。全党要增强政治自觉、思想自觉、行动自觉，把习近平新时代中国特色社会主义思想贯彻落实到党和国家工作各方面全过程，让这一思想彰显出更加强大的真理力量和实践伟力。

坚持和发展马克思主义，必须同中国具体实际相结合

马克思主义科学揭示了人类社会发展规律，指明了人类寻求自身解放的道路，推进了人类文明进程，是我们认识世界、改造世界的强大思想武器。但是，正如恩格斯所深刻指出的："马克思的整个世界观不是教义，而是方法。它提供的不是现成的教条，而是进一

步研究的出发点和供这种研究使用的方法。"马克思主义的生命力、活力、魅力在于创新，在于同各个国家、各个民族的具体实际和时代特征相结合。离开本国、本民族实际和时代发展来谈马克思主义没有意义，僵化地拘泥于马克思主义经典作家的个别结论没有出路。马克思主义是我们行动的指南，而不是教条。

我们党是一个高度重视理论指导、勇于进行理论创新的马克思主义政党。党在领导革命、建设、改革的长期实践中，始终坚持把马克思主义基本原理同中国具体实际相结合。这个结合的过程，既是党艰苦探索的过程，也是党领导人民勇于实践的过程。在这个过程中，我们党有经验，也有教训。党在幼年时期，在对待马克思主义的态度上，曾出现两种错误倾向：一种倾向是理论脱离实际，以教条主义的态度对待马克思主义，不从中国实际出发，一切照抄本本，照搬教条；另一种倾向是轻视马克思主义理论，以经验主义的态度对待马克思主义，不重视理论指导，满足于自己的狭隘经验。这两种错误倾向都曾给党的事业造成损失。

党在推进理论创新的历史进程中，坚持解放思想和实事求是相统一、培元固本和守正创新相统一，不断开辟马克思主义中国化时代化新境界，先后创立和形成了毛泽东思想、邓小平理论、"三个代表"重要思想、科学发展观、习近平新时代中国特色社会主义思想，为党和人民事业发展提供了科学理论指导。我们党的历史，就是一部不断推进马克思主义中国化时代化的历史，就是一部不断推进理论创新、进行理论创造的历史。

当今世界正经历百年未有之大变局，中华民族伟大复兴正处在关键时期。面对快速变化的世界和中国，如果墨守成规、思想僵化，没有理论创新的勇气，不能科学回答中国之问、世界之问、人民之问、时代之问，不仅党和国家事业无法继续前进，马克思主义也会失去生命力、说服力。我们必须坚持运用辩证唯物主义和历史唯物主义，坚持解放思想、实事求是、与时俱进、求真务实，准确把握时代大势，勇于站在人类发展前沿，聆听人民心声，回应现实需要，把坚持马克思主义和发展马克思主义统一起来，坚持用马克思主义之"矢"去射新时代中国之"的"，一切从实际出发，着眼解决新时代改革开放和社会主义现代化建设的实际问题，作出符合中国实际和时代要求的正确回答，得出符合客观规律的科学认识，形成与时俱进的理论成果，更好指导中国实践。

坚持和发展马克思主义，必须同中华优秀传统文化相结合

中华民族是世界上古老而伟大的民族，创造了绵延5000多年的灿烂文明，为人类文明进步作出了不可磨灭的贡献。中华优秀传统文化源远流长、博大精深，是中华文明的智慧结晶，其中蕴含的天下为公、民为邦本、为政以德、革故鼎新、任人唯贤、天人合一、自强不息、厚德载物、讲信修睦、亲仁善邻等，是中国人民在长期生产生活中积累的宇宙观、天下观、社会观、道德观的重要体现，同科学社会主义价值观主张具有高度契合性。中华优秀传统文化是中华民族的根和魂，是中国特色社会主义植根的文化沃土。

马克思主义是世界的，也是中国的。只有植根本国、本民族历史文化沃土，马克思主义真理之树才能根深叶茂。马克思主义来到中国，为中国人民所接受，深刻地改变了中国。同时，中国共产党

和中国人民在自己的伟大创新实践中又丰富和发展了马克思主义，马克思主义在中国呈现更多的中国特色、中国风格、中国气派。在中国近现代历史上之所以会出现如此壮丽的文化景观和气象，是因为我们党把马克思主义基本原理同中华优秀传统文化相结合，马克思主义激活了中华优秀传统文化的生命力，中华优秀传统文化为马克思主义在中国生根发芽、开花结果提供了文化沃土。两者相辅相成、相得益彰。历史表明，中国共产党人是马克思主义的坚定信仰者和实践者，也是中华优秀传统文化的忠实传承者和弘扬者。

我们必须坚定历史自信、文化自信，坚持古为今用、推陈出新，深刻汲取博大精深的中华优秀传统文化所蕴含的丰富哲学思想、人文精神、价值观念、道德规范，推动中华优秀传统文化创造性转化、创新性发展，把马克思主义思想精髓同中华优秀传统文化精华贯通起来、同人民群众日用而不觉的共同价值观念融通起来，激发全民族文化创新创造活力，不断赋予科学理论鲜明的中国特色，不断夯实马克思主义中国化时代化的历史基础和群众基础，让马克思主义在中国牢牢扎根，让中华文明展现出更加璀璨的时代风采。

坚持好、运用好贯穿习近平新时代中国特色社会主义思想的立场观点方法

实践没有止境，理论创新也没有止境。对于肩负着重大历史使命的中国共产党人来说，推进马克思主义中国化时代化永远在路上。习近平总书记强调："不断谱写马克思主义中国化时代化新篇章，是当代中国共产党人的庄严历史责任。继续推进实践基础上的理论创新，首先要把握好新时代中国特色社会主义思想的世界观和方法论，

坚持好、运用好贯穿其中的立场观点方法。"

（一）必须坚持人民至上

坚持人民至上，是习近平新时代中国特色社会主义思想的根本立场，是推进马克思主义中国化时代化的根本出发点。人民性是马克思主义的本质属性。党的理论是来自人民、为了人民、造福人民的理论，人民的创造性实践是理论创新的不竭源泉。一切脱离人民的理论都是苍白无力的，一切不为人民造福的理论都是没有生命力的。我们要站稳人民立场、把握人民愿望、尊重人民创造、集中人民智慧，形成为人民所喜爱、所认同、所拥有的理论，使之成为指导人民认识世界和改造世界的强大思想武器。

（二）必须坚持自信自立

坚持自信自立，是习近平新时代中国特色社会主义思想的精神特质，是推进马克思主义中国化时代化的基本立足点。中国人民和中华民族从近代以后的深重苦难走向伟大复兴的光明前景，从来就没有教科书，更没有现成答案。党的百余年奋斗成功道路是党领导人民独立自主探索开辟出来的，马克思主义的中国篇章是中国共产党人依靠自身力量实践出来的，贯穿其中的一个基本点就是中国的问题必须从中国基本国情出发，由中国人自己来解答。我们要坚持对马克思主义的坚定信仰、对中国特色社会主义的坚定信念，坚定道路自信、理论自信、制度自信、文化自信，以更加积极的历史担当和创造精神为发展马克思主义作出新的贡献，既不能刻舟求剑、封闭僵化，也不能照抄照搬、食洋不化。

（三）必须坚持守正创新

坚持守正创新，是习近平新时代中国特色社会主义思想的理论品格，是推进马克思主义中国化时代化的主要着力点。我们从事的是前无古人的伟大事业，守正才能不迷失方向、不犯颠覆性错误，创新才能把握时代、引领时代。我们要以科学的态度对待科学、以真理的精神追求真理，坚持马克思主义基本原理不动摇，坚持党的全面领导不动摇，坚持中国特色社会主义不动摇，紧跟时代步伐，顺应实践发展，以满腔热忱对待一切新生事物，不断拓展认识的广度和深度，敢于说前人没有说过的新话，敢于干前人没有干过的事情，以新的理论指导新的实践。

（四）必须坚持问题导向

坚持问题导向，是习近平新时代中国特色社会主义思想的鲜明风格，是推进马克思主义中国化时代化的现实着眼点。问题是时代的声音，回答并指导解决问题是理论的根本任务。今天我们所面临问题的复杂程度、解决问题的艰巨程度明显加大，给理论创新提出了全新要求。我们要增强问题意识，聚焦实践遇到的新问题、改革发展稳定存在的深层次问题、人民群众急难愁盼问题、国际变局中的重大问题、党的建设面临的突出问题，不断提出真正解决问题的新理念新思路新办法。

（五）必须坚持系统观念

坚持系统观念，是习近平新时代中国特色社会主义思想的科学方法，是推进马克思主义中国化时代化的关键统筹点。万事万物是相互联系、相互依存的。只有用普遍联系的、全面系统的、发展变化的观点观察事物，才能把握事物发展规律。我国是一个发展中大国，仍处于社会主义初级阶段，正在经历广泛而深刻的社会变革，推进改革发展、调整利益关系往往牵一发而动全身。我们要善于通过历史看现实、透过现象看本质,把握好全局和局部、当前和长远、宏观和微观、主要矛盾和次要矛盾、特殊和一般的关系,不断提高战略思维、历史思维、辩证思维、系统思维、创新思维、法治思维、底线思维能力,为前瞻性思考、全局性谋划、整体性推进党和国家各项事业提供科学思想方法。

(六)必须坚持胸怀天下

坚持胸怀天下,是习近平新时代中国特色社会主义思想的全球视野,是推进马克思主义中国化时代化的重要站位点。中国共产党是为中国人民谋幸福、为中华民族谋复兴的党,也是为人类谋进步、为世界谋大同的党。我们要拓展世界眼光,深刻洞察人类发展进步潮流,积极回应各国人民普遍关切,为解决人类面临的共同问题作出贡献,以海纳百川的宽阔胸襟借鉴吸收人类一切优秀文明成果,推动建设更加美好的世界。

(原载《人民日报》2022年11月28日)

关于开辟马克思主义中国化时代化
新境界的几个重大理论问题

学习贯彻习近平新时代中国特色社会主义思想主题教育的主要任务是用党的创新理论武装头脑、凝心铸魂，使全党始终统一思想、统一意志、统一行动，向着强国建设、民族复兴的宏伟目标奋勇前进。习近平新时代中国特色社会主义思想是当代中国马克思主义、二十一世纪马克思主义，是中华文化和中国精神的时代精华，实现了马克思主义中国化时代化新的飞跃，开辟了马克思主义中国化时代化的新境界。我们要全面学习领会习近平新时代中国特色社会主义思想的科学体系、核心要义、精神实质、实践要求，做到整体把握、融会贯通，不断增进对党的创新理论的政治认同、思想认同、理论认同、情感认同。

"两个结合"是推进马克思主义中国化
时代化的根本途径

"两个结合"是习近平总书记提出的一个新的重大命题，开创了我们党理论创新的新格局。习近平总书记在庆祝中国共产党成立100周年大会和党的十九届六中全会上，明确提出"两个结合"的重大命题。党的二十大报告对"两个结合"的重大意义、基本内涵和实践要求进行了系统、科学、完整的阐述，指明了实现马克思主义中国化时代化的根本途径，揭示了马克思主义在21世纪中国生机勃发的核心密码。

回顾党的历史，过去很长一个时期，我们党一直强调"一个结合"，对"第二个结合"没有作出明确的理论概括。那么，我们党是怎样提出"一个结合"的？"一个结合"又是怎样发展到"两个结合"的？刘少奇曾说："中国党有一极大的弱点，这个弱点，就是党在思想上的准备、理论上的修养是不够的，是比较幼稚的。"由于思想上准备不充分，我们党在早期还没有自己的创新理论，在对待马克思主义的态度上，曾出现两种错误倾向：一种倾向是理论脱离实际，以教条主义的态度对待马克思主义，不从中国实际出发，一切照抄本本，照搬教条；另一种倾向是轻视马克思主义理论，以经验主义的态度对待马克思主义，不重视理论指导，满足于自己的狭隘经验。这两种错误倾向都曾使中国革命遭受挫折，使党和人民的事业蒙受损失。对此，毛泽东深刻指出，"马克思主义必须和我国的具体特点相结合并通过一定的民族形式才能实现"，这就提出了"一个结合"的重大命题。改革开放和社会主义现代化建设新时期，邓小平、江泽民、胡锦涛从新的实践和时代特征出发，就"一个结合"进行了深入的阐述，提出了明确的要求。

党的十八大以来，随着中国道路越走越宽广，我们党展现出前所未有的历史自信、文化自信，对中华优秀传统文化在马克思主义中国化时代化中地位作用的认识也越来越深刻。习近平总书记立足中华民族伟大复兴战略全局和世界百年未有之大变局，从历史、现实、未来的贯通中把握历史规律和发展趋势，在继承发展"一个结合"重要论述的基础上，提出了"两个结合"的新论断，他深刻指出："如果没有中华五千年文明，哪里有什么中国特色？如果不是中国特色，哪有我们今天这么成功的中国特色社会主义道路？"我们党深刻认识到，中华优秀传统文化是中华民族的根和魂，也是我们党创新理论的根和魂，推进马克思主义中国化时代化的根本途径是"两个结合"。只有把马克思主义基本原理同中国具体实际相结合、同中华优秀传统文化相结合，坚持运用辩证唯物主义和历史唯物主义，才能正确回答时代和实践提出的重大问题，才能始终保持马克思主义的蓬勃生机和旺盛活力。党的十八大以来，以习近平同志为主要代表的中国共产党人，坚持把马克思主义基本原理同中国具体实际相结合、同中华优秀传统文化相结合，科学回答了新时代坚持和发展什么样的中国特色社会主义、怎样坚持和发展中国特色社会主义，建设什么样的社会主义现代化强国、怎样建设社会主义现代化强国，建设什么样的长期执政的马克思主义政党、怎样建设长期执政的马克思主义政党等重大时代课题，创立了习近平新时代中国特色社会主义思想。这一重要思想是"两个结合"的光辉典范。

可见，从"一个结合"到"两个结合"，绝不仅仅是数量上的简单变化，也绝不仅仅是概念上的简单叠加，而是党的理论创新长期实践经验的科学总结，是新时代党和人民历史自觉与文化自觉空前提升的产物。当然，任何一个现实的东西，它既携带着过去，又孕育着未来。"一个结合"和"两个结合"并不是毫无关系的两个东西或者两个阶段，而是相互联系、相互促进、相得益彰的。从今天的历史高度来看待这个问题，认识把握两者的关系，"一个结合"是

"两个结合"的前提和基础,"两个结合"是"一个结合"的拓展和深化。"两个结合"是对"一个结合"的理论升华,是一个重大理论创新和全新命题。

"两个结合"的重大论断具有丰富的思想内涵,蕴含着马克思主义中国化时代化的鲜明特征。"第一个结合"解决的是理论与实际、主观与客观的关系,就是指我们党以马克思主义为指导,坚持一切从实际出发,着眼解决革命、建设、改革过程中的实际问题,不断回答中国之问、世界之问、人民之问、时代之问,作出符合中国实际和时代要求的正确回答,使马克思主义在中国开花结果,走出了一条中国特色社会主义发展道路。"第二个结合"解决的是古与今、中与外的关系,就是指我们党坚定历史自信、文化自信,坚持古为今用、推陈出新,把马克思主义思想精髓同中华优秀传统文化精华贯通起来、同人民群众日用而不觉的共同价值观念融通起来,不断夯实马克思主义中国化时代化的历史基础和群众基础,让马克思主义在中国牢牢扎根。与此同时,我们党运用马克思主义立场观点方法,推动中华文明创造性转化和创新性发展,激活其生命力,把跨越时空、超越国度、富有永恒魅力、具有当代价值的文化精神弘扬起来,让中华文明为人类发展和进步提供借鉴、作出贡献。

"两个结合"在继承发展马克思主义基本原理同中国具体实际相结合的基础上,着重强调马克思主义基本原理同中华优秀传统文化的结合,为继续推进马克思主义中国化时代化开辟了广阔空间。从理论创新看,不断赋予科学理论鲜明的中国特色。中华民族有着深厚文化传统,形成了富有特色的思想体系,体现了中国人几千年来积累的知识智慧和理性思辨。这是我国的独特优势。坚持"两个结合",深入挖掘中华5000多年文明的精髓,将它同马克思主义的立场观点方法结合起来,可以厚植理论创新的历史根基、文化血脉,使党的创新理论充盈着浓郁的中国味、深厚的中华情、浩然的民族魂,具有强大的历史穿透力、文化感染力、精神感召力,成为彰显文化自信、饱含历史自觉、赓续中华文脉的理论。从实践创新看,为中国式现代化注入强大的发展动能。每个国家和民族的历史传统、文化积淀、基本国情不同,其发展道路必然有着自己的特色。解决中国的问题只能在中国大地上探寻适合自己的道路和办法。党的二十大擘画了全面建成社会主义现代化强国、以中国式现代化全面推进中华民族伟大复兴的宏伟蓝图。中国式现代化深深根植于中华优秀传统文化,体现科学社会主义的先进本质,借鉴吸收一切人类优秀文明成果,代表人类文明进步的发展方向,展现了不同于西方现代化模式的新图景,是一种全新的人类文明形态。在坚持"两个结合"中不断推进中国式现代化,挖掘吸收中华优秀传统文化的思想精华,可以实现传统与现代的深度融合,筑牢中国式现代化的文化根基,助力中国式现代化不断铸就新辉煌。

"六个必须坚持"是习近平新时代中国特色社会主义思想的精髓和活的灵魂

理论学习和理论武装不仅要掌握科学理论的基本概念、基本原理、基本论断,还要把握、运用科学理论蕴含的立场观点方法。党的二十大报告指出,"继续推进实践基础上的理论创新,首先要把握好新时代中国特色社会主义思想的世界观和方法论,坚持好、运用好贯穿其中的立场观点方法",并提出了"六个必须坚持",即必须坚持人民至上、必须坚持自信自立、必须坚持守正创新、必须坚持问题导向、必须坚持系统观念、必须坚持胸怀天下，这是党的二十大报告又一个重大理论创新。"六个必须坚持"深刻揭示了习近平新时代中国特色社会主义思想的理论品格和鲜明特质，清晰地告诉我们党的理论创新的价值取向是什么，基本立足点是什么，原则方向是什么，主要着力点是什么，思想方法是什么，应有的胸襟视野是什么。

"六个必须坚持"是相互联系、内在统一的有机整体，贯穿于"十个明确""十四个坚持""十三个方面成就"的全部内容之中。习近平新时代中国特色社会主义思想的科学内涵是什么？就是党的十九大和党的十九届六中全会总结概括的"十个明确""十四个坚持""十三个方面成就"，"六个必须坚持"则是党的二十大对这一重要思想的世界观和方法论的概括提炼，也是对贯穿其中的立场观点方法的概括提炼。这两种表述是同一个问题的两个方面，其中，人民至上是这一重要思想的根本立场，自信自立是这一重要思想的精神特质，守正创新是这一重要思想的理论品格，问题导向是这一重要思想的实践要求，系统观念是这一重要思想的科学方法，胸怀天下是这一重要思想的世界情怀。

"六个必须坚持"是在新时代伟大斗争实践中形成的，是习近平新时代中国特色社会主义思想的精髓和活的灵魂，是深刻理解这一重要思想必须牢牢把握的基本点，也是继续推进理论创新必须坚持的基本点。只有认真学习、深刻把握"六个必须坚持"，用"六个必须坚持"进行思维，才能更全面准确领会这一重要思想蕴含的道理学理哲理，做到知其言更知其义、知其然更知其所以然，才能真正在深层次上提高思想理论水平，把思想方法搞对头，才能在实践中活学活用、张弛有度、收放自如。

正确把握几个重大理论的关系

全面把握习近平新时代中国特色社会主义思想的世界观和方法论，还需要我们正确把握"六个必须坚持"与马克思主义世界观和方法论，与毛泽东思想活的灵魂的三个方面，与党章中表述的我们党的思想路线的实质，即解放思想、实事求是、与时俱进、求真务实等几个重大理论的关系。

第一，"六个必须坚持"是对马克思主义世界观和方法论的创造性运用。马克思主义是我们立党立国、兴党兴国的根本指导思想，辩证唯物主义和历史唯物主义是马克思主义的世界观和方法论。马克思主义是科学的理论、人民的理论、实践的理论、开放的理论，人民立场、独立自主、实践观点、普遍联系、世界历史都是马克思主义的基本立场观点方法。习近平总书记强调，要实现中华民族伟大复兴的中国梦，"必须不断接受马克思主义哲学智慧的滋养，更加自觉地坚持和运用辩证唯物主义世界观和方法论，更好在实际工作中把握现象和本质、形式和内容、原因和结果、偶然和必然、可能和现实、内因和外因、共性和个性的关系，增强辩证思维、战略思维能力，把各项工作做得更好"。党的十八大以来，习近平总书记坚持和运用马克思主义立场观点方法，既部署"过河"的任务，又指导解决"桥或船"的问题，为我们认识问题、分析问题、解决问题树立了典范。这集中体现在"六个必须坚持"之中，比如，坚持人民至上，坚持和发展了马克思主义的人民观，马克思主义博大精深，归根到底就是一句话，为人类求解放。又如，坚持问题导向，继承发展了马克思主义的矛盾观，系统回答了新时代的重大时代课题，彰显了唯物辩证法的鲜明特征。再如，坚持胸怀天下，坚持发展了马克思主义为人类求解放的思想，体现了世界性与民族性的辩证统一。马克思主义世界观和方法论是"六个必须坚持"的"源"，"六个必须坚持"是马克思主义世界观和方法论的"流"，它们之间是"源""流"同一，"源""流"一致。

第二，"六个必须坚持"是对毛泽东思想活的灵魂的新时代表达。党的第二个历史决议把实事求是、群众路线、独立自主概括为毛泽东思想活的灵魂的三个基本方面，并对这三个方面的内涵进行了高度概括提炼；党的第三个历史决议充分肯定了第二个历史决议的基本观点，并强调毛泽东思想的活的灵魂为党和人民事业发展提供了科学指引，这些重要论断深刻阐明了毛泽东思想的活的灵魂的核心要义和本质特征。从内在逻辑关系看，"六个必须坚持"既包含着毛泽东思想的活的灵魂，又为它注入了崭新的内容，是对毛泽东思想的活的灵魂的延伸拓展和丰富发展。比如，坚持人民至上，不仅体现了群众路线的根本价值，还深刻揭示了我们党的初心使命和根本政治立场，体现了当代中国共产党人真挚的人民情怀。又如，坚持自信自立，既继承了独立自主的思想内涵，又反映了我们党作为认识主体的一种历史自信和历史自觉，体现了我们党更加积极的历史担当和创造精神，拓展了独立自主的当代视域。毛泽东思想的活的灵魂同"六个必须坚持"一脉相承。

第三，"六个必须坚持"是对解放思想、实事求是、与时俱进、求真务实的具体展开。解放思想、实事求是、与时俱进、求真务实，体现了辩证唯物主义和历史唯物主义一以贯之的科学精神，是我们党的思想路线的核心内容。这一核心内容与"六个必须坚持"是相互联系、相互统一的。比如，坚持守正创新，这是中国特色社会主义新时代的鲜明气象，也是习近平新时代中国特色社会主义思想的理论品格。这一特点和解放思想、实事求是、与时俱进、求真务实的品格相贯通。党的十八大以来，以习近平同志为核心的党中央在立场、方向、原则、道路等根本性问题上旗帜鲜明、毫不含糊，着力正本清源、固本培元，高扬了理想信念的旗帜、马克思主义的旗帜、中国特色社会主义的旗帜，确保了党不变质、不变色、不变味。同时，面对快速变化的世界和中国，我们党坚持立破并举，以巨大的政治勇气和魄力推进各方面改革创新，推动党和国家事业取得历史性成就、发生历史性变革，中国共产党的面貌、中国人民的面貌、社会主义中国的面貌、中华民族的面貌焕然一新。在这一伟大实践中创立的习近平新时代中国特色社会主义思想，既坚持了老祖宗，又讲了许多新话，以全新的视野深化了对共产党执政规律、社会主义建设规律、人类社会发展规律的认识，为发展马克思主义作出了原创性贡献。坚持人民至上、坚持自信自立、坚持问题导向、坚持系统观念、坚持胸怀天下，其基本内涵也都是如此。

（原载《党建》2023年第6期）

新时代中国共产党人的政治宣言

2021年7月1日,习近平总书记在庆祝中国共产党成立100周年大会上发表了重要讲话。习近平总书记"七一"重要讲话高屋建瓴、气势磅礴,视野宏阔、内涵丰富,思想深邃、意境深远,是一篇马克思主义的光辉文献。习近平总书记"七一"重要讲话站在历史和全局的高度,从历史和现实、理论和实践的结合上,系统总结了我们党在百年奋斗中积累的宝贵经验,全面阐述了以史为鉴、开创未来的根本要求,深刻揭示了中国共产党过去为什么能够成功、未来怎样才能继续成功的根本所在。认真学习贯彻习近平总书记"七一"重要讲话精神,对于我们开启全面建设社会主义现代化国家新征程,夺取新时代中国特色社会主义伟大胜利,实现中华民族伟大复兴的中国梦,具有极其深远的历史意义和重大的现实指导意义。

一、以史为鉴、开创未来,必须坚持中国共产党坚强领导

以史为鉴,必须坚持党的伟大领导。习近平总书记指出:"办好中国的事情,关键在党。中华民族近代以来180多年的历史、中国共产党成立以来100年的历史、中华人民共和国成立以来70多年的

历史都充分证明，没有中国共产党，就没有新中国，就没有中华民族伟大复兴。历史和人民选择了中国共产党。中国共产党领导是中国特色社会主义最本质的特征，是中国特色社会主义制度的最大优势，是党和国家的根本所在、命脉所在，是全国各族人民的利益所系、命运所系。"中国共产党的产生不是偶然的。我们党是在近代中国社会矛盾的剧烈运动中，在中国人民反抗封建统治和外来侵略的激烈斗争中，在马克思列宁主义同中国工人运动的结合过程中，应运而生的。中国共产党的领导地位不是自封的，而是历史和人民的必然选择。100年来，中国共产党团结带领人民取得新民主主义革命的胜利，取得社会主义革命和建设的巨大成就，取得改革开放和社会主义现代化建设举世瞩目的成就，推动中国特色社会主义进入新时代，使党和国家事业取得历史性成就、发生历史性变革。这一切都是中国共产党坚强领导的必然结果。

坚持党的伟大领导，才能开创未来。习近平总书记强调："新的征程上，我们必须坚持党的全面领导，不断完善党的领导，增强'四个意识'、坚定'四个自信'、做到'两个维护'，牢记'国之大者'，不断提高党科学执政、民主执政、依法执政水平，充分发挥党总揽全局、协调各方的领导核心作用！"我们要不断提高政治判断力、政治领悟力、政治执行力，坚决维护党中央权威和集中统一领导，自觉在思想上政治上行动上同以习近平同志为核心的党中央保持高度一致。必须适应实践、时代、人民的要求，进一步健全党总揽全局、协调各方的领导制度体系，不断提高党把方向、谋大局、定政策、促改革的能力和定力。

二、以史为鉴、开创未来，必须团结带领中国人民不断为美好生活而奋斗

以史为鉴，必须依靠人民的伟大力量。习近平总书记指出："江山就是人民、人民就是江山，打江山、守江山，守的是人民的心。中国共产党根基在人民、血脉在人民、力量在人民。中国共产党始终代表最广大人民根本利益，与人民休戚与共、生死相依，没有任何自己特殊的利益，从来不代表任何利益集团、任何权势团体、任何特权阶层的利益。任何想把中国共产党同中国人民分割开来、对立起来的企图，都是绝不会得逞的！9500多万中国共产党人不答应！14亿多中国人民也不答应！"人民立场是中国共产党的根本政治立场，是马克思主义政党区别于其他政党的显著标志。我们党把尊重社会发展规律与尊重人民历史主体地位统一起来，坚持全心全意为人民服务的根本宗旨，坚定不移贯彻群众路线，始终保持党同人民群众的血肉联系，凝聚起众志成城的伟大力量，团结带领人民共同创造了不朽的历史伟业。

依靠人民的伟大力量，才能开创未来。习近平总书记强调："新的征程上，我们必须紧紧依靠人民创造历史，坚持全心全意为人民服务的根本宗旨，站稳人民立场，贯彻党的群众路线，尊重人民首创精神，践行以人民为中心的发展思想，发展全过程人民民主，维护社会公平正义，着力解决发展不平衡不充分问题和人民群众急难愁盼问题，推动人的全面发展、全体人民共同富裕取得更为明显的实质性进展！"我们要深刻认识党的性质宗旨，坚持一切为了人民、一切依靠人民，始终把人民放在心中最高位置，把人民对美好生活

的向往作为奋斗目标，推动改革发展成果更多更公平惠及全体人民，凝聚起全国各族人民团结一心的磅礴力量。

三、以史为鉴、开创未来，必须继续推进马克思主义中国化时代化

以史为鉴，必须创新党的伟大理论。习近平总书记指出："马克思主义是我们立党立国的根本指导思想，是我们党的灵魂和旗帜。中国共产党坚持马克思主义基本原理，坚持实事求是，从中国实际出发，洞察时代大势，把握历史主动，进行艰辛探索，不断推进马克思主义中国化时代化，指导中国人民不断推进伟大社会革命。中国共产党为什么能，中国特色社会主义为什么好，归根到底是因为马克思主义行！"我们党之所以能够完成近代以来各种政治力量不可能完成的艰巨任务，就在于始终把马克思主义这一科学理论作为自己的行动指南，并坚持在实践中不断丰富和发展马克思主义。推进马克思主义中国化是党的鲜明特点。我们党坚持解放思想和实事求是相统一、培元固本和守正创新相统一，不断开辟马克思主义新境界，创立了毛泽东思想、邓小平理论，形成了"三个代表"重要思想、科学发展观，创立了习近平新时代中国特色社会主义思想，为党和人民事业发展提供了科学理论指导。

创新党的伟大理论，才能开创未来。习近平总书记强调："新的征程上，我们必须坚持马克思列宁主义、毛泽东思想、邓小平理论、'三个代表'重要思想、科学发展观，全面贯彻新时代中国特色社会主义思想，坚持把马克思主义基本原理同中国具体实际相结合、同中华优秀传统文化相结合，用马克思主义观察时代、把握时代、引

领时代，继续发展当代中国马克思主义、21世纪马克思主义！"我们必须深刻认识和把握马克思主义的真理力量和实践力量，深刻认识和把握马克思主义既一脉相承又与时俱进的理论品格，深刻认识和把握习近平新时代中国特色社会主义思想为丰富和发展马克思主义作出的原创性贡献、为激活中华优秀传统文化的生命力作出的历史性贡献、为推进人类文明进步事业作出的世界性贡献，进一步提高理论创新的主动性和积极性，进一步提高理论武装的自觉性和坚定性，不断开辟马克思主义发展的新境界。

四、以史为鉴、开创未来，必须坚持和发展中国特色社会主义

以史为鉴，必须推进伟大事业。习近平总书记指出："走自己的路，是党的全部理论和实践立足点，更是党百年奋斗得出的历史结论。中国特色社会主义是党和人民历经千辛万苦、付出巨大代价取得的根本成就，是实现中华民族伟大复兴的正确道路。"方向决定道路，道路决定命运。我们党坚持把马克思主义基本原理同中国具体实际相结合，不断探索适合中国国情的革命和建设道路，成功开创、坚持、捍卫和发展了中国特色社会主义。中国特色社会主义，既是我们必须不断推进的伟大事业，又是我们开辟未来的根本保证。

推进伟大事业，才能开创未来。习近平总书记强调："新的征程上，我们必须坚持党的基本理论、基本路线、基本方略，统筹推进'五位一体'总体布局、协调推进'四个全面'战略布局，全面深化改革开放，立足新发展阶段，完整、准确、全面贯彻新发展理念，构建新发展格局，推动高质量发展，推进科技自立自强，保证人民

当家作主，坚持依法治国，坚持社会主义核心价值体系，坚持在发展中保障和改善民生，坚持人与自然和谐共生，协同推进人民富裕、国家强盛、中国美丽。"习近平总书记还特别指出："中华民族拥有在5000多年历史演进中形成的灿烂文明，中国共产党拥有百年奋斗实践和70多年执政兴国经验，我们积极学习借鉴人类文明的一切有益成果，欢迎一切有益的建议和善意的批评，但我们绝不接受'教师爷'般颐指气使的说教！中国共产党和中国人民将在自己选择的道路上昂首阔步走下去，把中国发展进步的命运牢牢掌握在自己手中！"我们必须坚定中国特色社会主义的道路自信、理论自信、制度自信、文化自信，保持战略定力，继续坚定不移全面深化改革开放，进一步解放和发展社会生产力，进一步解放和增强社会活力，推进国家治理体系和治理能力现代化，坚定不移沿着中国特色社会主义道路奋勇前进，不断夺取新时代中国特色社会主义伟大胜利。

五、以史为鉴、开创未来，必须加快国防和军队现代化

以史为鉴，必须建设伟大军队。习近平总书记指出："强国必须强军，军强才能国安。坚持党指挥枪、建设自己的人民军队，是党在血与火的斗争中得出的颠扑不破的真理。"党领导的人民军队创立于革命战争年代，从诞生之日起，就在中国共产党的领导下，为人民求解放、求幸福，为民族谋独立、谋复兴而英勇奋斗。经历硝烟战火，付出巨大牺牲，人民军队已经发展成为巩固国防和维护世界和平的强大力量支撑。

建设伟大军队，才能开创未来。习近平总书记强调："新的征程

上，我们必须全面贯彻新时代党的强军思想，贯彻新时代军事战略方针，坚持党对人民军队的绝对领导，坚持走中国特色强军之路，全面推进政治建军、改革强军、科技强军、人才强军、依法治军，把人民军队建设成为世界一流军队，以更强大的能力、更可靠的手段捍卫国家主权、安全、发展利益！"我们必须加快国防和军队现代化，实现富国和强军相统一。建设一支听党指挥、能打胜仗、作风优良的人民军队，把人民军队建设成为世界一流军队。

六、以史为鉴、开创未来，必须不断推动构建人类命运共同体

以史为鉴，必须开展伟大外交。习近平总书记指出："和平、和睦、和谐是中华民族5000多年来一直追求和传承的理念，中华民族的血液中没有侵略他人、称王称霸的基因。中国共产党关注人类前途命运，同世界上一切进步力量携手前进，中国始终是世界和平的建设者、全球发展的贡献者、国际秩序的维护者！"中国共产党是为中国人民谋幸福的政党，也是为人类进步事业而奋斗的政党。我们党始终把为人类作出新的更大的贡献作为自己的神圣职责，秉持独立自主的和平外交政策，既利用和平国际环境发展自己，又以自身发展维护和促进世界和平，为推进人类文明进步事业作出了历史性贡献。

开展伟大外交，才能开创未来。习近平总书记强调："新的征程上，我们必须高举和平、发展、合作、共赢旗帜，奉行独立自主的和平外交政策，坚持走和平发展道路，推动建设新型国际关系，推动构建人类命运共同体，推动共建'一带一路'高质量发展，以中

国的新发展为世界提供新机遇。"习近平总书记强调指出:"中国人民是崇尚正义、不畏强暴的人民,中华民族是具有强烈民族自豪感和自信心的民族。中国人民从来没有欺负、压迫、奴役过其他国家人民,过去没有,现在没有,将来也不会有。同时,中国人民也绝不允许任何外来势力欺负、压迫、奴役我们,谁妄想这样干,必将在14亿多中国人民用血肉筑成的钢铁长城面前碰得头破血流!"

七、以史为鉴、开创未来,必须进行具有许多新的历史特点的伟大斗争

以史为鉴,必须进行伟大斗争。习近平总书记指出:"敢于斗争、敢于胜利,是中国共产党不可战胜的强大精神力量。实现伟大梦想就要顽强拼搏、不懈奋斗。今天,我们比历史上任何时期都更接近、更有信心和能力实现中华民族伟大复兴的目标,同时必须准备付出更为艰巨、更为艰苦的努力。"敢于斗争、敢于胜利是我们党的风骨和品质。中国共产党在斗争中诞生,在斗争中成长,在斗争中发展壮大。我们党在各种可以预料和难以预料的风险挑战中,锤炼了钢铁的意志,升华了革命斗志,取得了一个又一个的胜利。

进行伟大斗争,才能开创未来。习近平总书记指出:"新的征程上,我们必须增强忧患意识、始终居安思危,贯彻总体国家安全观,统筹发展和安全,统筹中华民族伟大复兴战略全局和世界百年未有之大变局,深刻认识我国社会主要矛盾变化带来的新特征新要求,深刻认识错综复杂的国际环境带来的新矛盾新挑战,敢于斗争,善于斗争,逢山开道、遇水架桥,勇于战胜一切风险挑战!"我们要善于在危机中育先机、于变局中开新局,抓住机遇,应对挑战,趋

利避害,奋勇前进。

八、以史为鉴、开创未来,必须加强中华儿女大团结

以史为鉴,必须加强伟大团结。习近平总书记指出:"在百年奋斗历程中,中国共产党始终把统一战线摆在重要位置,不断巩固和发展最广泛的统一战线,团结一切可以团结的力量、调动一切可以调动的积极因素,最大限度凝聚起共同奋斗的力量。爱国统一战线是中国共产党团结海内外全体中华儿女实现中华民族伟大复兴的重要法宝。"在党的各个历史时期,我们党成功运用统一战线这个法宝,最大限度地凝聚起了无坚不摧的强大力量。

加强伟大团结,才能开创未来。习近平总书记强调:"新的征程上,我们必须坚持大团结大联合,坚持一致性和多样性统一,加强思想政治引领,广泛凝聚共识,广聚天下英才,努力寻求最大公约数、画出最大同心圆,形成海内外全体中华儿女心往一处想、劲往一处使的生动局面,汇聚起实现民族复兴的磅礴力量!"我们必须充分发挥中国共产党领导的政治优势和中国特色社会主义的制度优势,把各方面的智慧和力量凝聚起来,为实现中华民族伟大复兴而努力奋斗。

九、以史为鉴、开创未来,必须不断推进党的建设新的伟大工程

以史为鉴,必须实施伟大工程。习近平总书记指出:"勇于自我革命是中国共产党区别于其他政党的显著标志。我们党历经千锤百

炼而朝气蓬勃，一个很重要的原因就是我们始终坚持党要管党、全面从严治党，不断应对好自身在各个历史时期面临的风险考验，确保我们党在世界形势深刻变化的历史进程中始终走在时代前列，在应对国内外各种风险挑战的历史进程中始终成为全国人民的主心骨！"勇于自我革命，从严管党治党，是我们党最鲜明的品格，也是我们党最大的优势。我们党之所以能够从小到大、由弱变强，带领人民从胜利走向另一个胜利，根本原因就是我们党能够不断加强自身建设，坚持真理，修正错误。

实施伟大工程，才能开创未来。习近平总书记强调："新的征程上，我们要牢记打铁必须自身硬的道理，增强全面从严治党永远在路上的政治自觉，以党的政治建设为统领，继续推进新时代党的建设新的伟大工程，不断严密党的组织体系，着力建设德才兼备的高素质干部队伍，坚定不移推进党风廉政建设和反腐败斗争，坚决清除一切损害党的先进性和纯洁性的因素，清除一切侵蚀党的健康肌体的病毒，确保党不变质、不变色、不变味，确保党在新时代坚持和发展中国特色社会主义的历史进程中始终成为坚强领导核心！"我们必须始终保持思想上的冷静清醒，增强行动上的果敢坚毅，以全面从严治党永远在路上的坚韧执着，把党建设得更加坚强有力。

（原载《北京日报》2021年7月5日）

创造新时代中国特色社会主义伟大成就的根本原因

——"两个确立"的确立过程及决定性意义

党的十八大以来,以习近平同志为核心的党中央,以伟大的历史主动精神、巨大的政治勇气、强烈的责任担当,统筹国内国际两个大局,贯彻党的基本理论、基本路线、基本方略,统揽伟大斗争、伟大工程、伟大事业、伟大梦想,坚持稳中求进工作总基调,出台一系列重大方针政策,推出一系列重大举措,推进一系列重大工作,战胜一系列重大风险挑战,解决了许多长期想解决而没有解决的难题,办成了许多过去想办而没有办成的大事,推动党和国家事业取得历史性成就、发生历史性变革。那么,新时代中国特色社会主义的伟大成就是怎样取得的,其根本原因是什么?党的十九届六中全会通过的《中共中央关于党的百年奋斗重大成就和历史经验的决议》(以下简称《决议》),在总结新时代的9年时得出了一个重大政治判断和结论,这就是"两个确立"的决定性意义。《决议》指出:"党确立习近平同志党中央的核心、全党的核心地位,确立习近平新时代中国特色社会主义思想的指导地位,反映了全党全军全国各族人民共同心愿,对新时代党和国家事业发展、对推进中华民族伟大复兴历史进程具有决定性意义。"

正是因为有习近平总书记掌舵领航，全党才有了顶梁柱，全国14亿多人民才有了主心骨；正是因为有习近平新时代中国特色社会主义思想的科学引领，全党全军全国各族人民才有了思想上的"定盘星"、行动上的"指南针"。因此，可以说"两个确立"是创造新时代中国特色社会主义伟大成就的根本原因。深刻认识新时代历史性变革的伟大成就，总结好党的十八大以来"两个确立"的历史过程及其经验和做法，对我们在新时代新征程上，增强"四个意识"、坚定"四个自信"、做到"两个维护"，为实现第二个百年奋斗目标、实现中华民族伟大复兴的中国梦而不懈努力，具有重要的现实意义。

拨乱反正，严明党的各项纪律特别是政治纪律

一段时间以来，在坚持党的领导和加强党的建设上存在不少问题，有的问题还相当严重。在党内存在着不少对坚持党的领导认识模糊、行动乏力问题，存在着不少落实党的领导弱化、虚化、淡化、边缘化问题，特别是对党中央重大决策部署执行不力，有的搞上有政策、下有对策，甚至口是心非、擅自行事。由于一度出现管党不力、治党不严问题，有些党员、干部政治信仰出现严重危机，一些地方和部门选人用人风气不正，形式主义、官僚主义、享乐主义和奢靡之风盛行，特权思想和特权现象较为普遍存在。特别是搞任人唯亲、排斥异己的有之，搞团团伙伙、拉帮结派的有之，搞匿名诬告、制造谣言的有之，搞收买人心、拉动选票的有之，搞封官许愿、弹冠相庆的有之，搞自行其是、阳奉阴违的有之，搞尾大不掉、妄议中央的也有之，政治问题和经济问题相互交织，贪腐程度触目惊

心。这些问题对党的全面领导造成了严重冲击，影响党的形象和威信，严重损害党群干群关系，引起广大党员、干部群众强烈不满和义愤。

2013年8月19日，习近平总书记在讲话中曾指出一些党员干部信仰缺失的表现："在一些人那里，有的以批评和嘲讽马克思主义为'时尚'、为噱头；有的精神空虚，认为共产主义是虚无缥缈的幻想，'不问苍生问鬼神'，热衷于算命看相、求神拜佛，迷信'气功大师'；有的信念动摇，把配偶子女移民到国外、钱存在国外，给自己'留后路'，随时准备'跳船'；有的心为物役，信奉金钱至上、名利至上、享乐至上，心里没有任何敬畏，行为没有任何底线。"

2014年1月14日，习近平总书记在讲话中曾指出干部队伍中存在的"圈子文化"的表现："有的干部信奉拉帮结派的'圈子文化'，整天琢磨拉关系、找门路，分析某某是谁的人，某某是谁提拔的，该同谁搞搞关系、套套近乎，看看能抱上谁的大腿。有的领导干部喜欢当家长式的人物，希望别人都唯命是从，认为对自己百依百顺的就是好干部，而对别人、对群众怎么样可以不闻不问，弄得党内生活很不正常。""有的个人主义、自由主义严重，目无组织纪律，跟组织讨价还价，不服从组织安排；有的党组织和领导干部在处理一些应该由中央和上级组织统一决定的重要问题时，事前不请示、事后不报告，搞先斩后奏、边斩边奏，甚至斩而不奏；有的变着法儿把一件完整的需要汇报的大事情分解成一件一件可以不汇报的小事项，让组织程序空转；有的领导班子既有民主不够、个人说了算问题，也有集中不够问题，班子里各自为政，把分管领域当成'私人领地'，互不买账，互不服气，内耗严重；有的只对领导个人负责而不对组织负责,把上下级关系搞成人身依附关系;有的办事不靠组织而靠熟人、靠关系,形形色色的关系网越织越密,方方面面的潜规则越用越灵;有的党组织对党员、干部疏于管理,缺乏严肃认真的组织生活,等等。"

2014年5月9日,习近平总书记在讲话中曾指出党内存在的潜规则的表现:"这些年,一些潜规则侵入党内,并逐渐流行起来,有的人甚至以深谙其道为荣,必须引起我们高度警觉。比如,在思想政治上,一些人信奉'马列主义对人,自由主义对己','两个嘴巴说话,两张面孔做人';在组织生活中,一些人信奉'自我批评摆情况,相互批评提希望','你不批我,我不批你;你若批我,我必批你','上级对下级,哄着护着;下级对上级,捧着抬着;同级对同级,包着让着';在执行政策中,一些人信奉'遇到黄灯跑过去,遇到红灯绕过去','不求百姓拍手,只求领导点头';在干部任用中,一些人信奉'不跑不送、降职使用,只跑不送、原地不动,又跑又送、提拔重用';在人际交往中,一些人信奉'章子不如条子,条子不如面子','有关系走遍天下,没关系寸步难行'。这些潜规则看起来无影无踪、却又无处不在,听起来悖情悖理、却可畅通无阻,成为腐蚀党员和干部、败坏党的风气的沉疴毒瘤。"

2015年1月13日,习近平总书记在讲话中曾指出一些党员干部违反政治规矩的现象:"在一些干部中,乱评乱议、口无遮拦现象比较突出。如果造谣生事那是违反党纪甚至违反国法,但这些人就是在那儿调侃,传播小道消息,东家长西家短乱发议论,热衷于转发网上不良信息,甚至一些所谓'铁杆朋友'聚在一起妄议中央大政方针。有的人热衷于打探消息,四处寻问,八方打听,不该问的偏要问，不该知道的特想知道，捉到一些所谓内幕消息就到处私下传播。"

2016年1月12日，习近平总书记在讲话中曾指出党员干部中存在的"两面派"行为和对违反政治纪律不敢斗争的现象："有的党员、干部在重大原则问题上立场摇摆，对党中央决策部署和三令五申的要求，阳奉阴违甚至搞非组织活动，公开发表反对党的路线方针政策和决议的言论；有的党组织觉得政治纪律是'软'的、'虚'的，对违反政治纪律的错误言行不在意、不报告、不抵制、不斗争，更谈不上查处。"

2016年6月28日，习近平总书记在讲话中曾指出党内政治生态中组织和组织、个人和组织、个人和个人关系方面存在的问题："一段时间以来，党内政治生活不认真不严肃现象比较普遍，庸俗化、随意化倾向比较突出，少数地方和单位政治生态严重恶化，甚至出现了系统性、塌方式腐败。主要问题是：从组织和组织的关系看，有的党组织违背'四个服从'原则，有令不行、有禁不止，对党中央和上级的决策部署合意的就执行、不合意的就不执行；一些上级党组织对下级放弃管党治党责任，甚至发现问题也一味姑息迁就、放任自流。从个人和组织的关系看，有的党员、干部党的意识弱化、组织观念淡薄，不相信组织、不服从组织、不依靠组织，把党组织当成了来去自由的'大车店'、各取所需的'大卖场'、自行其是的'私人俱乐部'；有的领导班子成员特别是一把手不正确理解和执行民主集中制，搞家长制、一言堂或自由主义、分散主义、宗派主义，有的甚至把所在地方和分管领域当作'独立王国'、'私人领地'；有的党组织对党员、干部管理失之于宽、失之于松、失之于软。从个人和个人的关系看,有的党员、干部讲利益不讲党性、讲关系不讲原则、讲面子不讲规矩,甚至把党内同志关系异化为人身依附关系,搞小山头、小圈子、小团伙那一套,搞门客、门宦、门附那一套。"

针对以上种种问题,以习近平同志为核心的党中央举旗亮剑,直面问题,坚持以立为本、立破并举,坚持正本清源和守正创新相统一,在恢复和发扬党的优良传统和作风的基础上,对加强党的领导和党的建设进行了创造性探索、创新性发展,坚决纠正党的领导弱化、虚化、淡化、边缘化问题,开辟了管党治党新境界。

比如,针对党内存在的个人主义、分散主义、自由主义、本位主义、好人主义等问题,党中央强调必须严明党的政治纪律和政治规矩,把维护党中央权威和集中统一领导作为党的政治建设的首要任务,提高政治判断力、政治领悟力、政治执行力,胸怀"国之大者",确保全党在政治立场、政治方向、政治原则、政治道路上同以习近平同志为核心的党中央保持高度一致。

比如,针对一些领域存在的党的领导原则动摇问题,党中央旗帜鲜明地重申和强调党管干部、党管人才、党管宣传、党管意识形态、党管媒体、党校姓党、党指挥枪等一系列重大原则,加强党对经济工作的领导,确保"枪杆子""笔杆子""印把子""刀把子""钱袋子"等始终掌握在忠于党、忠于人民的人手中。

比如,针对党的领导覆盖不全面、落实不到位、一些基层党组织软弱涣散等问题,党中央强调树立大抓基层的鲜明导向,加强国有企业、农村、高校等领域基层党组织工作,强化党组织政治功能,推动党中央决策部署贯彻到"最后一公里"。

比如，针对管党不力、治党不严问题，党中央以前所未有的勇气和定力推进全面从严治党，坚持思想从严、监督从严、执纪从严、治吏从严、作风从严、反腐从严，坚持思想建党和制度治党相统一、使命引领和问题导向相统一、抓"关键少数"和管"绝大多数"相统一、行使权力和担当责任相统一、严格管理和关心信任相统一、党内监督和群众监督相统一，推动管党治党宽松软状况得到根本扭转。

还比如，针对腐败这一党长期执政的最大威胁，党中央以"得罪千百人，不负十四亿"的使命担当祛疴治乱，以雷霆之势反腐惩恶，"打虎""拍蝇""猎狐"多管齐下，刹住了一些多年未刹住的歪风邪气，解决了许多长期没有解决的顽瘴痼疾，清除了党、国家、军队内部存在的严重隐患，探索出依靠党的自我革命跳出历史周期率的成功路径。

总结经验，从历史中汲取智慧和力量

历史是已经发生过的事情，是已经过去了的东西。历史的发生是一次性的，历史的人物和历史的事件都不可能重来。但是，从时间的轴线去看，历史、现实、未来是相通的。因此，在一定的相同历史条件下重复出现的历史现象具有可比性，从可比性上我们就能获得启迪。所以，古人说："推古验今，所以不惑。"这就是历史智慧。习近平总书记强调指出，"历史是最好的教科书"，"历史是最好的老师"，"中国革命历史是最好的营养剂"。中华民族是一个重视历史、研究历史、学习历史、运用历史的民族。在几千年的历史发展过程中，留下了卷帙浩繁的历史典籍，成为中华民族的宝贵精神文化财富。我们党不仅继承了中华民族的优良传统,也是一个高度重视并善于总结历史经验的马克思主义政党。每当在重要历史时刻和重大关头,我们党都要回顾历史,总结经验,把握规律,从历史中汲取继续前进的智慧和力量。

党的十八大以来,习近平总书记坚持把历史、现实、未来相贯通,站在时代的高度,站在战略的高度,以历史的眼光,以世界的视野,全面思考和深入分析新时代党和国家事业发展面临的一系列重大理论与实践问题,先后在庆祝中国共产党成立95周年、中国人民解放军建军90周年、改革开放40周年、中华人民共和国成立70周年大会以及纪念毛泽东同志诞辰120周年、邓小平同志诞辰110周年、红军长征胜利80周年、五四运动100周年、中国人民抗日战争暨世界反法西斯战争胜利75周年、中国人民志愿军抗美援朝出国作战70周年等座谈会和大会上对党的历史进行总结。特别是围绕加强党的领导和加强党的建设,增强"四个意识"、坚定"四个自信"、做到"两个维护",进行深刻总结。尤其是习近平总书记在庆祝中国共产党成立100周年大会上发表的重要讲话,在党的十九届六中全会上对《决议》稿所作的说明以及发表的重要讲话,对党的百年奋斗重大成就和历史经验进行了全面总结。习近平总书记所强调的这些问题、所阐发的这些内容,是从历史的回顾和总结中得来的,是以史为鉴来阐述一些重大理论和实际问题的,具有极大的冲击力、说服力、震撼力,充分地印证了毛泽东说过的这样一个道理,"读历史是智慧的事","讲历史才能说服人","看历史,就会看到前途"。认真和善于总结党的历史,这对于推动全党进一步统一思想、统一意志、统一行动,夺取新时代中国特色社会主义新的伟大胜利,具有重大现实意义和深远历史意义。

党的十八大以来，党中央正是通过抓住庆祝中国共产党成立100周年、中华人民共和国成立70周年、改革开放40周年以及党史重要事件和党史重要人物纪念等重要时间节点，进行党史的回顾总结和宣传教育，特别是在中国共产党成立100周年的重要时刻，党中央决定在全党开展党史学习教育，在全社会开展党史、新中国史、改革开放史、社会主义发展史宣传教育，取得了显著成效。广大党员、干部、群众以及青少年从中国共产党诞生后团结带领人民进行新民主主义革命的开天辟地，到社会主义革命和建设的改天换地，到改革开放和社会主义现代化建设的翻天覆地，再到新时代中国特色社会主义的惊天动地创造的"四个伟大成就"中，从决战脱贫攻坚、决胜全面建成小康社会的伟大实践中，从统筹疫情防控和经济社会发展的重大成就中，从"中国之治"和"西方之乱"的鲜明对比中，更加深刻认识到，中国共产党是领导我们事业的核心力量。中国人民和中华民族之所以能够扭转近代以来的历史命运、取得今天的伟大成就，最根本的是有中国共产党的坚强领导。历史和现实都证明，没有中国共产党，就没有新中国，就没有改革开放新胜利，就没有中华民族伟大复兴。坚持和完善党的领导是党和国家的根本所在、命脉所在，是全国各族人民的利益所系、命运所系。更加深刻认识到，坚强的领导核心和科学的理论指导是成熟的马克思主义政党的显著标志，是我们党创造历史伟业的成功秘诀，确立习近平同志党中央的核心、全党的核心地位，确立习近平新时代中国特色社会主义思想的指导地位，是时代呼唤、历史选择、民心所向，对新时代党和国家事业发展、对推进中华民族伟大复兴历史进程具有决定性意义。更加深刻认识到，党的十八大以来党和国家事业之所以能取得全方位、开创性历史成就，发生深层次、根本性历史变革，根本在于有习近平总书记掌舵领航，根本在于有习近平新时代中国特色社会主义思想科学指引，根本在于"两个确立"把全党全国各族人民动员、团结、凝聚起来，进而转化为坚决做到"两个维护"的思想自觉、政治自觉和行动自觉。更加深刻认识到，面向新征程，面对国际复杂形势，面对国内繁重艰巨的改革发展稳定任务，只要更加紧密地团结在以习近平同志为核心的党中央周围，自觉做"两个确立"的坚决拥护者、"两个维护"的忠实践行者，以前所未有的历史主动精神和历史创造精神奋发向前，就一定能够走好实现第二个百年奋斗目标新的赶考之路，中华复兴号巨轮就一定能够劈波斩浪到达胜利的彼岸。

守正创新，在实践的基础上不断提出新理念新思想新要求

党的十八大以来，以习近平同志为核心的党中央不断推进理论创新，持续深化对党的领导和党的建设的规律性认识。关于坚持和加强党的领导，马克思主义经典作家，毛泽东、邓小平、江泽民、胡锦涛等党的主要领导人都有过很多重要论述。习近平总书记以非凡政治智慧和巨大理论勇气，围绕加强党的领导和党的建设作出一系列重要论述，深刻阐明了坚持和加强党的领导的重大意义、方向原则、观念体制、方式方法等重大问题，为新时代把我们党进一步建设好、建设强指明了前进方向。

习近平总书记深刻指出，"坚持党的全面领导是坚持和发展中国

特色社会主义的必由之路","全面从严治党是党永葆生机活力、走好新的赶考之路的必由之路"。他强调中国共产党领导是中国特色社会主义最本质的特征,是中国特色社会主义制度的最大优势,党是最高政治领导力量。在坚持党的领导这个重大原则问题上,脑子要特别清醒、眼睛要特别明亮、立场要特别坚定,绝不能有任何含糊和动摇;强调党政军民学,东西南北中,党是领导一切的,要把坚持党的领导贯彻和体现到改革发展稳定、内政外交国防、治党治国治军各个领域各个方面,提高把方向、谋大局、定政策、促改革的能力,确保充分发挥党总揽全局、协调各方的领导核心作用;强调党中央集中统一领导是党的领导的最高原则,要不断增强"四个意识"、坚定"四个自信"、做到"两个维护",把"两个维护"体现在坚决贯彻党中央决策部署的实际行动上,体现在履职尽责、做好本职工作的实效上,体现在党员、干部的日常言行上;强调打铁必须自身硬,办好中国的事情关键在党,关键在党要管党、全面从严治党。必须全面贯彻新时代党的建设总要求,把党的政治建设摆在首位,把党建设成为始终走在时代前列、人民衷心拥护、勇于自我革命、经得起各种风浪考验、朝气蓬勃的马克思主义执政党;强调坚定理想信念,补足精神之钙,坚持用马克思主义及其中国化创新理论成果武装全党;强调抓好党的组织体系建设,夯实党的组织基础,坚持党管干部、党管人才,抓好执政骨干队伍和人才队伍建设;强调持之以恒正风肃纪,坚决纠正"四风",以零容忍态度惩治腐败,一体推进不敢腐、不能腐、不想腐;强调完善党和国家监督体系,规范制约权力运行,坚持制度治党、依规治党,全方位扎紧制度笼子,落实全面从严治党主体责任;等等。

2022年年初，习近平总书记在十九届中央纪委六次全会上的重要讲话中强调指出，党的十八大以来，我们继承和发展马克思主义建党学说，总结运用党的百余年奋斗历史经验，深入推进管党治党实践创新、理论创新、制度创新，对建设什么样的长期执政的马克思主义政党、怎样建设长期执政的马克思主义政党的规律性认识达到新的高度。这就是，坚持党中央集中统一领导；坚持党要管党、全面从严治党，以伟大自我革命引领伟大社会革命；坚持以党的政治建设为统领，保证全党在政治立场、政治方向、政治原则、政治道路上同党中央保持高度一致；坚持严的主基调不动摇，提高纪律建设的政治性、时代性、针对性；坚持发扬钉钉子精神加强作风建设，以优良党风带动社风民风向上向善；坚持以零容忍态度惩治腐败，坚定不移走中国特色反腐败之路；坚持纠正一切损害群众利益的腐败和不正之风，让人民群众感到公平正义就在身边；坚持抓住"关键少数"以上率下，压紧压实全面从严治党政治责任；坚持完善党和国家监督制度，形成全面覆盖、常态长效的监督合力。

这些重要论述，立足百余年奋斗、着眼千秋伟业，坚持伟大自我革命和伟大社会革命相结合，坚持思想建党和制度治党相结合，把我们党对全面加强党的领导和党的建设的认识提高到一个前所未有的新高度，极大地深化了我们党对共产党执政规律、社会主义建设规律、人类社会发展规律的认识，极大地丰富和发展了马克思主义执政党建设理论，是习近平新时代中国特色社会主义思想的重要组成部分，为我们毫不动摇坚持和加强党的全面领导、全面从严治党、更加自觉做到"两个维护"提供了理论遵循和行动指南。

完善制度，建立健全相互衔接、系统完备的国家法律法规和党内法规体系

通过总结正反两方面的历史经验，我们党对制度建设的重要性有着深刻的认识。1980年8月18日，邓小平在中共中央政治局扩大会议上发表的《党和国家领导制度的改革》的讲话中指出："领导制度、组织制度问题更带有根本性、全局性、稳定性和长期性"，对现行制度存在的各种弊端必须进行改革。"改革党和国家的领导制度，不是要削弱党的领导，涣散党的纪律，而正是为了坚持和加强党的领导，坚持和加强党的纪律。"党的十八大以来，习近平总书记强调指出，党的领导制度是我国的根本领导制度。党的十九大把"习近平新时代中国特色社会主义思想"写入党章，将其与马克思列宁主义、毛泽东思想、邓小平理论、"三个代表"重要思想、科学发展观一道确立为党的行动指南，还把"党是领导一切的""牢固树立政治意识、大局意识、核心意识、看齐意识，坚定维护以习近平同志为核心的党中央权威和集中统一领导"写入党章。十三届全国人大一次会议将"中国共产党领导是中国特色社会主义最本质的特征""习近平新时代中国特色社会主义思想"载入宪法。党的十九届四中全会把坚持党的集中统一领导放在我国国家制度和国家治理体系13个方面显著优势的首位，这些都凸显了党的领导制度在中国特色社会主义制度体系中的统领地位，为坚持和加强党的全面领导提供了根本保证，为全面从严治党提供了基本遵循。

党的十八大以来，以习近平同志为核心的党中央围绕加强和改进党的领导，出台一系列重要党内法规，不断健全总揽全局、协调

各方的党的领导制度体系，把党的领导落实到国家治理各领域各方面各环节，形成中国共产党之治的独特优势。一是把完善"两个维护"体制机制作为党内法规制度建设的首要政治任务，健全完善维护党中央权威和集中统一领导的制度，出台《中国共产党中央委员会工作条例》《中共中央政治局关于加强和维护党中央集中统一领导的若干规定》《中国共产党重大事项请示报告条例》等党内法规，严格执行向党中央请示报告制度，建立中央书记处和中央纪律检查委员会、全国人大常委会党组、国务院党组、全国政协党组、最高人民法院党组、最高人民检察院党组每年向中央政治局常委会、中央政治局报告工作，中央政治局全体同志每年向党中央和总书记书面述职等重大制度性安排。二是建立健全党中央对重大工作的领导机制，成立中央全面深化改革委员会、中央国家安全委员会、中央网络安全和信息化委员会、中央财经委员会、中央全面依法治国委员会等，强化党中央决策议事协调机构职能作用。三是不断完善党领导人大、政府、政协、监察机关、审判机关、检察机关、武装力量、人民团体、企事业单位、基层群众性自治组织、社会组织等制度，确保党在各种组织中发挥领导作用。四是制定修订《中国共产党组织工作条例》《中国共产党宣传工作条例》《中国共产党统一战线工作条例》《中国共产党政法工作条例》《中国共产党机构编制工作条例》等党内法规，为加强党对各方面工作的领导提供有力制度保障。五是以坚持和加强党的全面领导为主题，深化党和国家机构改革，努力从机构职能上解决党对一切工作领导的体制机制问题，解决党长期执政条件下我国国家治理体系中党政军群的机构职能关系问题。六是完善地方党委、党组、党的工作机关实施党的领导的体制机制，建立健全国有企业党委（党组）和农村、事业单位、街道社区等各类基层党组织发挥领导作用的制度规定，形成党的中央组织、地方组织、基层组织上下贯通、执行有力的组织体系，推动实现党的组织和党的工作全覆盖。

需要指出的是，党中央坚持以上率下、层层示范带动，党的高级干部特别是中央委员会、中央政治局、中央政治局常委会的同志以身作则，模范遵守各方面制度规定，为推动坚持和加强党的全面领导、坚持"两个确立"、做到"两个维护"各项制度落实落地做出了示范。

加强宣传教育，强化贯彻落实和督促检查

党的十八大以来，习近平总书记以深厚人民情怀、卓越政治智慧、强烈使命担当，领导全党全军全国各族人民砥砺奋进，使党和国家事业取得历史性成就和发生历史性变革，充分彰显了中国特色社会主义的强大生机活力，党心军心民心空前凝聚振奋，为实现中华民族伟大复兴提供了更为完善的制度保证、更为坚实的物质基础、更为主动的精神力量。中国共产党和中国人民以英勇顽强的奋斗向世界庄严宣告，中华民族迎来了从站起来、富起来到强起来的伟大飞跃。在这一过程中，习近平总书记成为众望所归、当之无愧的党的核心、人民领袖、军队统帅，习近平新时代中国特色社会主义思想应运而生、顺势而成，坚强的核心、科学的思想、伟大的事业相互辉映，推动实现中华民族伟大复兴进入不可逆转的历史进程。党的十八届六中全会确立了习近平总书记党中央的核心、全党的核心地位，党的十九大确立了习近平新时代中国特色社会主义思想的指

导地位。这"两个确立"明确写入党章，又明确写入党的十九届六中全会通过的《中共中央关于党的百年奋斗重大成就和历史经验的决议》，这是被新时代波澜壮阔的伟大历程证明完全正确的必然结论。新时代的伟大斗争产生了党的坚强领导核心，党的坚强领导核心领导了新时代的伟大斗争。新时代的伟大实践孕育和催生了党的创新理论，党的创新理论引领了新时代的伟大实践。理论与实践相互交织、相互影响、相互促进、相互转化。思想就是旗帜，旗帜就是方向；核心就是力量，力量就是希望。思想和核心决定党的团结统一，决定道路方向，决定事业成败，决定国家和民族的前途命运。

　　正是因为"两个确立"的极端重要性，我们党把"两个确立"作为党的十八大以来的最大政治成果、最重要的历史结论，要求全党在学懂弄通做实习近平新时代中国特色社会主义思想上下功夫。坚持把理论武装作为重中之重，既抓住党员、干部和青年学生这个重点，又不断向全社会拓展，推动党的创新理论进企业、进农村、进机关、进校园、进社区、进军营、进网站。持续深化对习近平新时代中国特色社会主义思想的宣传阐释，新闻出版、文化文艺、哲学社会科学、网信工作、对外宣传等都围绕这一重要思想聚焦用力，做到多种形式载体同向发力、各级各类媒体协同联动，形成全方位、立体式、多声部传播党的创新理论的矩阵，推动学习宣传贯彻不断往深里走、往实里走、往心里走。通过持续深入的学习宣传教育，全党同志进一步深化了对"两个确立"决定性意义的理解和认识，增进了对习近平新时代中国特色社会主义思想的政治认同、思想认同、理论认同、情感认同，增强了忠诚核心、拥戴核心、维护核心、捍卫核心的思想自觉、政治自觉、行动自觉。

维护核心既要靠润物无声、久久为功的宣传教育，又要靠刚性约束和纪律保障。党的十八大以来，党中央把"两个维护"作为最高政治原则和根本政治规矩，聚焦"两个维护"强化政治监督，推动广大党员、干部自觉同党中央对标对表，做到党中央倡导的坚决响应、党中央决定的坚决执行、党中央禁止的坚决不做。围绕把握新发展阶段、贯彻新发展理念、构建新发展格局、推动高质量发展等重大部署落实情况加强监督检查，督促各级领导干部以担当尽责、干事创业的实际行动践行"两个维护"。把加强党的全面领导、做到"两个维护"作为巡视巡察的重要内容，坚持纪严于法，综合运用"四种形态"，及时纠正贯彻落实党中央重大决策部署和习近平总书记重要指示批示存在的政治偏差，严肃查处偏离"两个维护"、破坏党的集中统一领导问题，坚决清除阳奉阴违的"两面人"，以严明的纪律确保全党目标一致、团结一致、步调一致。

（原载《当代中国史研究》2022 年第 3 期）

推进中国式现代化的行动指南
——深入学习习近平总书记关于中国式现代化的重要论述

中国式现代化是强国建设、民族复兴的康庄大道，也是中国谋求人类进步、世界大同的必由之路。中国共产党 100 多年团结带领中国人民追求民族复兴的历史，也是一部不断探索现代化道路的历史。在新中国成立特别是改革开放以来长期探索和实践基础上，经过党的十八大以来在理论和实践上的创新突破，我们党成功推进和拓展了中国式现代化。习近平总书记围绕中国式现代化发表的一系列重要论述，高屋建瓴、内涵丰富、思想深刻，进一步深化了对中国式现代化的内涵和本质的认识，概括形成中国式现代化的中国特色、本质要求和重大原则，构建了中国式现代化的理论体系，使中国式现代化更加清晰、更加科学、更加可感可行。深入学习这些重要论述，对于新时代新征程以中国式现代化全面推进强国建设、民族复兴伟业，具有十分重要的意义。

一、中国式现代化是中国共产党领导人民长期探索和实践的重大成果

习近平总书记指出:"中国式现代化是我们党领导全国各族人民在长期探索和实践中历经千辛万苦、付出巨大代价取得的重大成果,我们必须倍加珍惜、始终坚持、不断拓展和深化。"这个重要论断深刻回答了中国式现代化是怎样得来的问题。习近平总书记以宏大的历史视角,以大历史观、唯物史观、正确党史观,从5000多年的中华文明,中国近代史的洋务运动、戊戌变法、辛亥革命,中国共产党的百年奋斗史,党领导人民进行新民主主义革命,进行社会主义革命和建设,进行改革开放和社会主义现代化建设,推进中国特色社会主义进入新时代来论述这个问题。

中华民族是世界上古老而伟大的民族,创造了绵延5000多年的灿烂文明,为人类文明进步作出了不可磨灭的贡献。1840年鸦片战争以后,由于西方列强入侵和封建统治腐败,中国逐步成为半殖民地半封建社会,国家蒙辱、人民蒙难、文明蒙尘,中华民族遭受了前所未有的劫难。实现中华民族伟大复兴也就成为近代以来中国人民最伟大的梦想。鸦片战争以后,中国人民和中华民族探索实现中国式现代化道路的历史过程大致可以分为两个阶段。

(一)第一个阶段:从鸦片战争到中国共产党成立

这是中国人民和中华民族对现代化道路的求索、尝试和梦想阶段。这个阶段有80多年,可以分为三个时期。

第一个时期是洋务运动时期。19世纪60年代到90年代,清朝统治集团的一些开明人士,看到中国因在科技、经济、军事等方面

的落后而造成了被动挨打局面，为解除内忧外患、实现富国强兵，以维护清朝统治，洋务派开始学习西方文化及先进技术。洋务派发起以"自强""求富"为口号的洋务运动，利用西方军事装备、机器生产和科学技术来挽救清朝统治、进行自救。在中日甲午战争中，北洋水师全军覆没，标志着历时30余年的洋务运动破产。

第二个时期是戊戌变法时期。1898年，以康有为、梁启超为代表的维新派人士发动改良运动，因以干支计为戊戌年，故名"戊戌变法"。维新派通过光绪帝倡导学习西方，提倡科学文化，改革政治、教育制度，发展农业、工业、商业等。因变法损害到以慈禧太后为首的守旧派的利益而遭到强烈抵制与反对。1898年9月，慈禧太后发动戊戌政变，光绪帝被囚禁，康有为、梁启超逃往海外，谭嗣同等"戊戌六君子"遇害。戊戌变法历时103天，终告失败。

第三个时期是辛亥革命时期。1911年，以孙中山为代表的革命党人发动辛亥革命，推翻了清王朝统治，结束了统治中国2000多年的君主专制制度，开创了完全意义上的近代民族民主革命，打开了中国进步的闸门，以巨大的震撼力和影响力推动了中国社会变革。但辛亥革命没有改变中国的社会性质，没有改变中国人民的悲惨命运，没有完成实现民族独立、人民解放的历史任务。从这个意义上说，它仍然是失败的。

在这一阶段，由于近代中国半殖民地半封建社会的性质，由于没有科学的理论指导，由于没有先进的阶级基础，由于改良或者革命的发动者未能提出正确的纲领，中国现代化的先行者的求索和尝试都以失败告终。历史呼唤着真正能够带领中华民族实现伟大复兴使命的领导者、承担者。

（二）第二个阶段：从中国共产党成立到中国特色社会主义新时代

这是中国共产党团结带领人民推进中国式现代化，努力奋斗、探索实践、创新实践和成功实践的阶段。探索中国现代化道路的重任，历史地落在了中国共产党肩上。中国共产党成立后，团结带领人民所进行的一切奋斗、所作出的一切牺牲，就是为了把我国建设成为社会主义现代化强国，实现中华民族伟大复兴。这个阶段有100多年，可以分为四个时期。

第一个时期是新民主主义革命时期。这一时期，中国共产党团结带领人民为推进中国式现代化进行了努力奋斗。党团结带领人民，浴血奋战、百折不挠，经过北伐战争、土地革命战争、抗日战争、解放战争，推翻帝国主义、封建主义、官僚资本主义三座大山，建立了人民当家作主的中华人民共和国，实现了民族独立、人民解放，为实现现代化创造了根本社会条件。

第二个时期是社会主义革命和建设时期。这一时期，中国共产党团结带领人民为推进中国式现代化进行了探索实践。新中国成立后，党团结带领人民进行社会主义革命，消灭了在中国延续2000多年的封建剥削压迫制度，确立社会主义基本制度，实现了中华民族有史以来最为广泛而深刻的社会变革，建立起独立的比较完整的工业体系和国民经济体系，社会主义革命和建设取得了独创性理论成果和巨大成就，为现代化建设奠定了根本政治前提，提供了宝贵经验、理论准备、物质基础。在党的坚强领导下，经过全国各族人民艰苦奋斗，我国很快有了历史上的无数个"第一"：自行研制的第一颗原子弹、氢弹先后爆炸成功，自行研制的第一颗人造地球卫星发射成功,自行研制的第一艘核潜艇顺利下水,在世界上首次人工合成牛胰岛素,首次培育成功强优势籼型杂交水稻等。我国建立起独立的比较完整的工业体系和国民经济体系,初步解决了几亿人的吃饭穿衣问题,这在当时被公认为是创造了一个世界奇迹。

第三个时期是改革开放和社会主义现代化建设新时期。这一时期,中国共产党团结带领人民为推进中国式现代化进行了创新实践。党作出把党和国家工作中心转移到经济建设上来、实行改革开放的历史性决策,大力推进实践基础上的理论创新、制度创新、文化创新以及其他各方面创新,实行社会主义市场经济体制,实现了从生产力相对落后的状态到经济总量跃居世界第二的历史性突破,实现了人民生活从温饱不足到总体小康、奔向全面小康的历史性跨越,为中国式现代化提供了充满新的活力的体制保证和快速发展的物质条件,推进了中华民族从站起来到富起来的伟大飞跃。从1978年至2012年,我国经济高速增长,国内生产总值1986年突破1万亿元,2000年突破10万亿元,2006年突破20万亿元,此后以每1年至2年便突破一个10万亿元关口的速度发展,2012年突破51万亿元。我国国内生产总值先后超过意大利、法国、英国、德国,2010年超过日本,成为世界第二大经济体。2009年,我国出口超过德国,成为世界第一大出口国,成为18世纪工业革命以来继英国、美国、日本、德国之后的"世界工厂"。

第四个时期是中国特色社会主义新时代。这一时期,中国共产党团结带领人民为推进中国式现代化进行了成功实践。党的十八大以来,党在已有基础上继续前进,不断实现理论和实践上的创新突破,成功推进和拓展了中国式现代化。我们在认识上不断深化,创立了习近平新时代中国特色社会主义思想，实现了马克思主义中国化时代化新的飞跃，为中国式现代化提供了根本遵循。我们进一步深化对中国式现代化的内涵和本质的认识，构建起中国式现代化的理论体系。我们在战略上不断完善，深入实施科教兴国战略、人才强国战略、乡村振兴战略等一系列重大战略，为中国式现代化提供坚实战略支撑。我们在实践上不断丰富，推进一系列变革性实践、实现一系列突破性进展、取得一系列标志性成果，推动党和国家事业取得历史性成就、发生历史性变革，特别是消除了绝对贫困问题，全面建成小康社会，为中国式现代化提供了更为完善的制度保证、更为坚实的物质基础、更为主动的精神力量。2024年，我国国内生产总值超过134万亿元，稳居世界第二大经济体。根据世界银行数据和划分标准，2023年我国人均国民总收入达13400美元，已经由新中国成立初的低收入国家跃升为中等偏上收入国家。我国已成为全球制造业第一大国、货物贸易第一大国、商品消费第二大国以及外汇储备第一大国。新时代以来，我国常住人口城镇化率从2012年的53.1%提高到2024年的67%，实现近1亿农村贫困人口全部脱贫，对世界减贫贡献率超过70%，对世界经济增长贡献率连续多年超过30%，有力推进了全球发展事业。在推进创新型国家建设方面成绩显著，载人航天、探月探火、深海深地探测、超级计算机、卫星导航、量子信息、核电技术、大飞机制造等领域不断取得重大成果，"嫦娥"奔月、"北斗"组网、"奋斗者"号逐梦深蓝，大国重器不断"上新"，充分彰显我国科技硬核实力。我国在世界知识产权组织发布的全球创新指数排名从2012年的第24位提升到2024年的第11位，是前30名中唯一的中等收入经济体。新时代党的面貌、国家的面貌、人民的面貌、军队的面貌、中华民族的面貌发生了前所未有的变化。这些变化，深刻影响了中国，也深刻影响了世界。中华民族迎来了从站起来、富起来到强起来的伟大飞跃。

实践证明，中国式现代化是党领导人民长期探索和实践的重大成果，符合中国实际、反映中国人民意愿、适应时代发展要求，既体现了社会主义建设规律，也体现了人类社会发展规律，是实现社会主义现代化的必由之路，是创造人民美好生活的必由之路，是实现中华民族伟大复兴的必由之路，是强国建设、民族复兴的唯一正确道路。

二、中国式现代化是中国共产党领导的社会主义现代化

中国的近现代史表明，中国式现代化必须由中国共产党来领导，也只能由中国共产党来领导，而不能由别的什么政党和政治力量来领导。习近平总书记指出，"中国式现代化，是中国共产党领导的社会主义现代化"，"这是对中国式现代化定性的话，是管总、管根本的"。这个重要论断深刻回答了中国式现代化的根本属性问题。这是最大、最关键、最核心的问题。习近平总书记从党的领导与中国式现代化的根本性质、奋斗目标、强劲动力和磅礴力量之间的关系，深刻论述了这个问题。

党的领导决定中国式现代化的根本性质。习近平总书记指出："党的性质宗旨、初心使命、信仰信念、政策主张决定了中国式现代化是社会主义现代化，而不是别的什么现代化。"为什么要强调党在中国式现代化建设中的领导地位？这是因为，中国特色社会主义最

本质的特征是中国共产党领导，中国特色社会主义制度的最大优势是中国共产党领导，党是最高政治领导力量。党的领导直接关系中国式现代化的根本方向、前途命运、最终成败。我们党始终高举中国特色社会主义伟大旗帜，坚定不移地走中国特色社会主义道路，确保中国式现代化在正确的轨道上顺利推进；坚持把马克思主义作为根本指导思想，不断开辟马克思主义中国化时代化新境界，为中国式现代化提供科学指引；坚持和完善中国特色社会主义制度，不断推进国家治理体系和治理能力现代化，形成包括中国特色社会主义根本制度、基本制度、重要制度等在内的一整套制度体系，为中国式现代化稳步前行提供坚强制度保证；坚持和发展中国特色社会主义文化，激发全民族文化创新创造活力，为中国式现代化提供强大精神力量。只有毫不动摇坚持党的领导，中国式现代化才能前景光明、繁荣兴盛，否则就会偏离航向，甚至犯颠覆性错误。

党的领导确保中国式现代化锚定奋斗目标行稳致远。习近平总书记指出："我们党始终坚守初心使命，矢志为中国人民谋幸福、为中华民族谋复兴，坚持把远大理想和阶段性目标统一起来，一旦确定目标，就咬定青山不放松，接续奋斗、艰苦奋斗、不懈奋斗。"改革开放以来，我们建设社会主义现代化国家的奋斗目标都是循序渐进、一以贯之的，并随着实践的发展而不断丰富完善。在总结改革开放和新时代实践成就与经验基础上，党的二十大更加清晰地擘画了到 2035 年我国发展的目标要求，科学描绘了全面建成社会主义现代化强国、全面推进中华民族伟大复兴的宏伟蓝图。建设社会主义现代化国家是我们党一以贯之的奋斗目标，一代代地接力推进，并不断取得举世瞩目、彪炳史册的辉煌业绩。

党的领导激发建设中国式现代化的强劲动力。习近平总书记指出:"我们党勇于改革创新,不断破除各方面体制机制弊端,为中国式现代化注入不竭动力。"改革开放是决定当代中国命运的关键一招,也是决定中国式现代化成败的关键一招。改革开放以来,我们党以伟大历史主动精神不断变革生产关系和生产力之间、上层建筑和经济基础之间不相适应的方面,不断推进各领域体制改革,形成和发展符合当代中国国情、充满生机活力的体制机制,让一切劳动、知识、技术、管理和资本的活力竞相迸发,让一切创造社会财富的源泉充分涌流。党的十八大以来,我们党以巨大的政治勇气全面深化改革,以完善和发展中国特色社会主义制度、推进国家治理体系和治理能力现代化为总目标,突出问题导向,敢于突进深水区,敢于啃硬骨头,敢于涉险滩,敢于面对新矛盾新挑战,冲破思想观念束缚,突破利益固化藩篱,坚决破除各方面体制机制弊端,改革由局部探索、破冰突围到系统集成、全面深化,许多领域实现历史性变革、系统性重塑、整体性重构,为中国式现代化注入了不竭动力源泉。

党的领导凝聚建设中国式现代化的磅礴力量。习近平总书记指出:"我们党深刻认识到中国式现代化是亿万人民自己的事业,人民是中国式现代化的主体,必须紧紧依靠人民,尊重人民创造精神,汇集全体人民的智慧和力量,才能推动中国式现代化不断向前发展。"我们坚持党的群众路线,想问题、作决策、办事情注重把准人民脉搏、回应人民关切、体现人民愿望、增进人民福祉,努力使党的理论和路线方针政策得到人民群众衷心拥护。我们坚持把人民对美好生活的向往作为奋斗目标,坚持以人民为中心的发展思想,着力保障和改善民生，着力解决人民急难愁盼问题，让中国式现代化建设成果更多更公平地惠及全体人民。我们党发展全过程人民民主，拓展民主渠道，丰富民主形式，扩大人民有序政治参与，确保人民依法通过各种途径和形式管理国家事务，管理经济和文化事业，管理社会事务，以主人翁精神满怀热忱地投入现代化建设。我们党以中国式现代化的美好愿景激励人、鼓舞人、感召人，有效促进政党关系、民族关系、宗教关系、阶层关系、海内外同胞关系和谐，促进海内外中华儿女团结奋斗，凝聚起全面建设社会主义现代化国家的磅礴伟力。

三、推进中国式现代化必须明确和把握其中国特色、本质要求和重大原则

习近平总书记指出："中国式现代化的中国特色、本质要求和重大原则，是对推进中国式现代化的最高顶层设计。"习近平总书记关于中国式现代化的重要论述，高度提炼和概括了中国式现代化的内涵和本质，深刻回答了中国式现代化"是什么""干什么""怎样干"等重大理论和实践问题。

（一）中国式现代化的中国特色

普遍性寓于特殊性之中，特殊性包含了普遍性，任何事物都是特殊性与普遍性的统一。一个国家选择什么样的现代化道路，是由其历史传统、社会制度、发展条件、外部环境等诸多因素决定的。国情不同，现代化途径也会不同。习近平总书记指出，中国式现代化"既有各国现代化的共同特征，更有基于自己国情的中国特色"。中国式现代化是人口规模巨大的现代化，是全体人民共同富裕的现

代化,是物质文明和精神文明相协调的现代化,是人与自然和谐共生的现代化,是走和平发展道路的现代化。中国式现代化的这些中国特色,深刻回答了中国式现代化"是什么"的问题。这既是理论概括,也是实践要求,为全面建成社会主义现代化强国、实现中华民族伟大复兴指明了一条康庄大道。

习近平总书记对中国式现代化的中国特色分别进行了定位:人口规模巨大的现代化是中国式现代化的显著特征;全体人民共同富裕的现代化是中国式现代化的本质特征;物质文明和精神文明相协调的现代化是中国式现代化的崇高追求;人与自然和谐共生的现代化是中国式现代化的鲜明特点;走和平发展道路的现代化是中国式现代化的突出特征。

第一,人口规模巨大的现代化。这是中国式现代化的显著特征。习近平总书记指出:"中国现代化是绝无仅有、史无前例、空前伟大的。"我国14亿多人口整体迈进现代化社会,规模将超过现有发达国家人口的总和,艰巨性和复杂性前所未有。不管多么小的问题,只要乘以14亿,马上就是一个世界性的难题;不管多么可观的财力、物力,只要除以14亿,那就成为较低的人均水平。在人类200多年的现代化进程中,全球实现现代化的国家不超过30个,人口总共不超过10亿。中国实现现代化,意味着比现在所有发达国家人口总和还要多的人民将进入现代化行列,这将改变世界现代化的版图。我们想问题、作决策、办事情,要充分考虑人口基数问题,考虑我国城乡区域发展水平差异大等实际,既不能好高骛远,也不能因循守旧,要保持历史耐心,坚持稳中求进、循序渐进、持续推进。

第二,全体人民共同富裕的现代化。这是中国式现代化的本质特征，也是区别于西方现代化的显著标志。习近平总书记指出，"我们必须把促进全体人民共同富裕摆在更加重要的位置，脚踏实地、久久为功，向着这个目标更加积极有为地进行努力，促进人的全面发展和社会全面进步"。共同富裕是中国特色社会主义的本质要求，也是长期的历史过程。中国式现代化坚持把实现人民对美好生活的向往作为现代化建设的出发点和落脚点，着力维护和促进社会公平正义，着力促进全体人民共同富裕，坚决防止两极分化。要在推动高质量发展、做好做大"蛋糕"的同时，进一步分好"蛋糕"，让现代化建设成果更多更公平惠及全体人民。

第三，物质文明和精神文明相协调的现代化。既要物质富足，也要精神富有，是中国式现代化的崇高追求。习近平总书记指出："物质贫困不是社会主义，精神贫乏也不是社会主义。"中国特色社会主义是全面发展、全面进步的伟大事业，中国式现代化既要物质财富极大丰富，也要精神财富极大丰富、在思想文化上自信自强。在推进中国式现代化进程中，必须不断厚植现代化的物质基础，不断夯实人民幸福生活的物质条件，同时大力发展社会主义先进文化，加强理想信念教育，传承中华文明，促进物的全面丰富和人的全面发展。

第四，人与自然和谐共生的现代化。尊重自然、顺应自然、保护自然，促进人与自然和谐共生，是中国式现代化的鲜明特点。习近平总书记指出："我们要建设的现代化是人与自然和谐共生的现代化，既要创造更多物质财富和精神财富以满足人民日益增长的美好生活需要，也要提供更多优质生态产品以满足人民日益增长的优美生态环境需要。"在推进中国式现代化进程中，必须坚持可持续发展,坚持节约优先、保护优先、自然恢复为主的方针,像保护眼睛一样保护自然和生态环境,坚定不移走生产发展、生活富裕、生态良好的文明发展道路,实现中华民族永续发展。

第五,走和平发展道路的现代化。坚持和平发展,既在坚定维护世界和平与发展中谋求自身发展,又以自身发展更好维护世界和平与发展,推动构建人类命运共同体,是中国式现代化的突出特征。习近平总书记指出:"中国走和平发展道路,不是权宜之计,更不是外交辞令,而是从历史、现实、未来的客观判断中得出的结论,是思想自信和实践自觉的有机统一。"我国不走一些国家通过战争、殖民、掠夺等方式实现现代化的老路,那种损人利己、充满血腥罪恶的老路给广大发展中国家人民带来深重苦难。在推进中国式现代化进程中,必须坚定站在历史正确的一边、站在人类文明进步的一边,高举和平、发展、合作、共赢旗帜,在坚定维护世界和平与发展中谋求自身发展,又以自身发展更好维护世界和平与发展。

(二)中国式现代化的本质要求

中国式现代化的本质要求和中国特色相互联系、相互贯通。习近平总书记指出:"中国式现代化的本质要求是:坚持中国共产党领导,坚持中国特色社会主义,实现高质量发展,发展全过程人民民主,丰富人民精神世界,实现全体人民共同富裕,促进人与自然和谐共生,推动构建人类命运共同体,创造人类文明新形态。"中国式现代化的本质要求深刻回答了中国式现代化"干什么"的问题。

中国式现代化的本质要求的内容具有内在的逻辑构成。第一个方面坚持中国共产党领导是对中国式现代化领导力量的本质要求,这是最根本、最重要的一条,彰显领导优势,起政治保证作用;第二个方面坚持中国特色社会主义是中国式现代化社会制度的本质要求，彰显制度优势，起方向引领作用；第三个方面实现高质量发展是中国式现代化经济建设的本质要求；第四个方面发展全过程人民民主是中国式现代化政治建设的本质要求；第五个方面丰富人民精神世界是中国式现代化文化建设的本质要求；第六个方面实现全体人民共同富裕是中国式现代化社会建设的本质要求；第七个方面促进人与自然和谐共生是中国式现代化生态文明建设的本质要求；第八个方面推动构建人类命运共同体是中国式现代化对外交往的本质要求；第九个方面创造人类文明新形态是中国式现代化的文明形态的本质要求。中国式现代化就其内涵而言是新的，不是旧的，是基于中国的国情自己走出来、探索出来的，而不是模仿别人、照抄外国、照搬西方的。

总起来看，中国式现代化的本质要求是：领导力量＋社会制度＋"五位一体"总体布局的五大建设＋对外交往＋文明形态。这是对我国社会主义现代化建设长期探索和实践的科学总结，是党的现代化理论系统集成的重大创新，是对世界现代化理论的重大丰富和发展。习近平总书记指出："这个概括是党深刻总结我国和世界其他国家现代化建设的历史经验，对我国这样一个东方大国如何加快实现现代化在认识上不断深入、战略上不断完善、实践上不断丰富而形成的思想理论结晶，我们要深刻领会、系统把握，特别是要把这个本质要求落实到各项工作之中。"

（三）中国式现代化的重大原则

习近平总书记指出，推进中国式现代化必须牢牢把握如下重大原则：一是坚持和加强党的全面领导；二是坚持中国特色社会主义道路;三是坚持以人民为中心的发展思想;四是坚持深化改革开放;五是坚持发扬斗争精神。这五个重大原则深刻回答了中国式现代化"怎么干"的问题。

第一个重大原则坚持和加强党的全面领导强调的是领导力量问题。这一条和中国式现代化本质要求中的第一条是一致的。我们要坚决维护党中央权威和集中统一领导,把党的领导落实到党和国家事业各领域各方面各环节,使党始终成为风雨来袭时全体人民最可靠的主心骨,确保我国社会主义现代化建设正确方向,确保拥有团结奋斗的强大政治凝聚力、发展自信心,集聚起万众一心、共克时艰的磅礴力量。第二个重大原则坚持中国特色社会主义道路强调的是前进方向问题。这一条和中国式现代化本质要求中的第二条是一致的。我们要坚持以经济建设为中心,坚持四项基本原则,坚持改革开放,坚持独立自主、自力更生,坚持道不变、志不改,既不走封闭僵化的老路,也不走改旗易帜的邪路,坚持把国家和民族发展放在自己力量的基点上,坚持把中国发展进步的命运牢牢掌握在自己手中。第三个重大原则坚持以人民为中心的发展思想强调的是发展目的问题。我们要维护人民根本利益,增进民生福祉,不断实现发展为了人民、发展依靠人民、发展成果由人民共享,让现代化建设成果更多更公平惠及全体人民。第四个重大原则坚持深化改革开放强调的是发展动力问题。我们要深入推进改革创新,坚定不移扩大开放,着力破解深层次体制机制障碍,不断彰显中国特色社会主义制度优势,不断增强社会主义现代化建设的动力和活力,把我国制度优势更好转化为国家治理效能。第五个重大原则坚持发扬斗争精神强调的是方式手段问题。我们要增强全党全国各族人民的志气、骨气、底气,不信邪、不怕鬼、不怕压,知难而进、迎难而上，统筹发展和安全，全力战胜前进道路上的各种困难和挑战，依靠顽强斗争打开事业发展新天地。

四、推进中国式现代化必须统筹兼顾、系统谋划

习近平总书记强调："一个国家要发展，明确目标和路径很重要。"中国式现代化有目标、有规划、有战略，一定会实现。我们将一步一个脚印扎扎实实向前推进。

（一）推进中国式现代化需要处理好若干重大关系

要过河，必须先解决好"桥"和"船"的问题。不解决这个问题，过河就是一句空话。以中国式现代化全面推进强国建设、民族复兴伟业，必须结合中国的实际，走自己的路；必须坚持正确的方法论，不断在实践探索中前进。习近平总书记强调："科学的世界观和方法论是我们研究问题、解决问题的'总钥匙'。"要运用科学的世界观和方法论解决中国的问题，着眼于解决新时代改革开放和社会主义现代化建设的实际问题，不断回答中国之问、世界之问、人民之问、时代之问，作出符合中国实际和时代要求的正确回答。习近平总书记指出："推进中国式现代化是一个系统工程，需要统筹兼顾、系统谋划、整体推进，正确处理好一系列重大关系。"这个重要论断深刻回答了推进中国式现代化的思想方法论问题。习近平总书记提出了需要正确处理好的六个重大关系：顶层设计与实践探索的关系、战略与策略的关系、守正与创新的关系、效率与公平的关系、活力与秩序的关系、自立自强与对外开放的关系。

关于顶层设计与实践探索的关系，习近平总书记强调，进行顶

层设计,需要深刻洞察世界发展大势,准确把握人民群众的共同愿望,深入探索经济社会发展规律,使制定的规划和政策体系体现时代性、把握规律性、富于创造性,做到远近结合、上下贯通、内容协调。推进中国式现代化是一个探索性事业,还有许多未知领域,需要我们在实践中去大胆探索,通过改革创新来推动事业发展,决不能刻舟求剑、守株待兔。

关于战略与策略的关系,习近平总书记强调,要增强战略的前瞻性,准确把握事物发展的必然趋势,敏锐洞悉前进道路上可能出现的机遇和挑战,以科学的战略预见未来、引领未来。要增强战略的全局性,谋划战略目标、制定战略举措、作出战略部署,都要着眼于解决事关党和国家事业兴衰成败、牵一发而动全身的重大问题。要增强战略的稳定性,战略一经形成,就要长期坚持、一抓到底、善作善成,不要随意改变。要把战略的原则性和策略的灵活性有机结合起来,灵活机动、随机应变、临机决断,在因地制宜、因势而动、顺势而为中把握战略主动。

关于守正与创新的关系,习近平总书记强调,要守好中国式现代化的本和源、根和魂,毫不动摇坚持中国式现代化的中国特色、本质要求、重大原则,确保中国式现代化的正确方向。中国共产党的领导、中国特色社会主义等,都是中国式现代化的本和源、根和魂的问题。要把创新摆在国家发展全局的突出位置,顺应时代发展要求,着眼于解决重大理论和实践问题,积极识变应变求变,大力推进改革创新,不断塑造发展新动能新优势,充分激发全社会创造活力。

关于效率与公平的关系,习近平总书记强调,中国式现代化既要创造比资本主义更高的效率,又要更有效地维护社会公平,更好实现效率与公平相兼顾、相促进、相统一。

关于活力与秩序的关系,习近平总书记强调,要统筹发展和安全,贯彻总体国家安全观,健全国家安全体系,增强维护国家安全能力,坚定维护国家政权安全、制度安全、意识形态安全和重点领域安全。

关于自立自强与对外开放的关系,习近平总书记强调,必须坚持独立自主、自立自强,坚持把国家和民族发展放在自己力量的基点上,坚持把我国发展进步的命运牢牢掌握在自己手中。要不断扩大高水平对外开放,深度参与全球产业分工和合作,用好国际国内两个市场、两种资源,拓展中国式现代化的发展空间。

(二)推进中国式现代化必须进行伟大斗争

推进中国式现代化是一项前无古人的开创性事业,前进道路上,必然会遇到大量从未出现过的全新课题、遭遇各种艰难险阻、经受许多风高浪急甚至惊涛骇浪的重大考验,必须进行具有许多新的历史特点的伟大斗争。习近平总书记指出:"必须增强忧患意识,坚持底线思维,居安思危、未雨绸缪,敢于斗争、善于斗争,通过顽强斗争打开事业发展新天地。"习近平总书记在庆祝改革开放40周年大会上的重要讲话中强调:"我们现在所处的,是一个船到中流浪更急、人到半山路更陡的时候,是一个愈进愈难、愈进愈险而又不进则退、非进不可的时候。"这段话讲得非常深刻、非常形象、非常生动。因此,习近平总书记指出,要保持战略清醒,对各种风险挑战做到胸中有数;保持战略自信,增强斗争的底气;保持战略主动,增强斗争本领。要加强能力提升,让领导干部特别是年轻干部经受严格的思想淬炼、政治历练、实践锻炼、专业训练，在严峻复杂的斗争中经风雨、见世面、壮筋骨、长才干。注重在严峻复杂斗争中考察识别干部，为敢于善于斗争、敢于担当作为、敢抓善管不怕得罪人的干部撑腰鼓劲，看准的就要大胆使用。习近平总书记强调的"三个战略"即战略清醒、战略自信、战略主动，是环环相扣、相互关联、层层递进的，是一个有机统一的整体。保持"三个战略"，通过顽强斗争，不断打开事业发展的新天地。在推进中国式现代化进程中进行伟大斗争，保持"三个战略"十分重要。历史反复证明，以斗争求安全则安全存，以软弱退让求安全则安全亡；以斗争谋发展则发展兴，以软弱退让谋发展则发展衰。新时代新征程，我们必须"明知山有虎，偏向虎山行"，义无反顾地进行具有许多新的历史特点的伟大斗争，才能实现既定的战略目标和宏伟蓝图。

五、中国式现代化创造了人类文明新形态

文明多姿多彩、发展道路多元多样，这是世界应有的样子。习近平总书记指出，中国式现代化创造了人类文明新形态，展现出现代化的新图景。这一重要论断深刻回答了中国式现代化对世界和人类所作的重大贡献问题。习近平总书记对中国式现代化创造人类文明新形态的内涵和外延给出的科学定义是："中国式现代化，深深植根于中华优秀传统文化，体现科学社会主义的先进本质，借鉴吸收一切人类优秀文明成果，代表人类文明进步的发展方向，展现了不同于西方现代化模式的新图景，是一种全新的人类文明形态。"这是我们党对中国式现代化创造人类文明新形态作出的最新、最完整、最权威的定义和表述，也是对中国式现代化本质要求中的第九个要

求的科学定义和完整表述。

中国式现代化是一种全新的人类文明形态。不同国家、不同地区各具特色的现代化道路，植根于丰富多样、源远流长的文明传承。在长期探索实践中，我们党带领人民坚持和发展中国特色社会主义，推动物质文明、政治文明、精神文明、社会文明、生态文明协调发展，创造了中国式现代化新道路，创造了人类文明新形态。中国式现代化作为人类文明新形态，与全球其他文明相互借鉴，必将极大丰富世界文明百花园。

中国式现代化是对西方式现代化理论和实践的历史性超越。历史条件的多样性，决定了各国选择发展道路的多样性。由于世界现代化进程是从西方资本主义国家开始的，当今世界的发达国家也主要是欧美国家和深受西方文明影响的资本主义国家。这就给人们一种错觉，似乎现代化就是西方化、西方文明就是现代文明。在过去很长一段时间里，不少人在讲到现代化和西方化时，就是将二者完全等同起来的。这种认识是不正确的。习近平总书记指出，"文明是多彩的"，"世界上既不存在定于一尊的现代化模式，也不存在放之四海而皆准的现代化标准"。现代化不是西方化，不是少数国家的"专利品"，也不是非此即彼的"单选题"，不能搞简单的千篇一律、"复制粘贴"。尽管资本主义制度和西方现代化模式也在不断演变，但其骨子里的资本至上、弱肉强食、两极分化、霸道强权的本性没有任何改变，在历史发展中，其弊端愈益明显。中国式现代化中蕴含的独特世界观、价值观、历史观、文明观、民主观、生态观等及其伟大实践，是对世界现代化理论和实践的重大创新。我们党领导人民成功走出了中国式现代化道路，破解了人类社会发展的诸多难题，摒弃了西方以资本为中心的现代化、两极分化的现代化、物质主义膨胀的现代化、对外扩张掠夺的现代化老路，打破了"现代化=西方化"的迷思，展现了现代化的另一幅图景。作为科学社会主义的最新重大成果，中国式现代化为全球提供了一种全新的现代化模式。当我国建成社会主义现代化强国，在世界上第一个走社会主义道路成功建成现代化强国时，我们党领导人民在中国进行的伟大社会革命将更加充分地展示出其历史意义。

中国式现代化为广大发展中国家提供了全新选择，为人类的和平与发展贡献了中国智慧、中国方案、中国力量。实现现代化是世界各国人民的共同追求，关键是找到符合国情、符合人类社会发展规律的发展道路。从第二次世界大战结束到20世纪90年代初期，一些发展中国家不顾国情和历史条件，全盘照搬西方模式，结果"水土不服"，绝大多数陷入经济长期停滞、社会政治动荡的困境。"道路选择"困扰着许多发展中国家。中国式现代化的成功实践和取得的显著成就，使广大发展中国家看到了新的希望，有了新的选择。习近平总书记指出："我们无意也没有输出中国式现代化、'中国模式'，但中国式现代化为广大发展中国家独立自主迈向现代化树立了典范，必然会为一些发展中国家所借鉴。"中国式现代化，拓展了发展中国家走向现代化的路径选择，为人类对更好社会制度的探索提供了中国方案。习近平总书记强调："我们追求的不是中国独善其身的现代化，而是期待同广大发展中国家在内的各国一道，共同实现现代化。世界现代化应该是和平发展的现代化、互利合作的现代化、共同繁荣的现代化。"

习近平总书记关于中国式现代化的重要论述，是习近平新时代中国特色社会主义思想的重要组成部分,是对我们党关于中国式现代化理论的极大丰富和发展,把我们党对中国式现代化的认识提升到一个新高度,谱写了党的中国式现代化理论创新的新篇章。我们要全面贯彻习近平新时代中国特色社会主义思想,深入贯彻党的二十大和二十届二中、三中全会精神,深刻领悟"两个确立"的决定性意义,增强"四个意识"、坚定"四个自信"、做到"两个维护",为以中国式现代化全面推进强国建设、民族复兴伟业而努力奋斗。

(原载《国家现代化建设研究》2025年第1期)

全面准确领会和把握进一步全面深化改革的原则

党的二十届三中全会强调,进一步全面深化改革要贯彻坚持党的全面领导、坚持以人民为中心、坚持守正创新、坚持以制度建设为主线、坚持全面依法治国、坚持系统观念的原则。"六个坚持"重大原则是习近平总书记关于全面深化改革的一系列新思想、新观点、新论断的高度凝练和集中概括,我们必须全面准确领会和把握,在改革实践中毫不动摇坚持并不断丰富和发展。

深刻认识"六个坚持"重大原则的重大意义

面对世界百年未有之大变局,面对纷繁复杂的国际国内形势,面对新一轮科技革命和产业变革,面对人民群众新期待,我们党和国家面临的一个重大课题,就是必须继续把改革推向前进。"六个坚持"重大原则科学回答了改革涉及的一系列重大理论和实践问题,是改革的正确世界观和科学方法论,提供了完成改革"过河"任务的"桥和船",对于进一步全面深化改革,推动党和国家事业行稳致远具有重大指导意义。

从历史维度看,"六个坚持"重大原则是对改革开放以来特别是新时代全面深化改革宝贵经验的科学总结。我国 40 多年改革开放的伟大实践取得了丰硕成果,积累了宝贵经验。特别是作为我国改革开放历史进程中最壮丽的篇章之一,新时代全面深化改革取得了一系列重大实践成果、制度成果、理论成果,为新征程进一步全面深化改革提供了坚实基础和宝贵经验。"六个坚持"重大原则是对改革开放 40 多年历史经验的深邃思考,更是新时代全面深化改革 10 多年新鲜经验的集中体现,彰显了我们党领导进一步全面深化改革的历史自信和历史主动,为在改革开放中开辟中国式现代化广阔前景提供了重要历史启示。

从现实维度看,"六个坚持"重大原则是推动全面深化改革向广度和深度进军的重要遵循。进一步全面深化改革是一项开创性事业,是一场广泛而深刻的社会变革,不可能是轻轻松松、敲锣打鼓就能实现的,必然面临来自各方面的困难、风险和挑战。"六个坚持"重大原则具有很强的现实针对性和指导性,是我们增强战略主动、斗争主动,战胜前进道路上各种风险挑战的"定海神针",必将指引我们在危机中育新机、于变局中开新局,续写"两大奇迹"新篇章。

从理论维度看,"六个坚持"重大原则是我们党不断深化对改革规律性认识的重大成果。党的十八大以来,习近平总书记引领全党在改革中不断推进理论创新,科学把握改革面临的时与势、危与机,及时总结新鲜经验,不断深化对改革的规律性认识,形成关于全面深化改革的一系列新思想、新观点、新论断。"六个坚持"重大原则就是从这些新思想、新观点、新论断中凝练出来的,标志着我们党对社会主义改革开放规律的认识达到了新高度。

从实践维度看,"六个坚持"重大原则是增强进一步全面深化改革的科学性、预见性、主动性、创造性的科学方法。进一步全面深化改革涉及范围广、触及利益深、攻坚难度大，对各级党组织和领导干部谋划推动改革能力提出了更高要求。"六个坚持"重大原则为我们更好地把党的二十届三中全会决策部署的"大写意"转化为"工笔画""施工图"提供了方法论，为我们切实把各项改革举措落实落细落到位，做到在改革中学习改革、实施改革、驾驭改革提出了明确要求。

准确把握"六个坚持"重大原则的科学内涵

"六个坚持"重大原则是一个系统完整、相互贯通、相得益彰的有机整体，必须从理论与实践相结合、历史与现实相贯通、认识论与方法论相统一的高度，准确领会和把握其丰富内涵。

坚持党的全面领导回答的是改革由谁领导、由谁领导才能成功的问题。中国共产党大力倡导改革、实行改革、推进改革，在当今中国，唯有坚持中国共产党的领导，改革才能取得成功。党的十八大以来，在重大关头、重大问题上，党中央举旗定向、谋篇布局，习近平总书记亲自挂帅出征、亲力亲为，为全面深化改革提供了最坚强有力的领导保障。当前，全面深化改革愈进愈难、愈进愈险而又不进则退、非进不可，我们必须深刻领悟"两个确立"的决定性意义，坚决做到"两个维护"，发挥党总揽全局、协调各方的领导核心作用，把党的领导贯穿改革各方面全过程，确保改革始终在党中央集中统一领导下沿着正确方向前进，汇聚起万众一心、共克时艰的磅礴力量。

坚持以人民为中心回答的是改革为了谁的问题。为了人民而改革,改革才有意义;依靠人民而改革,改革才有动力。我们抓改革、促发展,归根到底就是为了增强人民群众的获得感、幸福感、安全感,让人民过上更好的日子。面对人民对美好生活的新期盼,必须尊重人民主体地位和首创精神,人民有所呼、改革有所应,始终以促进社会公平正义、增进人民福祉为出发点和落脚点,善于汇集民智、凝聚民心,使改革成果更多更公平惠及全体人民。

坚持守正创新回答的是改革的立场和方向问题。守正就是守命脉,坚持党的全面领导、坚持马克思主义、坚持中国特色社会主义道路、坚持人民民主专政等根本的东西绝不能动摇,动摇了就不叫社会主义,就会犯颠覆性错误,就会把改革引向邪路。创新就是创未来,就是要以一往无前的胆魄和勇气,顺应时代发展新趋势、实践发展新要求、人民群众新期待,大力推进理论创新、实践创新、制度创新、文化创新以及其他各方面创新,为中国式现代化提供强大动力和制度保障。

坚持以制度建设为主线回答的是改革的目标问题。全面深化改革的总目标就是完善和发展中国特色社会主义制度,推进国家治理体系和治理能力现代化。党的十八大以来,我们突出制度建设这条主线,通过全面深化改革完善各方面制度,推动中国特色社会主义制度更加成熟更加定型,国家治理体系和治理能力现代化水平明显提高,为全面建成小康社会提供了有力制度保障。同时,完善中国特色社会主义制度是一个动态过程,必然随着实践发展而不断发展。进一步全面深化改革、推进中国式现代化,必须筑牢根本制度,完善基本制度,创新重要制度,不断把我国制度优势更好转化为国家治理效能。

坚持全面依法治国回答的是改革的途径问题。法治是人类社会的伟大发明，是一个社会走向成熟的重要标志。全面深化改革坚持改革和法治相统一，依法治国、依法执政、依法行政共同推进，法治国家、法治政府、法治社会一体建设，法治的分量更重、成色更足。当前，改革更加强调破立并举、先立后破，把顶层设计和摸着石头过河结合起来，法治的地位和作用更加凸显。必须善于运用法治思维和法治方式推进改革，做到重大改革于法有据，及时把改革成果上升为法律制度，确保改革在法治轨道上有序推进和深化。

坚持系统观念回答的是改革的方法问题。改革是一项复杂的系统工程，从"最初一公里"的谋划设计，到"最后一公里"的落地见效，都要处理好经济和社会、政府和市场、效率和公平、活力和秩序、发展和安全等重大关系，使各项改革举措在政策取向上相互配合、在实施过程中相互促进、在改革成效上相得益彰，增强改革系统性、整体性、协同性。

深入践行"六个坚持"重大原则的实践要求

坚持好运用好"六个坚持"重大原则，是各地区各部门结合实际贯彻落实党的二十届三中全会精神的重要内容，是中央和国家机关走好践行"两个维护"第一方阵、在学习宣传贯彻党的二十届三中全会精神上当好排头兵的必然要求，也是我们全面准确领会和把握习近平总书记关于全面深化改革的一系列新思想、新观点、新论断，贯彻落实党中央战略部署，把各项改革举措落实到位的实践要求。

在进一步全面深化改革的实践中，我们要把坚持党的全面领导作为根本保证,从研判改革形势、凝聚改革共识,到作出改革决策、部署改革任务,再到排除改革阻力、抓好改革落实,都要坚定维护党中央权威和集中统一领导,确保党中央政令畅通、令行禁止。要把坚持以人民为中心作为价值取向,从人民的整体利益、根本利益、长远利益出发谋划和推进改革,走好新时代党的群众路线,合理引导改革预期,注重从老百姓急难愁盼中找准改革的发力点和突破口。要把坚持守正创新作为基本原则,始终走正道、善于闯新路,坚持中国特色社会主义不动摇,坚决破除各方面体制机制弊端,推动改革不断取得新突破。要把坚持以制度建设为主线作为重要要求,固根基、扬优势、补短板、强弱项,把党中央要求、群众期盼、实际需要、新鲜经验结合起来,使各项制度立得住、行得通、真管用。要把坚持全面依法治国作为有效途径,更好发挥法治在排除改革障碍、巩固改革成果中的积极作用,维护法治权威,进一步深化法治领域改革,不断完善中国特色社会主义法治体系,平等保护全体公民和法人的合法权益。要把坚持系统观念作为科学方法,更加注重系统集成,更加注重突出重点,更加注重改革实效,通盘考虑改革的点线面和时度效,科学制定改革任务书、时间表、优先序,加强各项改革举措的协调配套,力求形成整体效能。

新时代新征程上,我们要更加紧密地团结在以习近平同志为核心的党中央周围,坚定不移将改革进行到底,始终不渝贯彻"六个坚持"重大原则,脚踏实地、攻坚克难,持之以恒、久久为功,以坚定的毅力和顽强的斗争,奋力打开改革发展新天地。

(原载《旗帜》2025年第1期)

新时代全面深化改革的重大成就

党的十八大以来，中国特色社会主义进入新时代。新时代全面深化改革，既是改革开放和社会主义现代化建设新时期改革的继续，又是改革在新时代的重新开启。党的二十届三中全会通过的《中共中央关于进一步全面深化改革、推进中国式现代化的决定》指出："党的十一届三中全会是划时代的，开启了改革开放和社会主义现代化建设新时期。党的十八届三中全会也是划时代的，开启了新时代全面深化改革、系统整体设计推进改革新征程，开创了我国改革开放全新局面。"正确认识和科学把握新时代全面深化改革的重大成就，对于全党全国人民深入学习贯彻党的二十届三中全会精神，统一思想、提高认识，坚定信心、鼓舞斗志，具有重要意义。

党的十八大在确定全面建成小康社会宏伟目标的同时，明确提出了全面深化改革的战略部署。党的十八届三中全会正式拉开了新时代全面深化改革的大幕。党的十八届三中全会对改革作出全面战略部署，确定了全面深化改革的总目标、战略重点、优先顺序、主攻方向、工作机制、推进方式和时间表、路线图。改革总目标之明确、内容之全面系统、力度之大、影响之广泛前所未有。

习近平总书记亲自谋划、亲自领导改革工作。党的十八大以来，从中央全面深化改革领导小组到中央全面深化改革委员会，习近平总书记主持召开73次重要会议，统一思想认识、进行工作部署、审议重大改革方案、分析改革形势、推动改革落实，为全面深化改革提供了坚强有力的领导保障。在党中央坚强领导下，经过全党全军全国各族人民共同努力，党的十八届三中全会确定的改革任务总体完成。新时代全面深化改革砥砺前行、攻坚克难，解决了许多长期想解决而没有解决的难题，办成了许多过去想办而没有办成的大事。新时代全面深化改革是全方位、深层次、根本性的，取得的成就是历史性、革命性、开创性的。

新时代全面深化改革在经济建设领域取得重大成就

新时代经济体制改革，紧紧围绕使市场在资源配置中起决定性作用，更好发挥政府作用深化改革，坚持和完善基本经济制度，加快完善现代市场体系、宏观调控体系、开放型经济体系，加快转变经济发展方式，加快建设创新型国家，推动经济更高质量、更有效率、更加公平、更可持续、更为安全发展。我们毫不动摇巩固和发展公有制经济，推动国有经济布局优化和结构调整；毫不动摇鼓励、支持、引导非公有制经济发展，构建亲清政商关系。坚持按劳分配为主体、多种分配方式并存，完善按要素分配的体制机制，中等收入群体规模不断扩大。加快完善社会主义市场经济体制，产权保护、公平竞争等基础制度不断改进，信用体系建设稳步推进，市场化法治化国际化营商环境日臻完善。市场准入负面清单制度全面实施，反垄断和防止资本无序扩张不断强化，高标准市场体系建设稳步推进，全国统一大市场规模效应持续显现。经济体制改革有力推动我国经济高质量发展。从 2012 年至 2024 年，我国经济增速在世界主要经济体中位居前列，是世界经济增长的最大贡献国；国内生产总值从 51.9 万亿元增至 134.9 万亿元；科技自立自强成果持续涌现，新技术新业态新模式蓬勃发展，城乡融合发展体制机制不断健全；京津冀协同发展、长江经济带发展、粤港澳大湾区建设、长三角一体化发展、黄河流域生态保护和高质量发展等区域重大战略和区域协调发展战略深入推进。经济体制改革进一步激发市场活力。截至 2024 年年底，各类经营市场主体数量为 1.89 亿户，其中个体工商户突破 1.26 亿户，发展活力竞相迸发、充分涌流。实施更加积极主动的开放战略，全方位高水平开放型经济加快形成。共建"一带一路"深入人心、成果丰硕，中欧班列持续发挥国际铁路联运独特优势。外商投资准入前国民待遇加负面清单管理制度全面实行，面向全球的贸易、投融资、生产、服务网络加快构建，规则、规制、管理、标准等制度型开放加快推进，22 个自由贸易试验区和海南自由贸易港建设蓬勃展开。目前，我国已成为世界货物贸易第一大国、服务贸易第二大国、使用外资第二大国、对外投资第一大国，是近 200 个经济体的主要贸易伙伴，全方位、多层次、宽领域的全面开放新格局加速形成。通过新时代全面深化改革，我国经济发展平衡性、协调性、可持续性明显增强，国家经济实力、科技实力、综合国力跃上新台阶。

新时代全面深化改革在政治建设领域取得重大成就

新时代政治体制改革,紧紧围绕坚持党的领导、人民当家作主、依法治国有机统一深化改革,加快推进社会主义民主政治制度化、规范化、程序化,建设社会主义法治国家,发展更加广泛、更加充分、更加健全的人民民主。我们加强和维护党中央权威和集中统一领导,积极发展全过程人民民主,健全全面、广泛、有机衔接的人民当家作主制度体系,构建多样、畅通、有序的民主渠道,丰富民主形式,从各层次各领域扩大人民有序政治参与,使各方面制度和国家治理更好体现人民意志、保障人民权益、激发人民创造,坚持中国特色社会主义法治道路,推动社会主义民主政治稳步发展。通过新时代全面深化改革,中国特色社会主义政治制度优越性得到更好发挥,生动活泼、安定团结的政治局面得到巩固和发展。中国特色社会主义政治法治体系不断健全,法治中国建设迈出坚实步伐,政治法治固根本、稳预期、利长远的保障作用进一步发挥,党运用法治方式领导和治理国家的能力显著增强。

新时代全面深化改革在文化建设领域取得重大成就

新时代文化体制改革,紧紧围绕建设社会主义核心价值体系、社会主义文化强国深化改革,加快完善文化管理体制和文化生产经营体制,建立健全现代公共文化服务体系、现代文化市场体系,推动社会主义文化大发展大繁荣。我们确立和坚持马克思主义在意识形态领域指导地位的根本制度,健全意识形态工作责任制,推动全党动手抓宣传思想工作。推动用党的创新理论武装全党、教育人民、指导实践。高度重视传播手段建设和创新，推动媒体融合发展，健全互联网领导和管理体制，坚持依法管网治网。坚持以社会主义核心价值观引领文化建设，广泛开展中国特色社会主义和中国梦宣传教育，推动理想信念教育常态化制度化，完善思想政治工作体系。推进文化事业和文化产业全面发展，完善公共文化服务体系，加大文化遗产保护力度，加快国际传播能力建设。通过新时代全面深化改革，我国意识形态领域形势发生全局性、根本性转变，全党全国各族人民文化自信明显增强，全社会凝聚力和向心力极大提升，为新时代开创党和国家事业新局面提供了坚强思想保证和强大精神力量。

新时代全面深化改革在社会建设领域取得重大成就

新时代社会体制改革，紧紧围绕更好保障和改善民生、促进社会公平正义深化改革，改革收入分配制度，促进共同富裕，推进社会领域制度创新，推进基本公共服务均等化，加快形成科学有效的社会治理体制，确保社会既充满活力又和谐有序。我们打赢脱贫攻坚战，历史性地解决了绝对贫困问题，全面建成小康社会目标如期实现。在收入分配、就业、教育、社会保障、养老托育、医疗卫生、住房保障等领域推出一系列重大改革举措，在幼有所育、学有所教、劳有所得、病有所医、老有所养、住有所居、弱有所扶上取得长足进展，建成世界上规模最大的社会保障体系。我们完善社会治理体系，健全党组织领导的自治、法治、德治相结合的城乡基层治理体系，建设共建共治共享的社会治理制度。通过新时代全面深化改革，我国社会建设全面加强，人民生活全方位改善，社会治理社会化、法治化、智能化、专业化水平大幅度提升，发展了人民安居乐业、社会安定有序的良好局面，续写了社会长期稳定奇迹。

新时代全面深化改革在生态文明建设领域取得重大成就

新时代生态文明体制改革，紧紧围绕建设美丽中国深化改革，加快建设生态文明制度，健全国土空间开发、资源节约利用、生态环境保护的体制机制，推动形成人与自然和谐发展现代化建设新格局。我们深入贯彻绿水青山就是金山银山的理念，完善大气、水、土壤污染防治机制，着力打赢污染防治攻坚战，统筹推进山水林田湖草沙一体化保护和系统治理，环境质量总体改善。我们建立源头严防、过程严管、损害赔偿、后果严惩等生态文明基础性制度框架，加大生态系统保护和修复力度，推动形成节约资源和保护环境的空间格局、产业结构、生产方式、生活方式。建立并实施中央生态环境保护督察制度。积极参与全球环境与气候治理，作出力争2030年前实现碳达峰、2060年前实现碳中和的庄严承诺，体现了负责任大国的担当。通过新时代全面深化改革，美丽中国建设迈出重大步伐，全党全国推动绿色发展的自觉性和主动性显著增强，我国生态环境保护发生历史性、转折性、全局性变化。

新时代全面深化改革在国家安全建设领域取得重大成就

新时代国家安全领域改革，紧紧围绕推进国家安全体系和能力建设深化改革。我们坚持总体国家安全观，设立中央国家安全委员会，完善集中统一、高效权威的国家安全领导体制，完善国家安全法治体系、战略体系和政策体系，建立国家安全工作协调机制和应急管理机制。党把安全发展贯穿国家发展各领域全过程，严密防范和严厉打击敌对势力渗透、破坏、颠覆、分裂活动，顶住和反击外部极端打压遏制，开展涉港、涉台、涉疆、涉藏、涉海等斗争，有效维护国家安全。通过新时代全面深化改革，国家安全得到全面加强，经受住了来自政治、经济、意识形态、自然界等方面的风险挑战考验，为党和国家兴旺发达、长治久安提供了有力保证。

新时代全面深化改革在国防和军队建设领域取得重大成就

新时代国防和军队改革，紧紧围绕建设同我国国际地位相称、同国家安全和发展利益相适应的巩固国防和强大人民军队深化改革，坚持新时代军事战略方针，落实新时代强军目标。我们毫不动摇坚持党对人民军队绝对领导的根本原则和制度，坚持人民军队最高领导权和指挥权属于党中央和中央军委，全面深入贯彻落实军委主席负责制。重构人民军队领导指挥体制、现代军事力量体系、军事政策制度，形成军委管总、战区主战、军种主建新格局。通过新时代全面深化改革，人民军队实现整体性革命性重塑，重整行装再出发，国防实力和经济实力同步提升，一体化国家战略体系和能力加快构建。人民军队坚决履行新时代使命任务，以顽强斗争精神和实际行动捍卫了国家主权、安全、发展利益。

新时代全面深化改革在党的建设制度领域取得重大成就

新时代党的建设制度改革，紧紧围绕提高科学执政、民主执政、依法执政水平深化改革，加强民主集中制建设，完善党的领导体制和执政方式，保持党的先进性和纯洁性，为改革开放和社会主义现代化建设提供坚强政治保证。健全党的领导制度体系，建立健全党对重大工作的领导体制机制，强化党中央决策议事协调机构职能作用，完善推动党中央重大决策落实机制，严格执行向党中央请示报告制度，强化政治监督，深化政治巡视。制定和落实中央八项规定，持之以恒纠治"四风"。坚持思想建党和制度治党同向发力，树立正确用人导向，纠正选人用人上的不正之风。坚持纪严于法、执纪执法贯通，用好监督执纪"四种形态"。形成比较完善的党内法规体系，严格制度执行。党领导完善党和国家监督体系，推动设立国家监察委员会和地方各级监察委员会，构建巡视巡察上下联动格局，构建以党内监督为主导、各类监督贯通协调的机制，加强对权力运行的制约和监督。通过新时代全面深化改革，党的领导制度体系不断完善，党的自我净化、自我完善、自我革新、自我提高能力显著增强，管党治党宽松软状况得到根本扭转，反腐败斗争取得压倒性胜利并全面巩固，全面从严治党的政治引领和政治保障作用充分发挥，党在革命性锻造中更加坚强。

（原载《〈中共中央关于进一步全面深化改革、推进中国式现代化的决定〉辅导读本》，人民出版社2024年版）

改革不停顿　开放不止步
——访中共中央党史和文献研究院院长曲青山

习近平总书记指出:"我们党作出实行改革开放的历史性决策,是基于对党和国家前途命运的深刻把握,是基于对社会主义革命和建设实践的深刻总结,是基于对时代潮流的深刻洞察,是基于对人民群众期盼和需要的深刻体悟。"回望奋斗路,眺望奋进路。改革开放40多年来波澜壮阔的伟大历程,积累了哪些宝贵经验,提供了什么重要启示?新时代以来,全面深化改革开放取得了哪些伟大成就,又有何新要求、新特点?新征程上,如何以全面深化改革推进中国式现代化,以高水平对外开放拓展中国式现代化发展空间?日前,中共中央党史和文献研究院院长曲青山接受了本报记者的专访。

改革开放是我们党的历史上一次伟大觉醒

记者:1978年,以党的十一届三中全会为标志,中国开启了改革开放的伟大征程。这一历史性决策是怎样作出的?

曲青山:我们党团结带领人民实行改革开放,推进社会主义现代化建设,是遵循历史发展规律、顺应历史发展大势、掌握历史主动的必然抉择。

一是基于对党和国家前途命运的深刻把握。

"文化大革命"是我们党在探索中国自己的社会主义道路过程中出现的严重挫折。我们党依靠自己的力量，团结带领人民群众，最终纠正了这一严重错误。正如邓小平在总结1957年以后20年历史经验时所指出的，"不改革不行，不制定新的政治的、经济的、社会的政策不行"。在这个重大历史关头，邓小平领导全党全国各族人民勇敢地面对现实，从实际出发，总结经验，纠正错误，毅然决然地作出改革开放的历史性决策，从困境中重新奋起，在新中国成立以来国家建设和发展的基础上，开创了中国特色社会主义道路。

二是基于对社会主义革命和建设实践的深刻总结。

社会主义基本制度的建立，为当代中国一切发展进步奠定了根本政治前提和制度基础。如何在中国建设社会主义，是我们党执政后面临的一个崭新课题。在探索过程中虽然经历了严重曲折，但在社会主义革命和建设中取得的独创性理论成果和巨大成就，为在新的历史时期开创中国特色社会主义提供了宝贵经验、理论准备、物质基础。

在改革开放和社会主义现代化建设新时期，以邓小平同志、江泽民同志、胡锦涛同志为主要代表的中国共产党人团结带领全党全国各族人民，从新的实践和时代特征出发坚持和发展马克思主义，科学回答了建设中国特色社会主义的发展道路、发展阶段、根本任务、发展动力、发展战略、政治保证、祖国统一、外交和国际战略、领导力量和依靠力量等一系列基本问题，形成中国特色社会主义理论体系，实现了马克思主义中国化新的飞跃。

三是基于对时代潮流的深刻洞察。

20世纪80年代，邓小平深刻洞察世界形势，指出，"现在世界上真正大的问题，带全球性的战略问题，一个是和平问题，一个是经济问题或者说发展问题"。他同时强调，"大战打不起来，不要怕，不存在什么冒险的问题"，我们要抓住这个机遇，一心一意搞建设，加快发展自己。

经过长期观察和综合分析，我们党明确提出和平与发展是当今时代的主题。这个判断准确把握了东西方关系有所缓和、世界战争危险逐渐减弱、科技革命浪潮不断兴起、各国争先抢占战略发展制高点的趋势和特征，为作出对外开放的重大决策、制定新时期外交方针政策提供了重要依据。

对时代潮流的深刻洞察，同追赶时代步伐是相辅相成的。对当时世界经济发展进程的深入了解，增强了我们党推进改革开放和加快发展的现实紧迫感、责任感。因此，邓小平强调："我们要赶上时代，这是改革要达到的目的。"我们党顺应时代潮流，把握历史规律，果断实行改革开放，由此赢得了主动、赢得了发展、赢得了未来。

四是基于对人民群众期盼和需要的深刻体悟。

我们党团结带领人民干革命、搞建设、抓改革，目的是让人民过上幸福的生活。新中国成立后，我们党团结带领全国各族人民自力更生、发愤图强，建立起独立的、比较完整的工业体系和国民经济体系，初步满足和解决了人民吃饭穿衣的基本生活需要。由于探索过程经历严重曲折，社会主义的优越性没有充分发挥出来，我们的发展还比较落后，人民群众生活的改善还比较缓慢。

邓小平深刻指出："贫穷不是社会主义，社会主义要消灭贫穷。

不发展生产力,不提高人民的生活水平,不能说是符合社会主义要求的。"为了满足人民群众的愿望,我们党制定了一系列对外开放和对内搞活的政策。人心所向的改革开放,在广袤大地上全面展开。

记者: 改革开放是我们党的历史上一次伟大觉醒。这个伟大觉醒何以孕育新时期从理论到实践的伟大创造?

曲青山: 改革开放是伟大觉醒的产物,改革开放发展了中国、发展了社会主义、发展了马克思主义。

伟大觉醒是在马克思主义科学指引下进行的。我们党团结带领人民实现的伟大觉醒,是从关于"实践是检验真理的唯一标准"大讨论开始的。真理标准问题的大讨论广泛展开、如火如荼,深入人心、影响深远,拉开了解放思想的帷幕。

通过真理标准问题的大讨论,我们党坚持和发展了马克思主义,恢复和重新确立了实事求是的思想路线,把人们的思想从长期"左"的禁锢和教条主义的束缚下解放出来。解放思想同改革开放相互激荡,观念创新和实践探索相互促进,充分显示了思想引领的强大伟力。在改革开放中,马克思主义给了中国共产党和中国人民能够觉醒、敢于觉醒、持续觉醒的强大思想武器。

伟大觉醒展现了人民群众创造历史的生动实践。改革开放中的许多新生事物都是人民群众创造的,许多东西都是由群众在实践中提出来的,是群众发明的。正如邓小平所指出的,"党只有紧紧地依靠群众,密切地联系群众,随时听取群众的呼声,了解群众的情绪,代表群众的利益,才能形成强大的力量,顺利地完成自己的各项任务"。

波澜壮阔的改革开放历史进程，是从农村到城市、从沿海到内地、从局部到整体渐次展开和推进的。在这个历史进程中，人民群众始终是改革开放的实践者、推动者、参与者。历史表明，人民群众是历史的创造者，是社会变革的决定力量，是我们党的根基、血脉和力量源泉。

伟大觉醒孕育伟大创造。我们党团结带领全国各族人民进行的这场新的伟大革命，极大地激发了广大人民群众的积极性、主动性、创造性，极大地解放和发展了社会生产力，极大地增强了社会发展活力，人民生活显著改善，综合国力显著增强，国际地位显著提高。历史雄辩地证明，改革开放是决定当代中国命运的关键抉择，是我们党和人民事业大踏步赶上时代的重要法宝。

新时代引领改革开放向更深层次挺进、更广领域迈进

记者：党的十八大以来，以习近平同志为核心的党中央团结带领全党全国各族人民全面深化改革开放。现在来看，新时代的伟大变革书写了怎样的新篇章？

曲青山：党的十八大以来，以习近平同志为核心的党中央立足中国特色社会主义新时代，战胜各种风险挑战、直面各种艰难险阻、善于化挑战为机遇，蹄疾步稳地推进全面深化改革、高水平对外开放。

一方面，以巨大的政治勇气全面深化改革，打响改革攻坚战，加强改革顶层设计，敢于突进深水区，敢于啃硬骨头，敢于涉险滩，敢于面对新矛盾、新挑战，冲破思想观念束缚，突破利益固化藩篱，

坚决破除各方面体制机制弊端，各领域基础性制度框架基本建立，许多领域实现历史性变革、系统性重塑、整体性重构，中国特色社会主义制度更加成熟、更加定型，国家治理体系和治理能力现代化水平明显提高。

另一方面，实行更加积极主动的开放战略，坚持共商、共建、共享，推动高质量共建"一带一路"，建设和平之路、繁荣之路、开放之路、绿色之路、创新之路、文明之路，使之成为当今世界深受欢迎的国际公共产品和国际合作平台，成为推动构建人类命运共同体的重要引擎。

我们坚持对内对外开放相互促进、"引进来"和"走出去"更好结合，推动贸易和投资自由化便利化，构建面向全球的高标准自由贸易区网络，建设自由贸易试验区和海南自由贸易港，推动规则、规制、管理、标准等制度型开放，形成更大范围、更宽领域、更深层次对外开放格局，构建互利共赢、多元平衡、安全高效的开放型经济体系，不断增强国际经济合作与竞争新优势。

可以说，我们奏响了全面深化改革开放的激扬乐章，我们党和国家事业焕发出新的生机活力，推动我们党和国家各项事业取得历史性成就、发生历史性变革。

记者：新时代全面深化改革开放推动我们党和国家各项事业取得历史性成就、发生历史性变革，根本原因是什么？

曲青山：我认为，最根本的原因在于"两个确立"。党的十八大以来，以习近平同志为核心的党中央高举改革开放伟大旗帜，不断把新时代中国特色社会主义推向前进。面对国内外环境发生的广泛而深刻的变化，面对一系列新矛盾、新挑战，习近平总书记亲自领导、亲自部署、亲自推动，引领全面深化改革开放向更深层次挺进、更广领域迈进。

在改革攻坚方面，习近平总书记亲自领衔中央全面深化改革领导小组（党的十九届三中全会后改为中央全面深化改革委员会），带领全党滚石上山、爬坡过坎。特别是对一些利益关系复杂、久推不动的重大敏感改革，习近平总书记亲自开篇破题、亲自研究部署、亲自把关掌舵，亮明立场，划出底线，推动重要领域和关键环节改革取得突破性进展，覆盖之广、力度之大、影响之深都是前所未有的。

在对外开放方面，以习近平同志为核心的党中央以深谋远虑的战略眼光、海纳百川的宽广胸怀、勇立潮头的非凡勇气、层层推进的扎实作为，引领中国向世界敞开怀抱，同各国携手并肩，与全球同频共振，开辟深层次、全方位开放的崭新局面，在实现自身发展的同时，为世界各国共同繁荣作出更大贡献。

伟大事业需要科学理论指引。党的十八大以来，习近平总书记围绕全面深化改革开放提出一系列新理念新思想新战略，为在新的历史起点上全面深化改革开放指明方向、提供遵循。

比如，提出"改革开放是决定当代中国命运的关键一招，也是决定实现'两个一百年'奋斗目标、实现中华民族伟大复兴的关键一招"，明确"全面深化改革总目标是完善和发展中国特色社会主义制度、推进国家治理体系和治理能力现代化"，强调"中国特色社会主义在改革开放中产生，也必将在改革开放中发展壮大"。这些重要论述，是对新时代全面深化改革开放的高度概括与精准把握，指引改革开放不断向前。

我们深刻感悟到,正是因为有习近平总书记作为党中央的核心、全党的核心领航掌舵,有习近平新时代中国特色社会主义思想科学指引,才确保了改革开放的航船始终沿着正确航向乘风破浪。

记者: 如何认识上海在新时代全面深化改革开放中肩负的使命、发挥的作用?

曲青山: 上海是我国改革开放的前沿阵地和深度链接全球的国际大都市,一直是先进发展经验的重要诞生地。党的十八大以来,习近平总书记对上海发展发表一系列重要讲话、作出一系列重要指示批示,给上海交办重大任务、赋予重大使命。

比如,上海要"继续当好全国改革开放排头兵、创新发展先行者","勇于挑最重的担子、啃最难啃的骨头,发挥开路先锋、示范引领、突破攻坚的作用,为全国改革发展作出更大贡献","努力成为更高水平改革开放的开路先锋、全面建设社会主义现代化国家的排头兵、彰显'四个自信'的实践范例,更好向世界展示中国理念、中国精神、中国道路","加快建成社会主义现代化国际大都市"。这一系列重要讲话精神、重要指示要求为上海的改革开放工作指明了前进方向、提供了思想武器、注入了强大活力。

牢记习近平总书记殷切嘱托,上海高举新时代改革开放旗帜,先行先试、改革创新,当好全国改革开放排头兵、创新发展先行者。比如,浦东打造社会主义现代化建设引领区高起点推进,上海自由贸易试验区临港新片区特殊经济功能加速孕育,上海证券交易所科创板和注册制效应不断放大,长三角一体化战略不断走深走实。再如，中国国际进口博览会连续举办，已成为新发展格局的示范窗口、高水平开放的推进平台、高质量发展的有效载体、多边主义的重大舞台。

上海打造开放发展的生动样板、推动重大战略的深入实施，为全国的改革开放探索新路、积累经验、提供示范。习近平总书记指出："开放、创新、包容已成为上海最鲜明的品格。这种品格是新时代中国发展进步的生动写照。"我们完全有理由相信，在新时代全面深化改革开放的壮阔征程上，上海必将创造更加美好的未来！

把全面深化改革开放作为推进中国式现代化的根本动力

记者：党的二十大擘画了以中国式现代化全面推进中华民族伟大复兴的宏伟蓝图。新时代新征程上，何以统筹推进深层次改革和高水平开放？

曲青山：改革开放只有进行时，没有完成时。习近平总书记在党的二十大报告中明确了前进道路上必须牢牢把握的"五个重大原则"，其中一个原则就是"坚持深化改革开放"。站在新的历史起点上，我们要把全面深化改革开放作为推进中国式现代化的根本动力，统筹推进深层次改革和高水平开放，不断解放和发展社会生产力、激发和增强社会活力。

第一，在坚持和加强党的全面领导中统筹推进深层次改革和高水平开放。

统筹推进深层次改革和高水平开放，必须毫不动摇坚持和完善党的领导，充分发挥党总揽全局、协调各方的领导核心作用。要深刻领悟"两个确立"的决定性意义,增强"四个意识"、坚定"四个自信"、做到"两个维护",坚持走中国特色社会主义道路不动摇,坚持社会主义制度不动摇,确保全面深化改革开放始终沿着正确方向前进。

第二,在坚持以人民为中心的发展思想中统筹推进深层次改革和高水平开放。

我们党的根本宗旨是全心全意为人民服务。人民是历史的创造者,也是改革开放的主体。统筹推进深层次改革和高水平开放,必须以促进社会公平正义、增进人民福祉为出发点和落脚点。要坚持发展为了人民、发展依靠人民、发展成果由人民共享,着力提高保障和改善民生水平,着力解决人民群众关心的现实利益问题,给老百姓带来实实在在的利益,创造更加公平的社会环境。

第三,在着力推动高质量发展中统筹推进深层次改革和高水平开放。

高质量发展是全面建设社会主义现代化国家的首要任务,是新时代的硬道理。发展是我们党执政兴国的第一要务。没有坚实的物质技术基础,就不可能全面建成社会主义现代化强国。推动高质量发展,必须坚持向改革、开放、创新要动力。要坚持开拓创新,坚持社会主义市场经济改革方向,正确处理国内循环与国际循环、自立自强与开放合作等关系,不断解放和发展社会生产力,实现经济由大到强的新跨越。

第四,在推动构建人类命运共同体中统筹推进深层次改革和高水平开放。

我们始终坚持促进世界和平与发展,致力于推动构建人类命运共同体。统筹推进深层次改革和高水平开放，要坚持对外开放的基本国策，坚定奉行互利共赢的开放战略，不断以中国新发展为世界提供新机遇，推动建设开放型世界经济，更好惠及各国人民。

特别是，要坚持经济全球化正确方向，推动贸易和投资自由化便利化，推进双边、区域和多边合作，促进国际宏观经济政策协调，共同营造有利于发展的国际环境，共同培育全球发展新动能，反对保护主义，反对"筑墙设垒""脱钩断链"，反对单边制裁、极限施压。

第五，在坚定不移全面从严治党中统筹推进深层次改革和高水平开放。

我们党作为世界上最大的马克思主义执政党，要始终赢得人民拥护、巩固长期执政地位，必须时刻保持解决大党独有难题的清醒和坚定，必须坚定不移全面从严治党，深入推进新时代党的建设新的伟大工程。新时代新征程上，要落实新时代党的建设总要求，健全全面从严治党体系，使我们党坚守初心使命，始终成为中国特色社会主义事业的坚强领导核心。

今年是改革开放45周年。回望奋斗路，改革开放是中国人民和中华民族发展史上一次伟大革命。正是这个伟大革命深刻改变了中国，也深刻影响了世界。眺望奋进路，我们必须把推进中国式现代化作为最大的政治，既扩大开放之门，又将改革之路走稳，做到改革不停顿、开放不止步，努力创造出让世界刮目相看的新的更大奇迹！

（原载《解放日报》2023年12月18日）

深刻理解新发展阶段

进入新发展阶段,是以习近平同志为核心的党中央统筹中华民族伟大复兴战略全局和世界百年未有之大变局,作出的一个重大战略判断。认真学习领会习近平总书记有关重要论述,对于全面建设社会主义现代化国家、实现第二个百年奋斗目标、实现中华民族伟大复兴的中国梦,具有重大现实意义和深远历史意义。

正确认识新发展阶段的历史方位

新发展阶段是一个什么样的阶段?这是深刻理解和把握这一重大战略判断的首要前提。习近平总书记明确指出:"党的十九届五中全会提出,全面建成小康社会、实现第一个百年奋斗目标之后,我们要乘势而上开启全面建设社会主义现代化国家新征程、向第二个百年奋斗目标进军,这标志着我国进入了一个新发展阶段。"习近平总书记的重要论述,给予新发展阶段明确定位,赋予其科学内涵。这就是,新发展阶段不是什么别的阶段,而是全面建设社会主义现代化国家、向第二个百年奋斗目标进军的阶段。这是我国经济社会发展中的一个新的历史方位,在我国发展进程中具有里程碑意义。

在历史的长河中拉开视野,能够更好认识和把握新发展阶段的历史方位。习近平总书记多次指出:"实现中华民族伟大复兴,是近代以来中国人民最伟大的梦想。"中国曾经是世界上的经济强国,后来在世界工业革命如火如荼、人类社会发生深刻变革的时期,丧失了与世界同进步的历史机遇,落到了被动挨打的境地。尤其是鸦片战争以后,由于外国列强的入侵和封建统治的腐朽,中国逐步成为一个半殖民地半封建社会,国家蒙辱、人民蒙难、文明蒙尘。但是,也就是从那时起,中国人民和无数仁人志士不屈不挠,奋起抗争,苦苦寻求中国的现代化之路。辛亥革命后,民主革命先驱孙中山曾撰写《建国方略》,被称为近代中国谋求现代化的第一份蓝图。那时还有许多先进的中国人提出了"实业救国""教育救国""科学救国"的主张。然而在半殖民地半封建社会的条件下,中国现代化没有也不可能取得成功。

1921年中国共产党诞生了,这是开天辟地的大事变。从此,中国人民求解放、谋发展就有了主心骨。100多年来,中国共产党团结带领中国人民进行的一切奋斗、一切牺牲、一切创造,就是为了把我国建设成为现代化强国,实现中华民族伟大复兴。

新民主主义革命的胜利,社会主义基本制度的确立,为当代中国一切发展进步奠定了根本政治前提和制度基础。1954年,我们党在第一届全国人民代表大会第一次会议上提出了建设强大的现代化的工业、现代化的农业、现代化的交通运输业和现代化的国防的目标。1964年,周恩来在第三届全国人民代表大会第一次会议上再次提出全面实现农业、工业、国防和科学技术的现代化的目标。在党的坚强领导下,在社会主义革命和建设时期,在旧中国一穷二白的基础上,我国建立起独立的比较完整的工业体系和国民经济体系,社会主义建设事业迈出坚实步伐。改革开放以后，我们党提出了"三步走"发展战略。进入21世纪，在人民生活总体上达到小康水平之后，党又提出，到建党100年时全面建成惠及十几亿人口的更高水平的小康社会，到新中国成立100年时基本实现现代化，把我国建成社会主义现代化国家。

党的十八大以来，中华民族迎来了从站起来、富起来到强起来的伟大飞跃。党的十九大站在新的更高的历史起点上，对实现第二个百年奋斗目标作出分两个阶段推进的战略安排，提出到2035年基本实现社会主义现代化，到本世纪中叶把我国建成富强民主文明和谐美丽的社会主义现代化强国。新发展阶段，就是全面建成小康社会、实现第一个百年奋斗目标后，开启的全面建设社会主义现代化国家新征程、向第二个百年奋斗目标进军的阶段。

正确认识新发展阶段的坚实基础

新发展阶段是如何形成的？它形成的物质基础是什么？习近平总书记指出，"经过新中国成立以来特别是改革开放40多年的不懈奋斗，到'十三五'规划收官之时，我国经济实力、科技实力、综合国力和人民生活水平跃上了新的大台阶"，"特别是全面建成小康社会取得伟大历史成果，解决困扰中华民族几千年的绝对贫困问题取得历史性成就。这在我国社会主义现代化建设进程中具有里程碑意义，为我国进入新发展阶段、朝着第二个百年奋斗目标进军奠定了坚实基础"。历史唯物主义认为，物质生产的发展是整个社会生活以及整个现实历史的基础。新发展阶段的提出不是随意的，不是偶然的，而是有重要现实依据，这个依据就是"我们已经拥有开启新征程、实现新的更高目标的雄厚物质基础"。

全面建成小康社会，是我们党确定的第一个百年奋斗目标。脱贫攻坚是全面建成小康社会的底线任务和标志性指标，只有打赢脱贫攻坚战，才能确保全面建成小康社会、实现第一个百年奋斗目标。党的十八大以来，以习近平同志为核心的党中央团结带领全党全国各族人民，上下同心、尽锐出战，攻克坚中之坚、解决难中之难，组织实施了人类历史上规模最大、力度最强的脱贫攻坚战，全国832个贫困县全部摘帽，12.8万个贫困村全部出列，9899万农村贫困人口实现脱贫，提前10年实现联合国2030年可持续发展议程减贫目标，历史性地解决了绝对贫困问题，创造了人类减贫史上的奇迹。

经过长期努力奋斗，我国成为世界第二大经济体、第一大工业国、第一大货物贸易国、第一大外汇储备国，国内生产总值超过134万亿元，人均国内生产总值超过1万美元，常住人口城镇化率超过60%，中等收入群体超过4亿人。我国建成了世界上规模最大的社会保障体系，超过10亿人拥有基本养老保险，超过13亿人拥有基本医疗保险。

如期全面建成小康社会、打赢脱贫攻坚战，使中华民族伟大复兴向前迈出新的一大步，实现了从大幅落后于时代到大踏步赶上时代的新跨越，也为开启全面建设社会主义现代化国家新征程积蓄了强大势能，为我国朝着第二个百年奋斗目标进军奠定了坚实基础。

正确认识新发展阶段的奋斗目标

新发展阶段承担着什么样的历史任务？要实现什么样的奋斗目

标？习近平总书记指出："新中国成立不久，我们党就提出建设社会主义现代化国家的目标，经过13个五年规划（计划），我们已经为实现这个目标奠定了坚实基础，未来30年将是我们完成这个历史宏愿的新发展阶段。我们已经明确了未来发展的路线图和时间表。这就是，到2035年，用3个五年规划期，基本实现社会主义现代化。然后，再用3个五年规划期，到本世纪中叶，把我国建成富强民主文明和谐美丽的社会主义现代化强国。"

对于"基本实现社会主义现代化"的具体内涵，党的十九大报告作了擘画和描绘。这就是，到2035年，我国经济实力、科技实力将大幅跃升，跻身创新型国家前列；人民平等参与、平等发展权利得到充分保障，法治国家、法治政府、法治社会基本建成，各方面制度更加完善，国家治理体系和治理能力现代化基本实现；社会文明程度达到新的高度，国家文化软实力显著增强，中华文化影响更加广泛深入；人民生活更为宽裕，中等收入群体比重明显提高，城乡区域发展差距和居民生活水平差距显著缩小，基本公共服务均等化基本实现，全体人民共同富裕迈出坚实步伐；现代社会治理格局基本形成，社会充满活力又和谐有序；生态环境根本好转，美丽中国目标基本实现。

对于"建成社会主义现代化强国"的具体内涵，党的十九大报告同样作了擘画和描绘。这就是，到本世纪中叶，我国物质文明、政治文明、精神文明、社会文明、生态文明将全面提升，实现国家治理体系和治理能力现代化，成为综合国力和国际影响力领先的国家，全体人民共同富裕基本实现，我国人民将享有更加幸福安康的生活，中华民族将以更加昂扬的姿态屹立于世界民族之林。

以上两个分阶段的历史任务，就是新发展阶段的奋斗目标。党的二十大将科学谋划未来五年乃至更长时期党和国家事业发展目标任务和大政方针，对全面建设社会主义现代化国家、实现第二个百年奋斗目标至关重要。

正确认识新发展阶段与社会主义初级阶段的关系

新发展阶段与社会主义初级阶段是什么关系？习近平总书记指出："今天我们所处的新发展阶段，就是社会主义初级阶段中的一个阶段，同时是其中经过几十年积累、站到了新的起点上的一个阶段。"对新发展阶段与社会主义初级阶段的关系，习近平总书记是从两个方面来论述的。一方面，指出了新发展阶段是社会主义初级阶段中的一个阶段。就是说，新发展阶段包含在社会主义初级阶段之内，不是社会主义初级阶段之外的一个什么阶段。另一方面，强调了新发展阶段是经过几十年积累、站到了新的起点上的一个阶段。就是说，对这个问题的认识，不能停留在过去，必须认识把握它的新内涵。如果不是这样看问题，就会犯片面性、绝对化、机械论错误。

提出党在社会主义初级阶段的理论及基本路线，是我们党的一个重大理论创新。党的十三大在以往认识基础上，总结历史经验和改革开放新鲜经验，深刻阐述了社会主义初级阶段的科学内涵，指出这个论断包括两层含义：第一，我国社会已经是社会主义社会。我们必须坚持而不能离开社会主义。第二，我国的社会主义社会还处在初级阶段。我们必须从这个实际出发，而不能超越这个阶段。社会主义初级阶段不是泛指任何国家进入社会主义都会经历的起始阶段，而是特指我国在生产力落后、商品经济不发达条件下建设社会主义必然要经历的特定阶段。在社会主义初级阶段，党和国家的主要任务是发展生产力，推进社会主义现代化建设。新发展阶段，从其历史方位和奋斗目标看，还没有超越社会主义初级阶段的历史范畴，这一点是必须明确的。

同时，也要认识到，社会主义初级阶段不是一个静态、一成不变、停滞不前的阶段，也不是一个自发、被动、不用费多大气力自然而然就可以跨过的阶段，而是一个动态、积极有为、始终洋溢着蓬勃生机活力的过程，是一个阶梯式递进、不断发展进步、日益接近质的飞跃的量的积累和发展变化的过程。毛泽东曾指出："一切事物总是有'边'的。事物的发展是一个阶段接着一个阶段不断地进行的，每一个阶段也是有'边'的。不承认'边'，就是否认质变或部分质变。"

一个大国的发展、一个伟大民族的复兴，是一个长期的历史进程，必然要在阶段性与连续性相统一、量变与质变相承接中一步步接近宏伟目标。全面建设社会主义现代化国家、基本实现社会主义现代化，既是社会主义初级阶段我国发展的要求，也是我国社会主义从初级阶段向更高阶段迈进的要求，必须用辩证的、历史的、发展变化的观点看问题，科学把握新发展阶段与社会主义初级阶段的关系。

正确认识新发展阶段与新时代的关系

党的十八大以来，中国特色社会主义进入新时代。那么，新发展阶段与新时代是什么关系？党的十九届六中全会通过的《中共中央关于党的百年奋斗重大成就和历史经验的决议》指出，中国特色社会主义新时代是承前启后、继往开来、在新的历史条件下继续夺取中国特色社会主义伟大胜利的时代，是决胜全面建成小康社会、进而全面建设社会主义现代化强国的时代，是全国各族人民团结奋斗、不断创造美好生活、逐步实现全体人民共同富裕的时代，是全体中华儿女勠力同心、奋力实现中华民族伟大复兴中国梦的时代，是我国不断为人类作出更大贡献的时代。

我们党自成立以来，团结带领中国人民为实现中华民族伟大复兴而奋斗，已经走过了100多年的光辉历程。党的百余年的奋斗历程，根据每个历史时期的社会主要矛盾和党面临的主要任务，划分为四个历史时期，即新民主主义革命时期、社会主义革命和建设时期、改革开放和社会主义现代化建设新时期、中国特色社会主义新时代。新时代党面临的主要任务是，实现第一个百年奋斗目标，开启实现第二个百年奋斗目标新征程，朝着实现中华民族伟大复兴的宏伟目标继续前进。中国特色社会主义进入新时代，意味着近代以来久经磨难的中华民族迎来了从站起来、富起来到强起来的伟大飞跃，迎来了实现中华民族伟大复兴的光明前景。

习近平总书记指出："从历史依据来看，新发展阶段是我们党带领人民迎来从站起来、富起来到强起来历史性跨越的新阶段。"新民主主义革命的胜利和新中国的成立，实现了从新民主主义革命到社会主义革命的历史性跨越。社会主义基本制度的确立，社会主义建设的大规模开展，实现了从社会主义革命到社会主义建设的历史性跨越。党带领人民进行改革开放新的伟大革命，成功开辟了中国特色社会主义道路，使中国大踏步赶上时代，实现了社会主义现代化进程中新的历史性跨越。如今，以习近平同志为核心的党中央正带领人民在此前发展的基础上继续前进，续写全面建设社会主义现代化国家新的篇章。

新时代是从党的十八大开始的，新发展阶段是从开启全面建设社会主义现代化国家新征程、向第二个百年奋斗目标进军开始的。新时代与新发展阶段时间长度不同，但要完成的历史任务和要实现的奋斗目标是一致的。

正确认识
新发展阶段与中国式现代化的关系

在新发展阶段推进的现代化是一种什么样的现代化？习近平总书记指出，"我们的任务是全面建设社会主义现代化国家，当然我们建设的现代化必须是具有中国特色、符合中国实际的"。世界上既不存在定于一尊的现代化模式，也不存在放之四海而皆准的现代化标准。我国所推进的现代化，既有各国现代化的共同特征，更有基于国情的中国特色。在论述这个问题时，习近平总书记特别强调了中国式现代化具有的鲜明特征：人口规模巨大的现代化，全体人民共同富裕的现代化，物质文明和精神文明相协调的现代化，人与自然和谐共生的现代化，走和平发展道路的现代化。

深刻认识中国式现代化的鲜明特征具有重要意义，这是决定我国新发展阶段前进方向和社会性质的问题。我国14亿多人口要整体迈入现代化社会，其规模超过现有发达国家的总和，将彻底改写现代化的世界版图，在人类历史上是一件具有深远影响的大事。共同富裕是中国特色社会主义的本质要求，我国现代化坚持以人民为中心的发展思想,自觉主动解决地区差距、城乡差距、收入分配差距,促进社会公平正义,逐步实现全体人民共同富裕,坚决防止两极分化。我国现代化坚持社会主义核心价值观,加强理想信念教育,弘扬中华优秀传统文化,增强人民精神力量,促进物的全面丰富和人的全面发展。我国现代化注重同步推进物质文明建设和生态文明建设,走生产发展、生活富裕、生态良好的文明发展道路。我国现代化强调同世界各国互利共赢,推动构建人类命运共同体,努力为人类和平与发展作出贡献。

在新发展阶段推进中国式现代化,必须胸怀"国之大者",对以上五个方面牢记在心。习近平总书记指出:"这是我国现代化建设必须坚持的方向,要在我国发展的方针政策、战略战术、政策举措、工作部署中得到体现,推动全党全国各族人民共同为之努力。"

正确认识进入新发展阶段与贯彻新发展理念、构建新发展格局的关系

进入新发展阶段、贯彻新发展理念、构建新发展格局是一个相互联系、相互制约、相互促进的有机整体。新发展阶段是我国社会主义发展进程中的一个重要阶段。新发展理念是党的十八大以来我们党对经济社会发展提出的最重要、最主要的重大理论和理念,回答了关于发展的目的、动力、方式、路径等一系列理论和实践问题,阐明了我们党关于发展的政治立场、价值导向、发展模式、发展道路等重大政治问题。构建新发展格局是我们党面对国内外形势发展变化提出来的,是事关全局的系统性、深层次变革,是立足当前、着眼长远的战略谋划。全面建设社会主义现代化国家、实现第二个

百年奋斗目标，必须准确把握新发展阶段、深入贯彻新发展理念、加快构建新发展格局。

在全面建设社会主义现代化国家新征程中，怎样处理好它们三者之间的关系呢？习近平总书记对此作了深刻阐述："进入新发展阶段、贯彻新发展理念、构建新发展格局，是由我国经济社会发展的理论逻辑、历史逻辑、现实逻辑决定的，三者紧密关联。进入新发展阶段明确了我国发展的历史方位，贯彻新发展理念明确了我国现代化建设的指导原则，构建新发展格局明确了我国经济现代化的路径选择。把握新发展阶段是贯彻新发展理念、构建新发展格局的现实依据，贯彻新发展理念为把握新发展阶段、构建新发展格局提供了行动指南，构建新发展格局则是应对新发展阶段机遇和挑战、贯彻新发展理念的战略选择。"历史方位与现实依据、指导原则与行动指南、路径选择与战略选择，给予进入新发展阶段、贯彻新发展理念、构建新发展格局准确定位。习近平总书记的重要论述，全面系统科学地阐述了三者之间的辩证统一关系，为做好新发展阶段的各项工作提供了根本遵循。

（原载《求是》2022 年第 17 期）

建设金融强国的强大思想武器

新年伊始，习近平总书记在省部级主要领导干部推动金融高质量发展专题研讨班开班式上的重要讲话，以推动金融高质量发展为主题，为全党高级干部讲授了第一课。这是一篇政治性、思想性、针对性、指导性都很强的马克思主义金融理论的光辉文献，需要反复研读学习、深入理解领会。

深化对金融工作在党和国家事业全局中重要地位和作用的认识

习近平总书记继2023年中央金融工作会议之后，在短短三个月之内再一次专题阐述金融问题，充分体现了对金融工作的高度重视，蕴含着治国理政的深厚政治智慧和深远战略考量。对于金融作为"国之大者"的重要地位，可以从四个方面来认识。

从新时代新征程党的中心任务来看，金融事关中国式现代化全局。新时代新征程党的中心任务是以中国式现代化全面推进中华民族伟大复兴，这是党的二十大作出的重大决定。党的二十大后，中央举办了新进中央委员会的委员、候补委员和省部级主要领导干部学习贯彻习近平新时代中国特色社会主义思想和党的二十大精神研讨班，习近平总书记在开班式上的重要讲话聚焦的主题就是"中国式现代化"。在这次研讨班开班式上，习近平总书记的重要讲话则是着重围绕"中国式现代化的金融问题"而展开的。为什么要讲金融问题呢？因为金融是现代经济的核心，是国民经济的血脉，建设金融强国是建设社会主义现代化强国的战略任务和必然要求。做不好金融工作，没有金融的高质量发展，就没有整个经济社会的高质量发展，就不可能顺利实现中国式现代化。只有坚定不移走中国特色金融发展之路、推动我国金融高质量发展，才能为实现新时代新征程党的中心任务提供强有力的金融支撑。

从百年大变局的国际形势来看，金融是大国博弈的必争之地。金融是国家重要的核心竞争力，金融改革发展是国家改革发展的重要内容，金融安全是国家安全的重要组成部分。历史上，大国崛起都离不开强大金融体系的关键支撑。当今世界，金融之战的烈度和影响程度，甚至超过武装冲突和科技之争。而且，在武装冲突和科技之争背后，金融制裁的手段都发挥着重要作用。我国现已成为金融大国，但还不是金融强国。只有加快建设金融强国，不断提高我国在国际金融中的竞争力和话语权，才能掌握大国博弈的主动权。

从国内经济形势来看，防范化解金融风险仍任重道远。金融既十分重要，也极易产生风险。当前和今后一个时期，我国金融领域处在风险易发高发期。在 2017 年全国金融工作会议、2023 年中央金融工作会议和这一次研讨班开班式上的重要讲话中，习近平总书记都突出强调了防范化解金融风险问题。改革开放 40 多年来，我国没有发生过金融危机，这在世界大国中是独一无二的。但是，这并不表明一切都风平浪静。20 世纪 90 年代我们出现过金融"三乱"

现象，几家大银行事实上陷入过技术性困境。当前，中小金融机构风险、地方债务风险、房地产领域金融风险、非法金融活动风险等尤为突出，风险持续恶化，存量风险尚未见底，增量风险仍在集聚，而且金融风险的隐蔽性、突发性、传染性、破坏性特别强，处理不善极易引发社会风险、政治风险，决不能掉以轻心。只有增强忧患意识，坚持底线思维、极限思维，下决心从根本上解决金融领域的矛盾问题，牢牢守住不发生系统性金融风险的底线，才能确保国家安全和社会稳定。

从干部队伍状况来看，提高金融工作本领、加强金融监督管理极为紧迫。金融领域权力集中、资金密集、资源富集，既是"国之重器"，也是腐败问题易发高发频发的重灾区。做好金融工作，要求各级领导干部特别是金融干部队伍必须政治过硬、能力过硬、作风过硬。当前金融领域的种种问题乱象很多是人为因素造成的。不少领导干部对金融工作知之不多、知之不深，存在比较严重的"本领恐慌"。特别是一些人政绩观扭曲，缺乏金融工作常识，违背金融市场规律，"拍脑袋决策、拍胸脯蛮干、拍屁股走人"，肆意乱为、胡作非为，造成了不可挽回的重大损失。更有甚者，一些人胆大妄为，靠金融吃金融，内外勾结、滥权敛财、贪婪无度。可见，提高领导干部金融工作本领，加大金融领域反腐败力度，是当前金融干部队伍建设的当务之急。

深化对我们党探索
中国特色金融发展之路历史进程的认识

我们党历来高度重视金融工作，不断深化对金融工作的认识，不懈探索符合我国实际的金融发展道路。

新民主主义革命时期。毛泽东非常重视金融工作，领导我们党早在苏维埃时期就发行了货币、设立了国家银行。延安时期，毛泽东将"调整金融关系"明确写入《陕甘宁边区施政纲领》，他还强调："认识贸易、金融、财政是组织全部经济生活的重要环节，离了它们，或对它们采取了错误方针，全部经济生活就会停滞，或受到障碍。"我们党在抗日根据地和解放区陆续建立起有效的货币金融体系，有力地支持了根据地建设和武装斗争。但这一时期我们党主要在农村地区活动，对城市金融工作总体上还很不熟悉。

社会主义革命和建设时期。我们党在新中国成立伊始就相继打赢了"银元之战""米棉之战"，迅速稳定了新中国经济秩序。此后，我们成功进行货币改革，建立了适应当时经济体制的银行体系，我国金融事业有了很大发展。但在高度集中的计划经济体制下，国家银行的主要职能是出纳和会计，还不是真正的银行，金融难以在资源配置中发挥真正的作用，难以使有限资源得到充分利用。

改革开放和社会主义现代化建设新时期。我们党对金融的重要作用认识更加深入。邓小平指出，"金融搞好了，一着棋活，全盘皆活"，要求"金融改革的步子要迈大一些"。我们初步建立了中央银行体制和以银行、证券、保险为主体的金融体系，为发展社会主义市场经济发挥了重要作用。随着改革开放的深入，我国金融事业迎来了重大机遇，但也遇到了新的挑战。在新形势下，我们党高度重视推进金融改革发展、保障金融安全，深入研究一系列重大金融问题，不仅成功抵御了1997年亚洲金融危机、2008年国际金融危机两次大的冲击，而且促进了国民经济持续快速健康发展。

中国特色社会主义新时代。党的十八大以来，以习近平同志为核心的党中央把马克思主义金融理论同当代中国具体实际相结合、同中华优秀传统文化相结合，持续推进我国金融事业实践创新、理论创新、制度创新，奋力开拓中国特色金融发展之路。在党中央集中统一领导下，我们坚决打好防范化解金融风险攻坚战，金融系统有力支撑经济社会发展大局，为推动我国经济高质量发展提供了源头活水，为如期全面建成小康社会、有效应对新冠疫情等突发因素冲击、妥善应对美西方国家大搞"脱钩断链"等种种逆流，作出了重要贡献。

历史和实践充分证明，中国特色金融发展之路是一条前无古人的开拓创新之路，也是一条自信自立之路、行稳致远之路、长治久安之路。它不是从天上掉下来的，也不是从书本上抄下来的，而是我们党领导人民在长期艰辛探索的实践中开创出来的。这条路来之不易，这条路行得通、走得稳，符合中国国情、适应中国实际、顺应时代潮流，必须坚定不移地走下去。

深化对习近平总书记关于金融工作重要论述的认识

党的十八大以来，习近平总书记关于金融工作作出过一系列重要论述，系统阐述了中国特色金融发展之路的基本内容。学习习近平总书记在这次研讨班开班式上的重要讲话，使我们进一步深化了对习近平总书记关于金融工作重要论述的核心要义、精神实质和主要内容的认识。

坚持党中央对金融工作的集中统一领导。加强党中央对金融工作的集中统一领导，是做好金融工作的根本保证。这是走好中国特色金融发展之路的首要问题，也是最关键、最核心的问题。做好金融工作，必须进一步深刻领悟"两个确立"的决定性意义，坚决做到"两个维护"。

坚持以人民为中心的价值取向。我们党的性质宗旨和国家政权的性质职能，决定了我国的金融事业是为了人民、造福人民的事业，与美国等西方国家的金融是为资本服务、为少数有钱人服务的本质截然不同。做好金融工作，必须站稳人民立场，增强服务的多样性、普惠性、可及性，更好保护金融消费者权益。

坚持把金融服务实体经济作为根本宗旨。为实体经济服务是金融的天职，是金融的宗旨，也是防范金融风险的根本举措。做好金融工作，必须回归本源，坚持把为实体经济服务作为出发点和落脚点，在支持实体经济做实做强做优中实现金融自身高质量发展。

坚持把防控风险作为金融工作的永恒主题。维护金融安全，是关系我国经济社会发展全局的一件带有战略性、根本性的大事；防范化解金融风险，是金融工作的根本性任务。做好金融工作，必须坚持把防控风险作为金融工作的永恒主题，牢牢守住不发生系统性金融风险的底线。

坚持在市场化法治化轨道上推进金融创新发展。金融的安全靠制度、活力在市场、秩序靠法治。做好金融工作，必须有健全的监管制度，建立完善的金融法律和市场规则体系，有禁必止、违法必究，保障金融市场健康运行。

坚持深化金融供给侧结构性改革。完整、准确、全面贯彻新发展理念，以深化金融供给侧结构性改革为主线，加快建设中国特色现代金融体系。做好金融工作，必须着力打造现代金融调控体系、市场体系、机构体系、监管体系、产品和服务体系、基础设施体系，为实体经济发展提供更高质量、更有效率的金融服务。

坚持统筹金融开放和安全。要着力推进金融高水平开放，确保国家金融和经济安全。做好金融工作，必须把握好开放的节奏和力度，切实提升金融监管能力，以更高水平风险防控保障更高水平金融开放。

坚持稳中求进工作总基调。坚持稳中求进、以进促稳、先立后破。做好金融工作，必须稳字当头，宏观调控、金融发展、金融改革、金融监管、风险处置等都要稳，金融政策的收和放不能太急，防止大起大落。同时，要积极进取，把该立的抓紧立起来，在稳住阵脚、稳住基本态势中不断解决问题、不断前进。

中国特色金融发展之路必须以加快建设金融强国为目标，以推动金融高质量发展为主题，培育和弘扬中国特色金融文化，建设金融强国，锚定三个目标：未来五年，基本建成中国特色现代金融体系的总体框架；到2035年，基本建成中国特色现代金融体系；到本世纪中叶，建成现代化金融强国。

习近平总书记关于金融工作的重要论述，既有世界观，又有方法论；既部署"过河"的任务，又指导解决"桥或船"的问题，科学回答了新时代新征程金融工作怎么看、怎么干等一系列重大理论和实践问题。这是对我们党领导金融工作历史和实践经验的深刻总结，是对马克思主义金融理论的丰富和发展，是习近平经济思想的金融篇，把我们党对金融本质规律和发展道路的认识提升到前所未有的新高度，为走好中国特色金融发展之路、加快建设金融强国提供了根本遵循和行动指南，我们必须完整准确全面学习把握、不折不扣贯彻落实。

深化对立足本职、服务全党金融工作大局责任的认识

做好金融工作，不仅是金融部门和金融系统的责任，也是全党全社会的共同责任。中共中央党史和文献研究院作为党的历史和理论研究专门机构，将牢记职责使命、聚焦主责主业，找准服务全党金融工作大局的结合点和着力点，重点抓好三个方面的工作。

抓好习近平总书记重要著作的编辑出版。做好金融工作，首先要学习好习近平经济思想尤其是习近平总书记关于金融工作的重要论述，这就需要系统权威的教材。编辑出版习近平总书记重要著作，正是中共中央党史和文献研究院的首要工作职责。我们将编辑好出版好习近平总书记关于金融工作重要论述的著作，为全党全社会提供权威教材。

抓好习近平总书记关于金融工作重要论述的研究阐释和宣传宣介。习近平新时代中国特色社会主义思想是一个不断展开的、开放式的思想体系，习近平总书记关于金融工作的重要论述也必将随着实践深入而不断丰富发展。我们将及时跟进党的理论创新和实践创新进程，把习近平总书记关于金融工作的重要论述研究好、阐释好、宣传好、宣介好，在推进党的创新理论体系化、学理化，推动其更加深入人心、更好走向世界上下功夫，发挥好党中央可靠的文献库、思想库、智囊团作用。

抓好党领导金融工作重大成就和历史经验的编研工作。我们正

在编辑《二十大以来重要文献选编》(上册)等党的重要文献集,正在编写《中国共产党历史》第三卷、第四卷和《中国共产党编年史》(新民主主义革命时期)等党史基本著作。我们将把学习研究成果体现在这些著作的撰写之中,为鉴往知来,学习我们党领导金融工作的历史进程和历史经验,特别是新时代金融改革发展的重大成就,提供权威读本。

(原载《学习时报》2024年1月31日)

制度优势是党和国家的最大优势
——深入学习《习近平谈治国理政》第三卷

坚持和完善中国特色社会主义制度、推进国家治理体系和治理能力现代化，是习近平新时代中国特色社会主义思想的重要内容。《习近平谈治国理政》第三卷，收入党的十九大以来习近平总书记关于这方面论述的三篇重要文章，文中提出了许多新思想新观点新论断。贯通《习近平谈治国理政》第一卷至第三卷，认真学习、深刻领会习近平总书记有关重要论述，对于我们在新的历史起点上继续把新时代全面深化改革推向前进，构建系统完备、科学规范、运行高效的制度体系，充分发挥我国社会主义制度的优越性，实现"两个一百年"奋斗目标、实现中华民族伟大复兴的中国梦，具有重要意义。

必须准确把握全面深化改革的总目标

我国的改革事业怎样推进、如何深入？这是党的十八大后摆在全党全国各族人民面前的一项重大历史任务，也是全党全国各族人民面临的一个重大理论和实践课题。坚持和完善中国特色社会主义制度、推进国家治理体系和治理能力现代化，是习近平总书记对全面深化改革作出的顶层设计。在党的十八届三中全会上，习近平总书记第一次提出了"完善和发展中国特色社会主义制度，推进国家治理体系和治理能力现代化"的重大命题，并将这个命题确定为全面深化改革的总目标。这是我们党的一个重大理论创新。这个命题的提出和总目标的确定，进一步丰富了我国改革的内涵，明确了我国改革的指向，为我们把全面深化改革向纵深推进指明了正确方向。

为什么说这是一个科学顶层设计和重大理论创新呢？习近平总书记指出："党的十八届三中全会提出的全面深化改革的总目标，就是完善和发展中国特色社会主义制度、推进国家治理体系和治理能力现代化。""我们讲过很多现代化，包括农业现代化、工业现代化、科技现代化、国防现代化等，国家治理体系和治理能力现代化是第一次讲。深刻理解和准确把握这个总目标，是贯彻落实各项改革举措的关键。"可以说，这个总目标对全面深化改革来说是管总的，起着统领和目标导向作用。因此，党的十九大报告把完善和发展中国特色社会主义制度、推进国家治理体系和治理能力现代化，列为习近平新时代中国特色社会主义思想的"八个明确"之一，成为习近平新时代中国特色社会主义思想的重要组成部分。党的十九届四中全会对全面深化改革总目标进行了进一步深化和拓展，作出全面战略部署。党的十九届四中全会和党的十八届三中全会紧密联系、前后呼应，其历史逻辑一脉相承、理论逻辑相互支撑、实践逻辑环环相扣、目标指向一以贯之、重大部署接续递进。党的十九届四中全会不仅系统集成了党的十八届三中全会以来全面深化改革的理论成果、制度成果、实践成果，而且对新时代全面深化改革勾勒出更加清晰的顶层设计。全面深化改革总目标是习近平总书记关于坚持和完善中国特色社会主义制度、推进国家治理体系和治理能力现代化重要论述的思想逻辑起点，因此，全面深化改革总目标也是理解和把握习近平总书记关于坚持和完善中国特色社会主义制度、推进国家治理体系和治理能力现代化重要论述的"金钥匙"。

必须充分认识坚持和完善中国特色社会主义制度、推进国家治理体系和治理能力现代化的重大意义

习近平总书记指出："从形成更加成熟更加定型的制度看，我国社会主义实践的前半程已经走过了，前半程我们的主要历史任务是建立社会主义基本制度，并在这个基础上进行改革，现在已经有了很好的基础。后半程，我们的主要历史任务是完善和发展中国特色社会主义制度，为党和国家事业发展、为人民幸福安康、为社会和谐稳定、为国家长治久安提供一整套更完备、更稳定、更管用的制度体系。这项工程极为宏大，零敲碎打调整不行，碎片化修补也不行，必须是全面的系统的改革和改进，是各领域改革和改进的联动和集成，在国家治理体系和治理能力现代化上形成总体效应、取得总体效果。"

在党的十九届四中全会上，习近平总书记作了《关于〈中共中央关于坚持和完善中国特色社会主义制度、推进国家治理体系和治理能力现代化若干重大问题的决定〉的说明》（以下简称《说明》）。《说明》充分阐述了坚持和完善中国特色社会主义制度、推进国家治理体系和治理能力现代化的重大意义：是实现"两个一百年"奋斗目标的重大任务，是把新时代改革开放推向前进的根本要求，是应

对风险挑战、赢得主动的有力保证。之所以要这样提出问题和认识问题，是因为实现"两个一百年"奋斗目标、实现中华民族伟大复兴的中国梦，必须加快推进国家治理体系和治理能力现代化，努力形成更加成熟更加定型的中国特色社会主义制度，制度建设本身就是社会主义现代化和民族复兴的题中应有之义。只有坚持和完善中国特色社会主义制度、推进国家治理体系和治理能力现代化，才能为全面深化改革提供源源不断的强大动力，也才能为应对风险挑战、赢得主动提供重要的制度保障。在抗击新冠疫情斗争中，中国特色社会主义制度和国家治理体系的显著优势得到充分彰显，实践作出了最权威、最有说服力的证明。

必须正确理解完善和发展中国特色社会主义制度与推进国家治理体系和治理能力现代化的关系

准确把握全面深化改革总目标，关键的问题是要正确理解完善和发展中国特色社会主义制度与推进国家治理体系和治理能力现代化的关系。习近平总书记指出："必须完整理解和把握全面深化改革的总目标，这是两句话组成的一个整体，即完善和发展中国特色社会主义制度、推进国家治理体系和治理能力现代化。这里面有一个前一句和后一句的关系问题。前一句，规定了根本方向，我们的方向就是中国特色社会主义道路，而不是其他什么道路。也就是我经常说的，我们要坚定不移走中国特色社会主义道路，既不走封闭僵化的老路，也不走改旗易帜的邪路。后一句，规定了在根本方向指引下完善和发展中国特色社会主义制度的鲜明指向。两句话都讲，才是完整的。只讲第二句,不讲第一句,那是不完整、不全面的。"我们的改革是什么性质的改革?这是由第一句话所决定的。这是我们改革方向的根本所在。我们的改革怎么改,要达到什么样的目的和效能?第二句话提出了明确的具体要求。习近平总书记关于完善和发展中国特色社会主义制度与推进国家治理体系和治理能力现代化关系的重要论述,体现了马克思主义两点论与重点论的高度统一,给我们提供了科学的方法论,使我们党对全面深化改革总目标的认识达到了一个新高度,提高到了一个新水平。

必须正确处理国家治理体系与国家治理能力的关系

完善和发展中国特色社会主义制度与推进国家治理体系和治理能力现代化是辩证统一的关系。那么,国家治理体系与国家治理能力又是什么样的关系呢?国家治理体系、国家治理能力是全面深化改革总目标中的两个重要概念和关键词,它们之间也是辩证统一的关系。

习近平总书记强调:"国家治理体系和治理能力是一个国家制度和制度执行能力的集中体现。国家治理体系是在党领导下管理国家的制度体系,包括经济、政治、文化、社会、生态文明和党的建设等各领域体制机制、法律法规安排,也就是一整套紧密相连、相互协调的国家制度;国家治理能力则是运用国家制度管理社会各方面事务的能力,包括改革发展稳定、内政外交国防、治党治国治军等各个方面。国家治理体系和治理能力是一个有机整体,相辅相成,有了好的国家治理体系才能提高治理能力,提高国家治理能力才能充分发挥国家治理体系的效能。"国家治理体系与国家治理能力两者相互制约、相互促进，单靠哪一个治理国家都不行。治理国家，制度是起根本性、全局性、长远性作用的。然而，没有有效的治理能力，再好的制度也难以发挥作用。

同时，还要看到，国家治理体系与国家治理能力虽然紧密联系，但又不是一码事，不是国家治理体系越完善，国家治理能力自然而然就越强。综观世界，各国各有其治理体系，而各国治理能力由于客观情况和主观努力的差异又有或大或小的差距，甚至同一个国家在同一种治理体系下不同历史时期的治理能力也有很大差距。正是考虑到这一点，我们必须把国家治理体系和治理能力现代化统筹谋划、同步建设、一体推进。既要重视制度的作用，也要重视人的作用；既要加强治理体系建设，也要加强治理能力建设。正确处理好国家治理体系与国家治理能力的关系，在加强制度体系建设的同时，不断提高各级领导干部的能力素质，全面增强执政本领。

必须全面认识中国特色社会主义制度和国家治理体系的鲜明特色和显著优势

中国特色社会主义制度和国家治理体系具有鲜明特色和显著优势，它们体现在哪些方面呢？习近平总书记指出："我国国家制度和国家治理体系之所以具有多方面的显著优势，很重要的一点就在于我们党在长期实践探索中，坚持把马克思主义基本原理同中国具体实际相结合，把开拓正确道路、发展科学理论、建设有效制度有机统一起来，用中国化的马克思主义、发展着的马克思主义指导国家制度和国家治理体系建设，不断深化对共产党执政规律、社会主义建设规律、人类社会发展规律的认识,及时把成功的实践经验转化为制度成果,使我国国家制度和国家治理体系既体现了科学社会主义基本原则,又具有鲜明的中国特色、民族特色、时代特色。"

我国国家制度和国家治理体系具有多方面的显著优势:坚持党的集中统一领导,坚持党的科学理论,保持政治稳定,确保国家始终沿着社会主义方向前进的显著优势;坚持人民当家作主,发展人民民主,密切联系群众,紧紧依靠人民推动国家发展的显著优势;坚持全面依法治国,建设社会主义法治国家,切实保障社会公平正义和人民权利的显著优势;坚持全国一盘棋,调动各方面积极性,集中力量办大事的显著优势;坚持各民族一律平等,铸牢中华民族共同体意识,实现共同团结奋斗、共同繁荣发展的显著优势;坚持公有制为主体、多种所有制经济共同发展和按劳分配为主体、多种分配方式并存,把社会主义制度和市场经济有机结合起来,不断解放和发展社会生产力的显著优势;坚持共同的理想信念、价值理念、道德观念,弘扬中华优秀传统文化、革命文化、社会主义先进文化,促进全体人民在思想上精神上紧紧团结在一起的显著优势;坚持以人民为中心的发展思想,不断保障和改善民生、增进人民福祉,走共同富裕道路的显著优势;坚持改革创新、与时俱进,善于自我完善、自我发展,使社会始终充满生机活力的显著优势;坚持德才兼备、选贤任能,聚天下英才而用之,培养造就更多更优秀人才的显著优势;坚持党指挥枪,确保人民军队绝对忠诚于党和人民,有力保障国家主权、安全、发展利益的显著优势;坚持"一国两制",保持香港、澳门长期繁荣稳定,促进祖国和平统一的显著优势;坚持独立自主和对外开放相统一,积极参与全球治理,为构建人类命运共同体不断作出贡献的显著优势。始终代表最广大人民根本利益，保证人民当家作主，体现人民共同意志，维护人民合法权益，是我国国家制度和国家治理体系的本质属性，也是我国国家制度和国家治理体系有效运行、充满活力的根本所在。

中国特色社会主义制度和国家治理体系具有丰富的实践成果。新中国成立70多年来，我们党领导人民创造了世所罕见的经济快速发展奇迹和社会长期稳定奇迹，这两大奇迹是历史和实践得出的结论。可以说，在人类文明发展史上，除中国特色社会主义制度和国家治理体系外，没有任何一种国家制度和国家治理体系能够在这样短的历史时期内创造出这样巨大的人间奇迹。

必须始终牢记坚持和完善中国特色社会主义制度、推进国家治理体系和治理能力现代化的总体目标

坚持和完善中国特色社会主义制度、推进国家治理体系和治理能力现代化如何实施，总体目标是什么？习近平总书记在党的十九大报告中擘画了宏伟蓝图，提出从2020年到本世纪中叶分两个阶段实施的战略步骤：到2035年，"各方面制度更加完善，国家治理体系和治理能力现代化基本实现"；到本世纪中叶，"实现国家治理体系和治理能力现代化"。党的十九届四中全会对标对表党的十九大的战略部署，根据事业发展和实践需要，进一步完善了总体目标，提出："到我们党成立一百年时，在各方面制度更加成熟更加定型上取得明显成效；到二〇三五年，各方面制度更加完善，基本实现国家治理体系和治理能力现代化；到新中国成立一百年时，全面实现国

家治理体系和治理能力现代化，使中国特色社会主义制度更加巩固、优越性充分展现。"这是我们党完整系统提出的国家治理体系和治理能力现代化分"三步走"的总体目标，充分反映了以习近平同志为核心的党中央立足新时代的历史方位，从实际出发，在实现社会主义现代化和中华民族伟大复兴中国梦中，对坚持和完善中国特色社会主义制度、推进国家治理体系和治理能力现代化所作的战略安排。

习近平总书记指出："制度优势是一个政党、一个国家的最大优势。"只要我们认真学习贯彻习近平新时代中国特色社会主义思想，按照党的十九大和十九届四中全会擘画的宏伟蓝图和作出的战略部署奋发努力，不断推进我国国家制度和国家治理体系建设，我们的目标就一定能实现，我们的目的就一定会达到。

（原载《人民日报》2020年8月17日）

学习习近平文化思想

2023年10月召开的全国宣传思想文化工作会议正式提出并系统阐述了习近平文化思想。这是一个重大战略决策,在党的理论创新进程中具有重大意义,在党的宣传思想文化事业发展史上具有里程碑意义。

习近平文化思想,是在新时代中国特色社会主义文化建设伟大实践中形成并不断丰富发展的,是新时代党领导文化建设实践经验的理论总结。这一重要思想深刻回答了新时代我国文化建设举什么旗、走什么路、坚持什么原则、实现什么目标等根本问题,丰富和发展了马克思主义文化理论,是习近平新时代中国特色社会主义思想的文化篇。

习近平文化思想的形成,标志着我们党对中国特色社会主义文化建设规律的认识达到了新高度,表明我们党的历史自信、文化自信达到了新高度。

习近平文化思想内涵丰富,思想深邃,博大精深,为我们做好新时代新征程宣传思想文化工作、担负起新的文化使命提供了强大思想武器和科学行动指南,为创造人类文明新形态、引领世界文明发展进步贡献了中国智慧。

深入学习领会习近平文化思想，是全党特别是全国宣传思想文化战线的一项重要政治任务。学习贯彻习近平文化思想，首要的一个问题，就是要搞清楚习近平文化思想的科学内涵是什么？这是我们抓好学习贯彻的前提和基础。下面，围绕习近平文化思想的科学内涵，阐释两大问题：一是把握好与习近平文化思想相关的几个问题；二是全面领会习近平文化思想的丰富内涵。

一、把握好与习近平文化思想相关的几个问题

第一，关于党的创新理论的层次和范畴问题。

我们党的最新创新理论成果就是习近平新时代中国特色社会主义思想。其大致可以分为五个层次和范畴。

第一个层次和范畴是习近平新时代中国特色社会主义思想。这是党的十九大正式提出来的，并写入党章。这个思想的表述是党的十八大以来，党的理论创新形成的最高层次和最大范畴。我们党的指导思想和创新理论的概念表述，一般分为三种形式。第一种是以主要创立者的名字来命名，比如马克思主义、列宁主义、毛泽东思想、邓小平理论。第二种是以理论内容的核心理念来命名，比如"三个代表"重要思想、科学发展观。第三种是以主要创立者名字加理论内容的核心理念来命名，比如习近平新时代中国特色社会主义思想。

第二个层次和范畴是目前经党中央批准的、公开使用的已经形成的"六大思想"，即习近平强军思想、习近平经济思想、习近平生态文明思想、习近平外交思想、习近平法治思想、习近平文化思想。

习近平强军思想是在2017年10月党的十九大上正式提出来的。

后来在中央军委一次重要会议上，将其内涵概括为"十个明确"，之后又增加了"一个明确"，丰富发展为"十一个明确"。

习近平经济思想是在 2017 年 12 月中央经济工作会议上提出来的。这次会议是在党的十九大闭幕后一个多月召开的。这次会议将习近平经济思想的内涵概括为"1+7"的逻辑架构。"1"指的是新发展理念，"7"指的是"七个坚持"。由中央宣传部、国家发展改革委编写的《习近平经济思想学习纲要》，将其内涵概括归纳为"十三个方面"。

习近平生态文明思想是在 2018 年 5 月全国生态环境保护大会上提出来的。这次会议将习近平生态文明思想的内涵概括为"六个坚持"，后来丰富发展到"八个坚持"。由中央宣传部、生态环境部编写的《习近平生态文明思想学习纲要》，将其拓展为"十个坚持"。

习近平外交思想是在 2018 年 6 月中央外事工作会议上提出来的。这次会议将习近平外交思想的内涵概括为"十个坚持"。

习近平法治思想是在 2020 年 11 月中央全面依法治国工作会议上提出来的。这次会议将习近平法治思想的内涵概括为"十一个坚持"。

习近平文化思想是在 2023 年 10 月全国宣传思想文化工作会议上提出来的。

第三个层次和范畴是习近平总书记关于某某方面的重要思想，或某某方面的战略思想等。比如，2018 年 4 月全国网络安全和信息化工作会议，提出了习近平总书记关于网络强国的重要思想，它的主要内涵概括为"十个坚持"；2021 年 8 月中央民族工作会议，提出了习近平总书记关于加强和改进民族工作的重要思想，它的主要内涵概括为"十二个必须";2022年1月十九届中央纪委六次全会,提出了习近平总书记关于党的自我革命的战略思想,它的主要内涵概括为"六个必须"的原则性要求和"九个坚持"的规律性认识;2022年7月中央统战工作会议,提出了习近平总书记关于做好新时代党的统一战线工作的重要思想,它的主要内涵概括为"十二个必须";2023年6月全国组织工作会议,提出了习近平总书记关于党的建设的重要思想,它的主要内涵概括为"十三个坚持"。还有其他工作部门和领域类似的提法和表述。

第四个层次和范畴是习近平总书记关于某些方面的重要论述。比如,2023年10月召开的中央金融工作会议使用的就是习近平总书记关于金融工作的重要论述,明确将习近平总书记关于金融工作的重要论述,定位表述为习近平经济思想的重要组成部分。又如,中央党史和文献研究院就使用了习近平总书记关于党史和文献工作的重要论述。相应地,很多部门都有这样的表述和使用。

第五个层次和范畴是习近平总书记在某个会议上或某个座谈会上的重要讲话、习近平总书记关于某项工作的重要指示批示等。有时我们统称为习近平总书记重要讲话和重要指示批示等。

对习近平新时代中国特色社会主义思想内容的概念和表述,大致有以上这样5个层次和范畴。学习习近平文化思想,首先要从层次和范畴上把这一思想所处的位置搞清楚,这样才能够进一步完整准确把握这一思想的科学体系。实际上,习近平文化思想就是从习近平总书记关于宣传思想文化工作的重要论述、习近平总书记关于宣传思想文化工作的重要思想的表述发展递进而来的。党的十八大以来,党在宣传思想文化战线先后使用的概念和表述是习近平总书记关于宣传思想文化工作的重要论述、习近平总书记关于宣传思想文化工作的重要思想、习近平文化思想，它是一步一步递进的。

第二，关于全国宣传思想文化工作会议对习近平文化思想内涵的阐述和概括问题。

前文提到，习近平强军思想、习近平经济思想、习近平生态文明思想、习近平外交思想、习近平法治思想在中央重要会议上表述的内涵非常明确，即多少个"坚持"、多少个"必须"等，此后有的表述始终不变，有的表述则不断增加条数和丰富内容。习近平文化思想的内涵是什么呢？我们应该怎么去把握它的科学内涵和理论体系呢？我认为，要注意会议文件的表述。会议文件是从两个方面进行阐述和概括的：一是与会代表从 11 个方面谈了对习近平总书记关于宣传思想文化工作重要论述和重要思想学习的"深刻体会"，从"深刻体会"讲了习近平文化思想的重要性和科学性；二是从党的十八大以来习近平总书记对宣传思想文化工作从 16 个方面进行的谋划和部署来阐述的，强调了这一思想对新时代文化建设所产生的实践伟力。对习近平文化思想内涵的理解和把握，现在学术界、理论界和广大党员干部都在认真学习和研究。我想，首先我们应当从会议文件的这两个方面来领会和把握。也就是说，应该从 11 个"深刻体会"、16 个方面的谋划和部署来认识与把握习近平文化思想的丰富内涵。

第三，关于如何理解习近平文化思想"明体达用、体用贯通"的问题。

全国宣传思想文化工作会议阐述习近平文化思想时讲了这样两句话，这就是"明体达用、体用贯通"。我认为，这两句话是对这一思想内容结构的深刻表达。习近平文化思想既有文化理论观点上的创新和突破，又有文化布局上的部署和要求。"明体达用、体用贯通"明确了新时代文化建设的路线图、任务书。什么是"体"？我认为，就是原则、本体、道、论。什么是"用"？就是实践、方法、器、术。"体"和"用"的关系是什么？我认为，就是在实践的基础上进行理论创新，又用党的创新理论去指导实践，在实践中实现文化理论创新和文化工作布局的有机统一。这就要求我们从两个方面理解和把握习近平文化思想的内涵，一个是"体"的方面，一个是"用"的方面。

第四，关于学习贯彻习近平文化思想的要求问题。

全国宣传思想文化工作会议对学习贯彻习近平文化思想提出了明确要求。这个要求概括起来就是三句话：一是深刻把握这一思想的重大意义；二是深刻把握这一思想的丰富内涵；三是深刻把握这一思想的实践要求。再进一步概括和提炼就是12个字：重大意义、丰富内涵、实践要求。

二、全面领会习近平文化思想的丰富内涵

习近平文化思想内涵丰富、博大精深，既有文化理论观点上的创新和突破，又有文化工作布局上的部署和要求，明体达用、体用贯通。怎样全面领会习近平文化思想的丰富内涵呢？在这里，我分别从"体"和"用"两个方面来进行梳理和解读。

首先是"体"。习近平文化思想的"体"，体现在习近平总书记关于文化理论观点的创新和突破上。概括起来讲，就是习近平总书记关于宣传思想文化工作在11个方面所作的重要论述。

第一，关于习近平总书记对坚持党的文化领导权的重要论述。坚持党的文化领导权是事关党和国家前途命运的大事。坚持党的文化领导权，是习近平总书记深刻总结党的历史经验、洞察时代发展大势提出来的，充分体现了对新时代文化地位作用的深刻认识，体现了对党的意识形态工作的科学把握。习近平总书记指出，意识形态关乎旗帜、关乎道路、关乎国家政治安全。"经济建设是党的中心工作，意识形态工作是党的一项极端重要的工作。面对改革发展稳定复杂局面和社会思想意识多元多样、媒体格局深刻变化，在集中精力进行经济建设的同时，一刻也不能放松和削弱意识形态工作，必须把意识形态工作的领导权、管理权、话语权牢牢掌握在手中，任何时候都不能旁落，否则就要犯无可挽回的历史性错误。"党管宣传、党管意识形态、党管媒体是坚持党的领导的重要方面，要"坚持政治家办报、办刊、办台、办新闻网站"。政治家办报，最早是毛泽东提出来的。1957年毛泽东对《人民日报》提出了政治家办报的要求。自此以后，党中央一直强调要政治家办报。习近平总书记根据形势和任务的发展变化，将政治家办报的要求扩展到办刊、办台、办新闻网站。他实际上强调的是党的文化领导权的问题，强调的是意识形态领域领导干部的政治素养和政治能力问题。习近平总书记指出："所有宣传思想部门和单位，所有宣传思想战线上的党员、干部，都要旗帜鲜明坚持党性原则。""坚持党性，核心就是坚持正确政治方向，站稳政治立场，坚定宣传党的理论和路线方针政策，坚定宣传中央重大工作部署，坚定宣传中央关于形势的重大分析判断，坚决同党中央保持高度一致，坚决维护党中央权威。""做到爱党、护党、为党"。他要求，要全面落实意识形态工作责任制，"各级党委要负起政治责任和领导责任,加强对宣传思想领域重大问题的分析研判和重大战略性任务的统筹指导","宣传思想战线的同志要履行好自己的神圣职责和光荣使命,以战斗的姿态、战士的担当,积极投身宣传思想领域斗争一线","要牢牢掌握意识形态工作领导权","建设具有强大凝聚力和引领力的社会主义意识形态"。习近平总书记的这些重要论述,深刻阐明了加强党对宣传思想文化工作领导的极端重要性,明确了做好宣传思想文化工作必须坚持的政治保证。

第二,关于习近平总书记对推动物质文明和精神文明协调发展的重要论述。推动物质文明和精神文明协调发展是坚持和发展中国特色社会主义的本质特征。立足中国特色社会主义事业发展全局,正确把握物质文明和精神文明的辩证关系,体现了对社会主义精神文明建设重要性和中国国情的深刻认识与全面把握。习近平总书记指出,实现中华民族伟大复兴的中国梦,物质财富要极大丰富,精神财富也要极大丰富。中国式现代化是物质文明和精神文明相协调的现代化。物质富足、精神富有是社会主义现代化的根本要求。物质贫困不是社会主义,精神贫乏也不是社会主义。他强调:"人无精神则不立,国无精神则不强。精神是一个民族赖以长久生存的灵魂,唯有精神上达到一定的高度,这个民族才能在历史的洪流中屹立不倒、奋勇向前。""我们要继续锲而不舍、一以贯之抓好社会主义精神文明建设,为全国各族人民不断前进提供坚强的思想保证、强大的精神力量、丰润的道德滋养。"他指出,我们不断厚植现代化的物质基础,不断夯实人民幸福生活的物质条件,同时大力发展社会主义先进文化,加强理想信念教育,传承中华文明,促进物的全面丰富和人的全面发展。他要求,"加强思想道德建设,深入实施公民道德建设工程,加强和改进思想政治工作,推进新时代文明实践中心建设,不断提升人民思想觉悟、道德水准、文明素养和全社会文明程度""深入开展群众性精神文明创建活动","深化文明城市、文明村镇、文明单位、文明家庭、文明校园创建工作,推进诚信建设和志愿服务制度化,提高全社会道德水平","深入挖掘、继承、创新优秀传统乡土文化,弘扬新风正气,推进移风易俗,培育文明乡风、良好家风、淳朴民风,焕发乡村文明新气象"。习近平总书记的这些重要论述,站在经济建设和上层建筑关系的哲学高度,深刻阐释了社会运动规律,深刻阐明了精神文明的重要作用,具有极为重要的本体论和认识论意义,为新时代坚持和发展中国特色社会主义、推进中国式现代化提供了科学指引。

第三,关于习近平总书记对"两个结合"的根本要求的重要论述。"两个结合"的根本要求拓展了中国特色社会主义文化发展道路。创造性提出并阐述"两个结合",揭示了开辟和发展中国特色社会主义的必由之路,也揭示了党推动理论创新和文化繁荣的必由之路。习近平总书记指出,新的征程上,我们必须"坚持把马克思主义基本原理同中国具体实际相结合、同中华优秀传统文化相结合"。这是习近平总书记在庆祝中国共产党成立100周年大会上的讲话中第一次提出来的。后来,他指出:"中国共产党人深刻认识到,只有把马克思主义基本原理同中国具体实际相结合、同中华优秀传统文化相结合,坚持运用辩证唯物主义和历史唯物主义,才能正确回答时代和实践提出的重大问题,才能始终保持马克思主义的蓬勃生机和旺盛活力。"他说,在5000多年中华文明深厚基础上开辟和发展中国特色社会主义，把马克思主义基本原理同中国具体实际、同中华优秀传统文化相结合是必由之路。"如果没有中华五千年文明，哪里有什么中国特色？如果不是中国特色，哪有我们今天这么成功的中国特色社会主义道路？"只有立足波澜壮阔的中华5000多年文明史，才能真正理解中国道路的历史必然、文化内涵与独特优势。他强调，历史正反两方面的经验表明，"两个结合"是我们取得成功的最大法宝。其一，"结合"的前提是彼此契合。马克思主义和中华优秀传统文化来源不同，但彼此存在高度的契合性。相互契合才能有机结合。正是在这个意义上，我们才说中国共产党既是马克思主义的坚定信仰者和践行者，又是中华优秀传统文化的忠实继承者和弘扬者。其二，"结合"的结果是互相成就。"结合"不是"拼盘"，不是简单的"物理反应"，而是深刻的"化学反应"，造就了一个有机统一的新的文化生命体。"第二个结合"让马克思主义成为中国的，中华优秀传统文化成为现代的，让经由"结合"而形成的新文化成为中国式现代化的文化形态。其三，"结合"筑牢了道路根基。我们的社会主义为什么不一样？为什么能够生机勃勃、充满活力？关键就在于中国特色。中国特色的关键就在于"两个结合"。中国式现代化赋予中华文明以现代力量，中华文明赋予中国式现代化以深厚底蕴。中华文明具有5个突出特性，这就是连续性、创新性、统一性、包容性、和平性。中华文明有国有史传承到今天5000多年，在全世界独一无二。我们说的世界欧亚大陆四大文明古国，除中国外，其他3个文明都中断了。20世纪20年代初发现哈拉帕遗址，才揭开了古印度文明的谜底。今天的印度文明同古印度文明是中断的、是没有联系的。古埃及文明与今天居住在埃及土地上的阿拉伯人也是没有任何关系的。中华文明则不然。今天我们阅读2000多年前的诸子百家尤其是孔子的《论语》、老子的《道德经》等的时候，是多么熟悉、多么亲切。其四，"结合"打开了创新空间。"结合"本身就是创新，同时又开启了广阔的理论和实践创新空间。"第二个结合"让我们掌握了思想和文化主动，并有力地作用于道路、理论和制度。"第二个结合"是又一次的思想解放，让我们能够在更广阔的文化空间中，充分运用中华优秀传统文化的宝贵资源，探索面向未来的理论和制度创新。其五，"结合"巩固了文化主体性。任何文化要立得住、行得远，要有引领力、凝聚力、塑造力、辐射力，就必须有自己的主体性。文化自信就来自我们的文化主体性。这一主体性是中国共产党带领中国人民在中国大地上建立起来的；是在创造性转化、创新性发展中华优秀传统文化，继承革命文化，发展社会主义先进文化的基础上，借鉴吸收人类一切优秀文明成果的基础上建立起来的；是通过把马克思主义基本原理同中国具体实际、同中华优秀传统文化相结合建立起来的。创立习近平新时代中国特色社会主义思想就是这一文化主体性的最有力体现。习近平总书记的这些重要论述，充分表明我们党对中国道路、中国理论、中国制度的认识进一步升华，拓展了中国特色社会主义道路的文化根基。

第四，关于习近平总书记对新的文化使命的重要论述。新的文化使命彰显了我们党促进中华文化繁荣、创造人类文明新形态的历史担当。在强国建设、民族复兴伟业深入推进的关键时刻，高瞻远瞩提出新的文化使命，具有强大感召力和引领力。习近平总书记指出，"做好新形势下宣传思想工作，必须自觉承担起举旗帜、聚民心、育新人、兴文化、展形象的使命任务"，"巩固马克思主义在意识形态领域的指导地位、巩固全党全国各族人民团结奋斗的共同思想基础"。在新的起点上继续推动文化繁荣、建设文化强国，是我们在新时代新的文化使命。他强调，要坚持中国特色社会主义文化发展道路，发展社会主义先进文化，弘扬革命文化，传承中华优秀传统文化，激发全民族文化创新创造活力，增强实现中华民族伟大复兴的精神力量。他说："中国特色社会主义文化，源自于中华民族五千多年文明历史所孕育的中华优秀传统文化，熔铸于党领导人民在革命、建设、改革中创造的革命文化和社会主义先进文化，植根于中国特色社会主义伟大实践。发展中国特色社会主义文化，就是以马克思主义为指导，坚守中华文化立场，立足当代中国现实，结合当今时代条件，发展面向现代化、面向世界、面向未来的，民族的科学的大众的社会主义文化，推动社会主义精神文明和物质文明协调发展。要坚持为人民服务、为社会主义服务，坚持百花齐放、百家争鸣，坚持创造性转化、创新性发展，不断铸就中华文化新辉煌。"他强调："对历史最好的继承就是创造新的历史，对人类文明最大的礼敬就是创造人类文明新形态。"他要求，新时代的文化工作者必须以守正创新的正气和锐气，赓续历史文脉、谱写当代华章。习近平总书记的这些重要论述，强调了新的文化使命是新时代新征程党的使命任务对文化发展的必然要求，落脚点是铸就社会主义文化新辉煌。

第五，关于习近平总书记对坚定文化自信的重要论述。坚定文化自信，是事关国运兴衰、事关文化安全、事关民族精神独立性的大问题。习近平总书记指出："一个国家、一个民族的强盛，总是以文化兴盛为支撑的，中华民族伟大复兴需要以中华文化发展繁荣为条件。""我们说要坚定中国特色社会主义道路自信、理论自信、制度自信,说到底是要坚定文化自信。""文化自信,是更基础、更广泛、更深厚的自信,是更基本、更深沉、更持久的力量。"他强调:"中华文明历经数千年而绵延不绝、迭遭忧患而经久不衰,这是人类文明的奇迹,也是我们自信的底气。坚定文化自信,就是坚持走自己的路。坚定文化自信的首要任务,就是立足中华民族伟大历史实践和当代实践,用中国道理总结好中国经验,把中国经验提升为中国理论,既不盲从各种教条,也不照搬外国理论,实现精神上的独立自主。要把文化自信融入全民族的精神气质与文化品格中,养成昂扬向上的风貌和理性平和的心态。"习近平总书记的这些重要论述,深刻阐明了文化自信的特殊重要性,彰显了我们党高度的文化自觉和文化担当,把我们党对文化地位和作用的认识提升到一个新高度。

第六,关于习近平总书记对培育和践行社会主义核心价值观的重要论述。培育和践行社会主义核心价值观是凝魂聚气、强基固本的基础工程。坚持以德树人、以文化人,是习近平总书记始终念兹在兹、谆谆教诲的一件大事。习近平总书记指出:"人类社会发展的历史表明,对一个民族、一个国家来说,最持久、最深层的力量是全社会共同认可的核心价值观。核心价值观,承载着一个民族、一个国家的精神追求,体现着一个社会评判是非曲直的价值标准。""核心价值观是一个国家的重要稳定器,能否构建具有强大感召力的核心价值观,关系社会和谐稳定,关系国家长治久安。""如果没有共同的核心价值观,一个民族、一个国家就会魂无定所、行无依归。"他指出:"我们提出要倡导富强、民主、文明、和谐,倡导自由、平等、公正、法治,倡导爱国、敬业、诚信、友善,积极培育和践行社会主义核心价值观。富强、民主、文明、和谐是国家层面的价值要求，自由、平等、公正、法治是社会层面的价值要求，爱国、敬业、诚信、友善是公民层面的价值要求。这个概括，实际上回答了我们要建设什么样的国家、建设什么样的社会、培育什么样的公民的重大问题。"他强调："核心价值观的养成绝非一日之功，要坚持由易到难、由近及远，努力把核心价值观的要求变成日常的行为准则，进而形成自觉奉行的信念理念。""要注意把社会主义核心价值观日常化、具体化、形象化、生活化，使每个人都能感知它、领悟它，内化为精神追求，外化为实际行动，做到明大德、守公德、严私德。"他要求，弘扬以伟大建党精神为源头的中国共产党人精神谱系，用好红色资源。"要以培养担当民族复兴大任的时代新人为着眼点，强化教育引导、实践养成、制度保障，发挥社会主义核心价值观对国民教育、精神文明创建、精神文化产品创作生产传播的引领作用，把社会主义核心价值观融入社会发展各方面，转化为人们的情感认同和行为习惯。坚持全民行动、干部带头，从家庭做起，从娃娃抓起。深入挖掘中华优秀传统文化蕴含的思想观念、人文精神、道德规范，结合时代要求继承创新，让中华文化展现出永久魅力和时代风采。"习近平总书记的这些重要论述，深刻阐明了中国特色社会主义文化建设的一项根本任务，明确了推进社会主义核心价值观建设的重点和着力点。

第七，关于习近平总书记对掌握信息化条件下舆论主导权、广泛凝聚社会共识的重要论述。掌握信息化条件下舆论主导权、广泛凝聚社会共识是巩固壮大主流思想文化的必然要求。习近平总书记站在时代和科技前沿，对如何做好信息化条件下宣传思想文化工作进行了深邃思考。习近平总书记指出，当今世界，一场新的全方位综合国力竞争正在全球展开。能不能适应和引领互联网发展,成为决定大国兴衰的一个关键。世界各大国均把信息化作为国家战略重点和优先发展方向,围绕网络空间发展主导权、制网权的争夺日趋激烈,世界权力图谱因信息化而被重新绘制,互联网成为影响世界的重要力量。当今世界,谁掌握了互联网,谁就把握住了时代主动权;谁轻视互联网,谁就会被时代所抛弃。一定程度上可以说,得网络者得天下。他深刻指出:"没有网络安全就没有国家安全,没有信息化就没有现代化,网络安全和信息化事关党的长期执政,事关国家长治久安,事关经济社会发展和人民群众福祉,过不了互联网这一关,就过不了长期执政这一关,要把网信工作摆在党和国家事业全局中来谋划,切实加强党的集中统一领导。"网络空间是亿万民众共同的精神家园。网络空间天朗气清、生态良好,符合人民利益。网络空间乌烟瘴气、生态恶化,不符合人民利益。互联网已经成为舆论斗争的主战场。在互联网这个战场上,我们能否顶得住、打得赢,直接关系我国意识形态安全和政权安全。他特别提出:"管好用好互联网,是新形势下掌控新闻舆论阵地的关键,重点要解决好谁来管、怎么管的问题。"我们必须科学认识网络传播规律,准确把握网上舆情生成演化机理,不断推进工作理念、方法手段、载体渠道、制度机制创新,提高用网治网水平,使互联网这个最大变量变成事业发展的最大增量。"我们要本着对社会负责、对人民负责的态度,依法加强网络空间治理,加强网络内容建设,做强网上正面宣传,培育积极健康、向上向善的网络文化,用社会主义核心价值观和人类优秀文明成果滋养人心、滋养社会,做到正能量充沛、主旋律高昂,为广大网民特别是青少年营造一个风清气正的网络空间。""随着 5G、大数据、云计算、物联网、人工智能等技术不断发展,移动媒体将进入加速发展新阶段。要坚持移动优先策略,建设好自己的移动传播平台,管好用好商业化、社会化的互联网平台,让主流媒体借助移动传播,牢牢占据舆论引导、思想引领、文化传承、服务人民的传播制高点。"习近平总书记的这些重要论述,是我们党对信息化时代新闻传播规律的深刻总结,明确了做好党的新闻舆论工作的原则要求和方法路径。

第八,关于习近平总书记对以人民为中心的工作导向的重要论述。以人民为中心的工作导向体现了我们党领导和推动文化建设的鲜明立场。新时代以来宣传思想文化改革发展历程,贯穿着以人民为中心的鲜明主线,充分展现了习近平总书记深厚的人民情怀。习近平总书记指出,"人民性是马克思主义的本质属性","人民立场是中国共产党的根本政治立场","中国共产党的根本宗旨是全心全意为人民服务"。宣传思想文化工作必须坚持以人民为中心的工作导向。他强调:"文艺要反映好人民心声,就要坚持为人民服务、为社会主义服务这个根本方向。""以人民为中心,就是要把满足人民精神文化需求作为文艺和文艺工作的出发点和落脚点,把人民作为文艺表现的主体,把人民作为文艺审美的鉴赏家和评判者,把为人民服务作为文艺工作者的天职。"他强调,哲学社会科学研究要"坚持以马克思主义为指导,核心要解决好为什么人的问题。为什么人的问题是哲学社会科学研究的根本性、原则性问题。我国哲学社会科学为谁著书、为谁立说,是为少数人服务还是为绝大多数人服务,是必须搞清楚的问题"。他指出:"我们的党是全心全意为人民服务的党,我们的国家是人民当家作主的国家,党和国家一切工作的出发点和落脚点是实现好、维护好、发展好最广大人民根本利益。我国哲学社会科学要有所作为，就必须坚持以人民为中心的研究导向。脱离了人民，哲学社会科学就不会有吸引力、感染力、影响力、生命力。我国广大哲学社会科学工作者要坚持人民是历史创造者的观点，树立为人民做学问的理想，尊重人民主体地位，聚焦人民实践创造，自觉把个人学术追求同国家和民族发展紧紧联系在一起，努力多出经得起实践、人民、历史检验的研究成果。"习近平总书记的这些重要论述，深刻回答了文化为什么人的问题，彰显了党的性质宗旨和初心使命。

第九，关于习近平总书记对保护历史文化遗产的重要论述。保护历史文化遗产是推动文化传承发展的重要基础。历史文化遗产承载着中华民族的基因和血脉。习近平总书记对文化遗产保护高度重视，展现了强烈的文明担当、深沉的文化情怀。习近平总书记指出，中华文明探源工程等重大工程的研究成果，实证了我国百万年的人类史、一万年的文化史、5000多年的文明史。中华文明探源工程是国家"十五"重点科技攻关项目，以多学科结合，研究中国历史和古代文化。这个项目进行了10多年。2018年5月28日，国务院新闻办召开成果发布会，证实：中华文明的起源和早期发展是一个多元一体的过程，在长期交流互动中相互促进、取长补短、兼收并蓄，最终融汇凝聚出以夏代中晚期河南洛阳偃师二里头文化为代表的文明核心，开启了夏商周三代文明。近代以来，受西方史学影响，我国史学界对三皇五帝和夏商西周历史的真实性提出了质疑。著名历史学家顾颉刚先生就写过这方面的文章。中华文明探源工程给出了明确回答。斟鄩城距今4000多年，号称华夏第一王都。原来西方确定的文明三要素是：城市、文字、冶金。中华文明探源工程提出了中国的文明标准，确定的三要素是：城市、阶级、王权和国家，从而实证了我国5000多年的文明史。2023年12月9日，国家文物局举办新闻发布会，发布中华文明探源工程最新成果。认为大约从距今5800年开始，中华大地进入文明起源的加速阶段，可将距今5800年至距今3500年划分为古国时代和王朝时代两个时代。其中，古国时代可进一步细分为三个小阶段。与中华文明探源工程第四阶段相比，对古国时代文明内涵的认识更加深化。习近平总书记指出，历史文化遗产"不仅属于我们这一代人，也属于子孙万代"。"革命文物承载党和人民英勇奋斗的光荣历史，记载中国革命的伟大历程和感人事迹，是党和国家的宝贵财富，是弘扬革命传统和革命文化、加强社会主义精神文明建设、激发爱国热情、振奋民族精神的生动教材。"中华文化是我们提高国家文化软实力最深厚的源泉，是我们提高国家文化软实力的重要途径。要使中华民族最基本的文化基因与当代文化相适应、与现代社会相协调，以人们喜闻乐见、具有广泛参与性的方式推广开来，把跨越时空、超越国度、富有永恒魅力、具有当代价值的文化精神弘扬起来，把继承中华优秀传统文化又弘扬时代精神、立足本国又面向世界的当代中国文化创新成果传播出去。要系统梳理传统文化资源，让收藏在禁宫里的文物、陈列在广阔大地上的遗产、书写在古籍里的文字都活起来。"要敬畏历史、敬畏文化、敬畏生态，全面保护好历史文化遗产，统筹好旅游发展、特色经营、古城保护，筑牢文物安全底线，守护好前人留给我们的宝贵财富。"他指出："不忘历史才能开辟未来，善于继承才能善于创新。优秀传统文化是一个国家、一个民族传承和发展的根本，如果丢掉了，就割断了精神命脉。我们要善于把弘扬优秀传统文化和发展现实文化有机统一起来，紧密结合起来，在继承中发展，在发展中继承。传统文化在其形成和发展过程中，不可避免会受到当时人们的认识水平、时代条件、社会制度的局限性的制约和影响，因而也不可避免会存在陈旧过时或已成为糟粕性的东西。这就要求人们在学习、研究、应用传统文化时坚持古为今用、推陈出新，结合新的实践和时代要求进行正确取舍，而不能一股脑儿都拿到今天来照套照用。"他强调，要坚持古为今用、以古鉴今，坚持有鉴别的对待、有扬弃的继承，而不能搞厚古薄今、以古非今，努力实现传统文化的创造性转化、创新性发展，使之与现实文化相融相通，共同服务以文化人的时代任务。他要求："各级党委和政府要增强对历史文物的敬畏之心，树立保护文物也是政绩的科学理念，统筹好文物保护与经济社会发展，全面贯彻'保护为主、抢救第一、合理利用、加强管理'的工作方针，切实加大文物保护力度，推进文物合理适度利用，使文物保护成果更多惠及人民群众。各级文物部门要不辱使命，守土尽责，提高素质能力和依法管理水平，广泛动员社会力量参与，努力走出一条符合国情的文物保护利用之路，为实现'两个一百年'奋斗目标、实现中华民族伟大复兴的中国梦作出更大贡献。"习近平总书记的这些重要论述，体现了马克思主义历史观，宣示了我们党对待民族历史文化的基本态度。

第十，关于习近平总书记对构建中国话语和中国叙事体系的重要论述。构建中国话语和中国叙事体系体现了我们党提高国家文化软实力、占据国际道义制高点的战略谋划。习近平总书记提出增强我国国际话语权的重要任务并将其摆在突出位置，体现了他宽广的世界眼光和高超的战略思维。习近平总书记指出，要"增强中华文明传播力影响力。坚守中华文化立场，提炼展示中华文明的精神标识和文化精髓，加快构建中国话语和中国叙事体系，讲好中国故事、传播好中国声音，展现可信、可爱、可敬的中国形象"，"要讲清楚中国是什么样的文明和什么样的国家，讲清楚中国人的宇宙观、天下观、社会观、道德观，展现中华文明的悠久历史和人文底蕴，促使世界读懂中国、读懂中国人民、读懂中国共产党、读懂中华民族"。他认为，讲故事，是国际传播的最佳方式。要讲好中国特色社会主义的故事，讲好中国梦的故事，讲好中国人的故事，讲好中华优秀传统文化的故事，讲好中国和平发展的故事。讲故事就是讲事实、讲形象、讲情感、讲道理，讲事实才能说服人，讲形象才能打动人，讲情感才能感染人，讲道理才能影响人。2017年年底，中央对外联络部安排我到塞浦路斯宣介党的十九大精神。我与塞浦路斯劳动人民进步党总书记交流时，讲了习近平总书记2013年11月3日到湖南省湘西土家族苗族自治州花垣县排碧乡（已撤销，今属双龙镇）十八洞村考察调研的故事。我说，习近平总书记到苗族老大娘石爬专家里看望。因为她家里没有电视机，不认得习近平总书记，问习近平总书记该怎么称呼时，习近平总书记回答："我是人民的勤务员。"我讲完这个故事时，我看见，塞浦路斯劳动人民进步党总书记的眼睛湿润了，看得出他十分激动。习近平总书记要求，要组织各种精彩、精炼的故事载体，把中国道路、中国理论、中国制度、中国精神、中国力量寓于其中，使人想听爱听，听有所思，听有所得。要创新对外话语表达方式，研究国外不同受众的习惯和特点，采用融通中外的概念、范畴、表述，把我们想讲的和国外受众想听的结合起来,把"陈情"和"说理"结合起来,把"自己讲"和"别人讲"结合起来,使故事更多为国际社会和海外受众所认同。要加强国际传播能力建设,全面提升国际传播效能,形成同我国综合国力和国际地位相匹配的国际话语权。要推动中华文化更好走向世界。要完善人文交流机制,创新人文交流方式,发挥各地区各部门各方面作用,综合运用大众传播、群体传播、人际传播等多种方式展示中华文化魅力。习近平总书记的这些重要论述,既是思想理念又是工作方法,指明了提升国家文化软实力的关键点和着力点。

第十一,关于习近平总书记对促进文明交流互鉴的重要论述。促进文明交流互鉴彰显了中国共产党人开放包容的胸襟格局。习近平总书记提出弘扬全人类共同价值、落实全球文明倡议等重要理念、重大主张,着眼的就是开放包容,为推动人类文明进步、应对全球共同挑战提供了战略指引。习近平总书记指出:"文明没有高下、优劣之分,只有特色、地域之别。""每一种文明都扎根于自己的生存土壤,凝聚着一个国家、一个民族的非凡智慧和精神追求,都有自己存在的价值。""历史告诉我们,只有交流互鉴,一种文明才能充满生命力。""文明因交流而多彩,文明因互鉴而丰富。文明交流互鉴,是推动人类文明进步和世界和平发展的重要动力。"我们常说,一花独放不是春,百花齐放春满园。推动文明交流互鉴,可以丰富人类文明的色彩,让各国人民享受更富内涵的精神生活、开创更有选择的未来。他强调:"我们应该推动不同文明相互尊重、和谐共处,让文明交流互鉴成为增进各国人民友谊的桥梁、推动人类社会进步的动力、维护世界和平的纽带。我们应该从不同文明中寻求智慧、汲取营养,为人们提供精神支撑和心灵慰藉,携手解决人类共同面临的各种挑战。"坚持美人之美、美美与共。"各美其美、美人之美，美美与共、天下大同"，是我国社会学家费孝通先生1990年在东亚社会学研究研讨会上发言后写下的16个字，表达了对人类学前途的瞻望。我们党将这个提法应用到了全世界各个国家和人民应该对各个文明采取的原则和态度上。习近平总书记指出，要担负起凝聚共识的责任，坚守和弘扬全人类共同价值。本着对人类前途命运高度负责的态度，做全人类共同价值的倡导者，以宽广胸怀理解不同文明对价值内涵的认识，尊重不同国家人民对价值实现路径的探索，把全人类共同价值具体地、现实地体现到实现本国人民利益的实践中去。他特别指出："在各国前途命运紧密相连的今天，不同文明包容共存、交流互鉴，在推动人类社会现代化进程、繁荣世界文明百花园中具有不可替代的作用。"美国政治学家塞缪尔·亨廷顿1996年出版了《文明的冲突与世界秩序的重建》一书。他认为，冷战后主宰世界的是"文明的冲突"。他看到了世界存在的问题，但作出的解读和提出的应对策略是不对的。习近平总书记2023年3月在中国共产党与世界政党高层对话会上提出了全球文明倡议："共同倡导尊重世界文明多样性"，"共同倡导弘扬全人类共同价值"，"共同倡导重视文明传承和创新"，"共同倡导加强国际人文交流合作"。习近平总书记的这些重要论述，深刻揭示了人类文明发展的基本规律，体现了我们大党大国的天下情怀和责任担当。

以上习近平总书记关于宣传思想文化工作的重要论述，构成了习近平文化思想理论体系的"四梁八柱"，是习近平文化思想的"体"。

其次是"用"。习近平文化思想的"用"，体现在习近平总书记关于文化工作布局的部署和要求上。具体地讲，就是党的十八大以来，习近平总书记对宣传思想文化工作进行了16个方面的谋划和部署。

第一，习近平总书记提出，健全用党的创新理论武装全党、教育人民、指导实践工作体系，推动习近平新时代中国特色社会主义思想深入人心。这里谋划和部署的是理论工作。

第二，习近平总书记提出，全面落实意识形态工作责任制，发扬敢于斗争的精神，增强善于斗争的能力。这里谋划和部署的是意识形态工作责任制的工作。

第三，习近平总书记提出，推动理想信念教育常态化制度化，传承红色基因、赓续红色血脉，广泛开展坚持中国特色社会主义和中国梦的宣传教育。这里谋划和部署的是宣传教育工作。

第四，习近平总书记提出，要把社会主义核心价值观融入法治建设、融入社会发展、融入日常生活，深入实施公民道德建设工程，做好学校思想政治工作，统筹推动文明培育、文明实践、文明创建。这里谋划和部署的是思想政治工作和精神文明建设工作。

第五，习近平总书记提出，加快构建中国特色哲学社会科学，阐释中国道路、解读中国实践、构建中国理论。这里谋划和部署的是哲学社会科学研究工作。

第六，习近平总书记提出，坚持导向为魂、移动为先、内容为王、创新为要，打造新型传播平台，建成新型主流媒体，加快构建融为一体、合而为一的全媒体传播格局。这里谋划和部署的是新闻舆论工作。

第七，习近平总书记提出，健全网络综合治理体系，推动形成良好网络生态，营造风清气正的网络空间。这里谋划和部署的是网信工作。

第八，习近平总书记提出，必须把创作生产优秀作品作为文艺工作的中心环节，推出更多同新时代相匹配的文化精品。这里谋划和部署的是文艺工作。

第九，习近平总书记提出，深化文化体制改革，健全现代公共文化服务体系，健全现代文化产业体系和市场体系，推进文化和旅游深度融合发展。这里谋划和部署的是文化体制改革和文化旅游工作。

第十，习近平总书记提出，加强对中华优秀传统文化的挖掘和阐发，让中华文化展现出永久魅力和时代风采。这里谋划和部署的是中华优秀传统文化挖掘和阐发的工作。

第十一，习近平总书记提出，贯彻落实坚持保护第一、加强管理、挖掘价值、有效利用、让文物活起来的工作要求，积极推进文物保护利用和文化遗产保护传承。这里谋划和部署的是文物工作。

第十二，习近平总书记提出，全面推进中华民族共有精神家园建设，推动各民族树立正确的国家观、历史观、民族观、文化观、宗教观。这里谋划和部署的是中华民族共有精神家园建设的工作。

第十三，习近平总书记提出，坚持我国宗教中国化方向，积极引导宗教和社会主义社会相适应。这里谋划和部署的是我国宗教中国化方向的工作。

第十四，习近平总书记提出，加强国际传播能力建设，构建具有鲜明中国特色的战略传播体系，全面提升国际传播效能。这里谋划和部署的是外宣工作。

第十五，习近平总书记提出，深化文明交流互鉴，推动不同文明相互尊重、和谐共处，营造多元互动、百花齐放的人文交流局面，推动中华文化更好走向世界。这里谋划和部署的是中华文明对外交流互鉴的工作。

第十六，习近平总书记提出，不断增强脚力、眼力、脑力、笔力，努力打造一支政治过硬、本领高强、求实创新、能打胜仗的宣传思想工作队伍。这里谋划和部署的是宣传思想文化工作的队伍建设工作。

以上这16个方面，基本涉及了宣传思想文化工作的各个领域、各个方面，或者说方方面面，涉及理论舆论、内宣外宣、文化文艺、网上网下、队伍阵地等。这些谋划和部署，明确了新时代文化建设的路线图和任务书，为推进文化强国建设提供了全面指引。

那么，习近平文化思想的世界观、方法论和贯穿其中的立场观点方法是什么呢？党的二十大报告将习近平新时代中国特色社会主义思想的世界观、方法论和贯穿其中的立场观点方法提炼概括总结为"六个必须坚持"。这就是：必须坚持人民至上、必须坚持自信自立、必须坚持守正创新、必须坚持问题导向、必须坚持系统观念、必须坚持胸怀天下。习近平文化思想是习近平新时代中国特色社会主义思想的文化篇。毫无疑问，这"六个必须坚持"就是习近平文化思想的世界观、方法论和贯穿其中的立场观点方法。

习近平文化思想是一个不断展开的、开放式的思想体系，必将随着实践深入不断丰富发展。这是全国宣传思想文化工作会议特别提出和强调的一个问题。所以，我们学习领会习近平文化思想，必须全面系统学，及时跟进学，将习近平总书记关于宣传思想文化工作的重要论述和对宣传思想文化工作的谋划与部署作为一个整体来认识和把握，在深入学习领会中，结合工作实际创造性地抓好贯彻落实。

（原载《党委中心组学习》2023 年第 6 期）

深入学习贯彻习近平生态文明思想

生态文明建设是关乎中华民族永续发展的根本大计。习近平总书记传承中华优秀传统文化、顺应时代潮流和人民意愿,站在坚持和发展中国特色社会主义、实现中华民族伟大复兴中国梦的战略高度,围绕生态文明建设发表一系列重要论述,深刻回答了为什么建设生态文明、建设什么样的生态文明、怎样建设生态文明等重大理论和实践问题,形成了习近平生态文明思想。习近平生态文明思想是习近平总书记立足我国生态文明建设实践形成的原创性理论成果,运用马克思主义立场观点方法,聚焦新时代命题,凝结新思想精华,具有气度恢宏、系统完备、精辟透彻的理论特色,为推进美丽中国建设、实现人与自然和谐共生的现代化提供了方向指引和根本遵循。

一、坚持和加强党对生态文明建设的全面领导

中国特色社会主义最本质的特征是中国共产党领导,中国特色社会主义制度的最大优势是中国共产党领导。习近平总书记指出,要充分发挥党的领导和我国社会主义制度能够集中力量办大事的政治优势,加大力度推进生态文明建设、解决生态环境问题。我国生态文明建设和生态环境保护之所以取得历史性成就、发生历史

性变革，根本在于以习近平同志为核心的党中央的坚强领导，在于习近平生态文明思想的科学指引。

党的十八大以来，习近平总书记以前所未有的力度抓生态文明建设，从思想、法律、体制、组织、作风上全面发力，加强顶层设计，从"国之大者"的高度对生态文明建设作出一系列重大战略部署。在"五位一体"总体布局中，生态文明建设是其中一位；在新时代坚持和发展中国特色社会主义的基本方略中，坚持人与自然和谐共生是其中一条；在新发展理念中，绿色是其中一项；在三大攻坚战中，污染防治是其中一战；在到本世纪中叶建成社会主义现代化强国目标中，美丽中国是其中一个。特别是打好污染防治攻坚战时间紧、任务重、难度大，是一场大仗、硬仗、苦仗，必须加强党的领导。这一系列根本性、开创性、长远性工作，明确了生态文明建设在党和国家事业发展全局中的重要地位，全方位、全地域、全过程加强生态环境保护，推动我国生态环境保护发生历史性、转折性、全局性变化。

经过不懈努力，我国生态环境质量总体上持续好转，出现了稳中向好趋势，但成效并不稳固。生态文明建设正处于压力叠加、负重前行的关键期，已进入提供更多优质生态产品以满足人民日益增长的优美生态环境需要的攻坚期，也到了有条件有能力解决生态环境突出问题的窗口期。如果现在不抓紧，将来解决起来难度会更高、代价会更大、后果会更重。我们必须咬紧牙关，爬过这个坡，迈过这道坎。习近平总书记指出，保护好生态环境，是"国之大者"。各地区各部门要增强"四个意识"，坚决维护党中央权威和集中统一领导，坚决担负起生态文明建设的政治责任，全面贯彻落实党中央决策部署。地方各级党委和政府主要领导是本行政区域生态环境保护第一责任人,对本行政区域的生态环境质量负总责;各相关部门要履行好生态环境保护职责,坚决做到令行禁止,压实各级责任,层层抓落实。逐步建立健全党委领导、政府主导、企业主体、社会组织和公众共同参与的现代环境治理体系,确保党中央关于生态文明建设各项决策部署落地见效。

二、不断满足人民日益增长的优美生态环境需要

人民对美好生活的向往是我们党的奋斗目标,解决人民最关心最直接最现实的利益问题是执政党使命所在。习近平总书记指出,人民群众对清新空气、干净饮水、安全食品、优美环境的要求越来越强烈,我们要积极回应人民群众所想、所盼、所急,大力推进生态文明建设,提供更多优质生态产品,不断满足人民日益增长的优美生态环境需要。习近平生态文明思想贯穿着坚持以人民为中心的发展思想,体现了党的理想信念、性质宗旨、初心使命。

人民立场是习近平生态文明思想的根本立场和根本价值取向。习近平总书记指出,生态环境是关系党的使命宗旨的重大政治问题,也是关系民生的重大社会问题。中国特色社会主义进入新时代,我国社会主要矛盾转化为人民日益增长的美好生活需要和不平衡不充分的发展之间的矛盾,人民群众对优美生态环境的需要已经成为这一矛盾的重要方面,广大人民群众热切期盼加快提高生态环境质量。要以对人民群众、对子孙后代高度负责的态度和责任,把生态文明建设作为重大民生实事紧紧抓在手上。

环境就是民生，青山就是美丽，蓝天也是幸福。习近平总书记指出，良好生态环境是最公平的公共产品，是最普惠的民生福祉。要坚持生态惠民、生态利民、生态为民，加快改善生态环境质量。要以人为本开展生态环境工作，让良好生态环境成为人民生活的增长点，让老百姓呼吸上新鲜的空气、喝上干净的水、吃上放心的食物、生活在宜居的环境中、切实感受到经济发展带来的实实在在的环境效益。习近平总书记强调，生态文明是人民群众共同参与共同建设共同享有的事业，美丽中国建设离不开每一个人的努力，要把建设美丽中国转化为全体人民自觉行动。每个人都是生态环境的保护者、建设者、受益者，要牢固树立尊重自然、顺应自然、保护自然的生态文明理念，增强全民节约意识、环保意识、生态意识，倡导简约适度、绿色低碳的生活方式，开展全民绿色行动，普遍推行垃圾分类制度，动员全社会以实际行动为生态环境保护作出贡献。

三、深化对人与自然生命共同体的规律性认识

人与自然是生命共同体，人类必须尊重自然、顺应自然、保护自然。习近平总书记指出，人因自然而生，人与自然是一种共生关系，对自然的伤害最终会伤及人类自身。习近平生态文明思想，使我们党对生态文明建设的规律性认识和把握，达到了一个新高度，开辟了一个新境界。

习近平总书记在纪念马克思诞辰200周年大会上强调，"学习马克思，就要学习和实践马克思主义关于人与自然关系的思想"。马克思认为，人是自然界的一部分。恩格斯也指出，必须"认识到自

身和自然界的一体性"。中华文明孕育着丰富的生态文化，积淀了丰富的生态智慧，积累了丰富的生态文明思想。《老子》《孟子》等中国古代典籍中也有许多关于"天人合一""道法自然"的记述，体现了把自然生态同人类文明联系起来的观念。习近平总书记强调，自然是生命之母，大自然是包括人在内一切生物的摇篮，是人类赖以生存发展的基本条件。人类可以利用自然、改造自然，但归根结底是自然的一部分。只有尊重自然规律，才能有效防止在开发利用自然上走弯路。要站在人与自然和谐共生的高度来谋划经济社会发展，推动建设人与自然和谐共生的现代化。人与自然是生命共同体、坚持人与自然和谐共生等重要理论观点，既体现着马克思主义在当代中国的运用和发展，也体现着中华优秀传统文化在新时代的传承与弘扬，是推进生态文明建设理论创新的重要成果。

习近平生态文明思想善于运用辩证思维这一马克思主义科学方法论。绿水青山就是金山银山等理念深刻揭示了保护生态环境就是保护生产力、改善生态环境就是发展生产力的道理，深刻阐明了生态环境保护和经济发展是辩证统一、相辅相成的关系，充分体现了对辩证唯物主义科学方法的准确把握和自觉运用。习近平总书记指出，我们既要绿水青山，也要金山银山。宁要绿水青山，不要金山银山，而且绿水青山就是金山银山。绿水青山和金山银山决不是对立的，关键在人，关键在思路。绿水青山既是自然财富，又是经济财富。只要坚持生态优先、绿色发展，锲而不舍，久久为功，就一定能把绿水青山变成金山银山。生态环境投入是关系经济社会高质量发展、可持续发展的基础性、战略性投入，保护生态环境就是保护自然价值和增值自然资本，就是保护经济社会发展潜力和后劲，使绿水青山持续发挥生态效益和经济社会效益。要切实把生态文明的理念、原则、目标融入经济社会发展各方面，坚持在发展中保护、在保护中发展，实现经济社会发展与人口、资源、环境相协调，使绿水青山产生巨大生态效益、经济效益、社会效益。

四、坚持生态环境保护标本兼治、常抓不懈

习近平总书记指出，要以解决生态环境领域突出问题为导向，既下大气力解决当前突出问题，又探索建立长久管用、能调动各方面积极性的体制机制，改善环境质量，保护人民健康，让城乡环境更宜居、人民生活更美好。习近平生态文明思想坚持以重大问题为导向，把解决实际问题作为打开工作局面的突破口，着力推动解决我国生态环境保护面临的一系列突出矛盾和问题。

解决好人民群众反映强烈的突出环境问题，既是改善环境、民生的迫切需要，也是加强生态文明建设的当务之急。一段时间里，我国的重污染天气、黑臭水体、垃圾围城、农村环境成为民心之痛、民生之患，严重影响人民群众生产生活，老百姓意见大、怨言多，甚至成为诱发社会不稳定的重要因素。习近平总书记反复强调正确处理突出生态环境问题与民生的关系，要聚焦人民群众反映强烈的大气、水、土壤污染等问题，坚决打好打胜污染防治攻坚战，下大气力一个战役一个战役打，让老百姓实实在在感受到生态环境质量改善。

发现问题是前提，分析问题见功力，解决问题显本领。中国共产党人干革命、搞建设、抓改革，从来都是为了解决中国的现实问题。习近平生态文明思想明确有效破解问题的主攻方向，指导全局工作，引领事业全面发展，强调贯彻创新、协调、绿色、开放、共享的新发

展理念,加快形成节约资源和保护环境的空间格局、产业结构、生产方式、生活方式,把经济活动、人的行为限制在自然资源和生态环境能够承受的限度内,给自然生态留下休养生息的时间和空间。习近平总书记指出,生态环境问题归根到底是发展方式和生活方式问题。加快形成绿色发展方式,是解决污染问题的根本之策。发展经济不能对资源和生态环境竭泽而渔,生态环境保护也不是舍弃经济发展而缘木求鱼,要把推动形成绿色发展方式和生活方式摆在更加突出的位置,全方位、全地域、全过程开展生态环境保护建设。

突出问题导向,要求具有强烈的忧患意识,提高底线思维能力,着力防范化解重大风险。这是习近平生态文明思想的突出理论特点。习近平总书记指出,生态环境安全是经济社会持续健康发展的重要保障。要始终保持高度警觉,防止各类生态环境风险积聚扩散,做好应对任何形式生态环境风险挑战的准备。必须统筹发展和安全两件大事,提高风险防范和应对能力,加快建立健全以生态系统良性循环和环境风险有效防控为重点的生态安全体系。习近平总书记尤其重视坚持底线思维、一以贯之防范风险挑战,强调必须坚持底线思维,打好污染防治攻坚战,既要打攻坚战,也要打持久战;要加快划定并严守生态保护红线、环境质量底线、资源利用上线三条红线;要处理好发展和保护、利用和修复的关系,决不能逾越生态安全的底线。习近平总书记指出,要用最严格的制度、最严密的法治保护生态环境,坚持源头严防、过程严管、后果严惩,治标治本多管齐下。对突破三条红线、仍然沿用粗放增长模式、吃祖宗饭砸子孙碗的事,绝对不能再干,绝对不允许再干。要为自然守住安全边界和底线,形成人与自然和谐共生的格局。

五、把系统观念贯穿生态环境保护全过程

生态文明建设功在当代、利在千秋。习近平生态文明思想坚持大历史观,以高度负责的态度和责任,为中华民族永续发展谋,为子孙后代美好未来计。习近平总书记指出,在我国经济由高速增长阶段转向高质量发展阶段过程中,污染防治和环境治理是需要跨越的一道重要关口。我们必须咬紧牙关,爬过这个坡,迈过这道坎。要保持加强生态环境保护建设的定力,不动摇、不松劲、不开口子。

生态系统保护和修复、生态环境根本改善不可能一蹴而就,需要付出长期艰苦努力,必须锲而不舍、驰而不息。习近平总书记指出,要保持历史耐心和战略定力,以功成不必在我的精神境界和功成必定有我的历史担当,既要谋划长远,又要干在当下,一张蓝图绘到底,一茬接着一茬干,下决心把环境污染治理好、把生态环境建设好,为人民创造良好生产生活环境。在生态环境保护上要把握好当前和长远的关系,放眼长远认真研究,一定要算大账、算长远账、算整体账、算综合账,不能因小失大、顾此失彼、寅吃卯粮、急功近利。要多谋打基础、利长远的善事,多干保护自然、修复生态的实事,多做治山理水、显山露水的好事。习近平总书记强调,要完整、准确、全面贯彻新发展理念,保持战略定力,坚持节约资源和保护环境的基本国策,坚持节约优先、保护优先、自然恢复为主的方针,统筹污染治理、生态保护、应对气候变化,促进生态环境持续改善,努力建设人与自然和谐共生的现代化。

生态作为统一的自然系统,是相互依存、紧密联系的有机链条。习近平生态文明思想坚持系统观念,用系统论的思想方法分析问题,从系统工程和全局角度寻求治理之道,提出新时代推进生态文明建

设的路径方法。习近平总书记指出，要提高战略思维能力，把系统观念贯穿到生态保护和高质量发展全过程。把握好全局和局部关系，增强一盘棋意识，在重大问题上以全局利益为重。要深入实施山水林田湖草沙一体化保护和系统治理，开展大规模国土绿化行动，加快水土流失和荒漠化石漠化综合治理，推动我国生态环境持续改善，生态系统持续优化，整体功能持续提升。提升生态系统质量和稳定性，要按照生态系统的内在规律，从生态系统整体性出发，统筹考虑自然生态各要素，统筹兼顾、整体施策、多措并举，既在战略上布好局，也在关键处落好子，增强各项举措的关联性和耦合性，达到系统治理的最佳效果。

六、坚持全球视野，共同建设美丽地球家园

人类生活在同一个地球村里，越来越成为你中有我、我中有你的命运共同体。习近平总书记指出，人类是命运共同体，保护生态环境是全球面临的共同挑战和共同责任。习近平生态文明思想站在世界前途和人类命运的高度，既立足中国，努力推进生态文明建设、人与自然和谐共生的现代化，坚决摒弃"先污染、后治理"的老路，走出了一条现代化新道路；又放眼世界，积极为全球环境治理、应对气候变化提供中国智慧和中国方案，体现了宏阔世界眼光、博大人类情怀、高超战略智慧的天下观。

习近平总书记指出，地球是人类的共同家园，也是人类到目前为止唯一的家园。建设绿色家园是人类的共同梦想，保护生态环境、应对气候变化需要世界各国同舟共济、共同努力。要坚定践行多边主义，深度参与全球环境治理，增强在全球环境治理体系中的话语

权和影响力,坚持共同但有区别的责任等原则,坚持公平公正惠益分享,努力推动构建公平合理、合作共赢的全球环境治理体系,凝聚全球环境治理合力,让绿色发展理念深入人心,让发展成果、良好生态更多更公平惠及各国人民。

气候变化带给人类的挑战是现实的、严峻的、长远的。中国共产党是胸怀天下的党,始终以世界眼光关注人类前途命运。在习近平生态文明思想的科学指引下,中国贯彻新发展理念,以经济社会发展全面绿色转型为引领,以能源绿色低碳发展为关键,坚持走生态优先、绿色低碳的发展道路,成为全球生态文明建设的参与者、贡献者、引领者。率先发布《中国落实2030年可持续发展议程国别方案》,实施《国家应对气候变化规划(2014—2020年)》,向联合国交存《巴黎协定》批准文书,作出力争2030年前实现碳达峰、2060年前实现碳中和的庄严承诺,把碳达峰碳中和纳入生态文明建设整体布局和经济社会发展全局,以绿色转型为驱动,助力全球可持续发展。这一系列中国主张中国行动,彰显了共谋全球生态文明之路、共建地球生命共同体的历史主动精神和负责任大国担当。

习近平生态文明思想是习近平新时代中国特色社会主义思想的重要组成部分,内涵丰富,意义深远。我们要认真学习和深入领会习近平生态文明思想的精神实质、核心要义、实践要求,做习近平生态文明思想的坚定信仰者和忠实实践者,牢固树立社会主义生态文明观,坚定不移走生产发展、生活富裕、生态良好的文明发展之路,努力建设人与自然和谐共生的现代化。

(原载《习近平生态文明思想研究与实践》专刊2022年第1期)

新时代我国对外工作的根本遵循和行动指南

——学习《习近平外交思想学习纲要》

党的十八大以来，以习近平同志为核心的党中央深刻把握新时代中国和世界发展大势，统筹中华民族伟大复兴战略全局和世界百年未有之大变局，统筹发展和安全，统揽伟大斗争、伟大工程、伟大事业、伟大梦想，提出中国特色大国外交，形成了习近平外交思想。习近平外交思想是习近平新时代中国特色社会主义思想的重要组成部分，是以习近平同志为核心的党中央治国理政思想在外交领域的集中体现，是新时代我国对外工作的根本遵循和行动指南。《习近平外交思想学习纲要》的出版，为我们学习习近平外交思想提供了生动而权威的教材。

习近平外交思想贯穿着马克思主义的立场观点方法

马克思主义是我们立党立国的根本指导思想，是我们党的灵魂和旗帜。习近平总书记指出："在坚持马克思主义指导地位这一根本问题上，我们必须坚定不移，任何时候任何情况下都不能有丝毫动摇。"习近平外交思想以马克思主义为思想基础,始终坚持马克思主义的立场观点方法,闪耀着辩证唯物主义和历史唯物主义的真理光芒。

人民性是马克思主义最鲜明的品格。始终站在人民大众立场上,一切为了人民、一切依靠人民,全心全意为人民谋利益,这是中国共产党人坚持马克思主义立场的根本要求。习近平总书记指出:"人民是历史的创造者,是真正的英雄。"中国外交是人民的外交,只有植根人民、胸怀人民、造福人民,才能得到人民的信任与支持,才能拥有深厚的根基、蓬勃的力量、强大的动力。人民群众是我们党的力量源泉,也是中国外交的力量源泉。习近平外交思想坚持以人民为中心,坚持外交为民,全心全意为人民服务,始终把人民立场作为根本立场,把为人民谋幸福作为根本使命,贯彻群众路线,尊重人民主体地位和首创精神,把维护国家和人民利益放在首要位置,把人民的幸福感、安全感、满意度作为衡量外交工作的重要标尺。在这一思想指引下,中国外交始终以百姓心为心,想群众之所想,急群众之所急,解群众之所忧,让中国公民在世界各地都能感受到祖国的力量与温暖,感受到做中国人的尊严与荣耀;始终扎根人民群众,时刻倾听人民声音,凝聚人民智慧,发挥人民群众力量,办好人民满意的外交;始终关注人类前途命运,增进各国人民共同福祉,凝聚各国人民友好情谊,同世界上一切进步力量携手前进,推动各国和平共处、共同发展、合作共赢。

马克思主义对自然界和人类社会发展规律进行了科学总结。习近平外交思想深刻把握马克思主义关于人类社会发展规律及其历史趋势的基本观点,始终站在时代前列、把握时代脉搏,引领中国外交为民族复兴尽责、为人类进步担当；始终站在世界发展和人类进步的道义制高点上，坚守公道正义，同零和博弈、强权政治等陈旧思维形成鲜明对比。习近平外交思想坚持马克思主义关于生产力与生产关系、经济基础与上层建筑矛盾运动的基本原理，准确分析经济全球化和世界经济发展面临的问题，提出具有中国特色的开放观、发展观和全球观等。习近平外交思想始终坚持实践第一的观点，强调在中国与世界的交流中分析和解决外交实际问题，在总结各方面外交工作成就和经验的基础上，提出构建新型国际关系，率先把建立伙伴关系确定为国家间交往的指导原则，建立起遍布全球的"朋友圈"。习近平外交思想坚持马克思主义关于世界历史的思想，站在世界历史的高度审视当今世界发展趋势和面临的重大问题，着眼于中国人民和世界人民的共同利益，深入思考"建设一个什么样的世界、如何建设这个世界"等关乎人类前途命运的重大课题，高瞻远瞩地提出推动构建人类命运共同体的重要理念，回答和解决了时代之问、世界之问。推动构建人类命运共同体是新时代中国外交的鲜明旗帜，是习近平外交思想的核心理念。

马克思主义唯物辩证法是指导我们正确认识和改造世界的根本思想方法。恩格斯指出："马克思的整个世界观不是教义，而是方法。它提供的不是现成的教条，而是进一步研究的出发点和供这种研究使用的方法。"习近平外交思想坚持唯物辩证的思想方法，客观地而不是主观地、发展地而不是静止地、全面地而不是片面地、系统地而不是零散地、普遍联系地而不是孤立地观察事物、分析问题、解决问题，在矛盾双方对立统一的过程中把握事物发展规律，强调把握世界形势要树立正确的历史观，不仅要看现在世界形势怎么样，而且要端起历史望远镜回顾过去、总结历史规律，展望未来、把握历史前进大势；树立正确的大局观，不仅要看到现象和细节怎么样，而且要把握本质和全局，抓住主要矛盾和矛盾的主要方面，避免在林林总总、纷纭多变的国际乱象中迷失方向、舍本逐末；树立正确的角色观，不仅要冷静分析各种国际现象，而且要把自己摆进去，在我国同世界的关系中看问题，弄清楚我国在世界格局演变中的地位和作用，科学制定我国对外方针政策。强调统筹国内国际两个大局，深刻认识和准确把握两个大局的发展规律和相互联系，立足国内，放眼世界，推动两个大局相互促进、良性互动，实现良好的国内国际效应。强调加强战略思维，科学判断国际形势和国际格局变化，准确把握中国发展新的历史方位，从顶层设计角度对中长期对外工作作出战略规划。强调运用底线思维的方法，从坏处准备，努力争取最好结果，牢牢把握工作的主动权。

习近平外交思想是坚持"两个结合"的时代产物

理论的生命力在于不断创新，推动马克思主义不断发展是中国共产党人的神圣职责。习近平总书记指出："我们要坚持用马克思主义观察时代、解读时代、引领时代，用鲜活丰富的当代中国实践来推动马克思主义发展，用宽广视野吸收人类创造的一切优秀文明成果……不断开辟当代中国马克思主义、21世纪马克思主义新境界！"习近平外交思想坚持从中国实际出发，洞察时代大势，把握历史主动，进行艰辛探索，是坚持把马克思主义基本原理同中国具体实际相结合、同中华优秀传统文化相结合的时代产物。

新时代我国对外工作的根本遵循和行动指南
——学习《习近平外交思想学习纲要》

习近平外交思想是马克思主义基本原理同中国具体实际相结合的产物。当今世界正经历百年未有之大变局，当代中国正处于实现中华民族伟大复兴的关键时期，我国对外工作需要展现新气象新作为。面对新形势新情况新问题，习近平总书记把马克思主义基本原理同新时代我国对外工作的实际紧密结合，创造性地提出以实现中华民族伟大复兴为使命推进中国特色大国外交，鲜明而精辟地回答了中国应该推动建设什么样的世界、构建什么样的国际关系，新形势下中国需要什么样的外交、怎样办外交等一系列重大理论和实践问题，深刻揭示了新时代中国特色大国外交的本质要求、内在规律和前进方向。在习近平外交思想指引下，我国对外工作攻坚克难、砥砺前行，经受住一系列风险考验，战胜了许多艰难险阻，办成了不少大事要事，取得了全方位、开创性历史成就，走出了一条中国特色大国外交新路，为实现中华民族伟大复兴的中国梦营造了良好外部环境。

习近平外交思想是马克思主义基本原理同中华优秀传统文化相结合的产物。中华优秀传统文化是中华民族的"根"和"魂"，是我们最深厚的文化软实力，是我们在世界文化激荡中站稳脚跟的根基。习近平总书记指出，我们要坚持我国的文化传统和价值观念，"在总结实践经验的基础上，丰富和发展对外工作理念，使我国对外工作有鲜明的中国特色、中国风格、中国气派"。习近平外交思想根植于深厚的中华优秀传统文化，吸吮着中华民族漫长奋斗积累的文化养分，继承弘扬新中国外交优良传统，根据时代发展和实践变化，提出共建"一带一路"、正确义利观、全球安全观、全球治理观以及新的发展观、文明观、生态观等重大理念主张，在促进世界和平与发展中弘扬了中国精神、贡献了中国方案、彰显了中国力量。习近平外交思想坚持有原则、重情谊、讲道义、谋公正，展现了与时俱进、担当作为、开放包容的大国形象，塑造了中国外交的独特风范，赢得国际社会广泛赞誉，极大提高了中国的国际声望，极大振奋了全党全国各族人民的信心。

深入学习贯彻习近平外交思想

习近平外交思想内涵丰富、思想深邃，深刻阐述了新时代中国特色大国外交的一系列重大理论和实践问题，是一个系统完备的有机整体。我们要深入学习贯彻习近平外交思想，做好新时代外交工作。

深入学习习近平总书记关于"大变局的世界和新时代的中国"的重要论述，准确把握当今世界大势和中国发展新的历史方位。当今世界正经历百年未有之大变局、中国特色社会主义进入新时代，这是习近平总书记作出的两个重大判断和结论，深刻揭示了世界发展的潮流所向和中华民族伟大复兴的光明前景，深刻揭示了国际体系转型过渡期与我国发展历史交汇期相互交织的阶段性特征，为我们制定对外战略、开展对外工作，推动对外工作在变局中开创新局提供了科学理论指引。

深入学习习近平总书记关于"加强党对对外工作的集中统一领导"的重要论述，准确把握新时代中国外交的根本保证。中国共产党是中国特色社会主义事业的领导核心。全面推进新形势下的对外工作，必须加强党的集中统一领导，坚持外交大权在党中央，改革和完善对外工作体制机制，加强新时代外交外事队伍建设。

深入学习习近平总书记关于"推进中国特色大国外交，服务中华民族伟大复兴"的重要论述，准确把握新时代中国外交的历史使命。中国梦与世界各国人民的美好梦想是相通的，中国必须有富有自身特色的大国外交，营造更加有利的国际环境，坚持以人民为中心，始终做世界和平的建设者、全球发展的贡献者、国际秩序的维护者。

深入学习习近平总书记关于"推动构建人类命运共同体"的重要论述，准确把握新时代中国外交的总目标。中国共产党是为中国人民谋幸福的政党，也是为人类进步事业而奋斗的政党。中国共产党始终把为人类作出新的更大贡献作为自己的使命。习近平总书记提出构建人类命运共同体重要理念，为解决当今世界面临的时代之问提供了中国方案，为增进世界人民福祉指明了人间正道。世界是不可分割的命运共同体。要建设持久和平、普遍安全、共同繁荣、开放包容、清洁美丽的世界。推动建设相互尊重、公平正义、合作共赢的新型国际关系。

深入学习习近平总书记关于"坚决维护国家主权、安全、发展利益"的重要论述，准确把握新时代中国外交的出发点和落脚点。维护国家利益是对外工作的根本任务。要坚持以国家核心利益为底线维护国家主权、安全、发展利益，进行具有许多新的历史特点的伟大斗争，敢于斗争、敢于胜利。

深入学习习近平总书记关于"坚持增强战略自信"的重要论述，准确把握新时代中国外交的根本要求。要坚持以中国特色社会主义为根本增强战略自信。始终不渝高举中国特色社会主义伟大旗帜，中国特色大国外交就会有坚定的战略自信和力量之源，能够为解决人类问题不断贡献中国智慧和中国方案,中国特色大国外交的道路就会越走越宽广。

深入学习习近平总书记关于"积极促进'一带一路'国际合作"的重要论述,准确把握新时代中国外交的重要合作平台。共建"一带一路"是习近平总书记深刻思考人类前途命运以及中国和世界发展大势,推动中国和世界合作共赢、共同发展作出的重大决策,是新时代中国特色大国外交的重大创举,是我国今后相当长时期对外开放和对外合作的管总规划,是我们党关于对外开放理论和实践的重大创新。共建"一带一路"倡议具有深厚历史传承和丰富时代内涵。我们要推动高质量共建"一带一路",以共建"一带一路"推动建设合作共赢开放体系,把共建"一带一路"作为构建人类命运共同体的重要实践平台。

深入学习习近平总书记关于"坚持走和平发展道路"的重要论述,准确把握新时代中国外交的基本原则。中国始终是维护世界和平、促进共同发展的重要力量。坚持走和平发展道路是我们党作出的战略抉择。和平发展道路要在中国与世界各国良性互动、互利共赢中不断拓展。中国坚持和平发展必须维护国家利益,同时推动各国共同走和平发展道路。

深入学习习近平总书记关于"积极发展全球伙伴关系"的重要论述,准确把握新时代中国外交的重要着力点。发展全球伙伴关系,是中国外交理论和实践的重要创新,是当代国际关系理念的重要突破。要打造遍布全球的伙伴关系网络,推进大国协调合作,构建总体稳定、均衡发展的大国关系框架。秉持亲诚惠容的周边外交理念,打造周边命运共同体。秉持正确义利观和真实亲诚理念,加强同发展中国家团结合作。

深入学习习近平总书记关于"积极参与全球治理体系改革和建设"的重要论述,准确把握新时代中国外交的大国担当。中国积极做全球治理变革进程的参与者、推动者、引领者,以公平正义为理念积极参与引领全球治理体系改革,坚定维护多边主义,加强全球公共卫生安全治理,构建人类卫生健康共同体。

深入学习习近平总书记关于"塑造中国外交独特风范"的重要论述,准确把握新时代中国外交的鲜明特质。新时代中国外交的鲜明特质是守正创新的大国气派、立己达人的世界情怀、开放包容的宽广胸襟、重情尚义的崇高品格。我们要长期塑造这种风范,一以贯之展现这种风范。

深入学习习近平总书记关于"在对外工作中努力掌握科学思想方法和工作方法"的重要论述,准确把握新时代对外工作的能力建设。树立正确历史观、大局观、角色观,统筹国内国际两个大局,加强顶层设计、战略谋划和策略运用,坚持底线思维,注重工作实效等,这些重要思想方法和工作方法是习近平总书记要求外事干部必须学习和掌握的。在实践中运用好这些方法,对做好新时代外交工作至关紧要。

伟大的实践产生伟大的思想,伟大的思想引领伟大的实践。坚持思想建党、理论强党,是我们党始终保持思想上统一、政治上团结、行动上一致的根本保证,也是我们党始终保持强大创造力、凝聚力、战斗力的制胜法宝。党的十八大以来,在习近平外交思想科学指引下,我国外交工作卓有成效,开创了崭新局面。新时代新征程上,我们要深入学习贯彻习近平外交思想,增强"四个意识"、坚定"四个自信"、做到"两个维护",牢记"国之大者",牢记初心使命,不断开创新时代中国特色大国外交新局面,为实现第二个百年奋斗目标、实现中华民族伟大复兴的中国梦营造良好外部环境。

(原载《人民日报》2021年11月3日)

新时代全面从严治党的强大思想武器
——深入学习习近平总书记关于党的自我革命的重要思想

党的十八大以来,习近平总书记以伟大的历史主动精神、巨大的政治勇气、强烈的责任担当,在带领全党坚定不移推进全面从严治党的伟大实践中,形成了习近平总书记关于党的自我革命的重要思想。这一重要思想深刻总结党100多年奋斗的历史经验特别是新时代全面从严治党的新鲜经验,对自我革命这一跳出治乱兴衰历史周期率的第二个答案进行全面阐释,深刻回答了我们党"为什么要自我革命""为什么能自我革命""怎样推进自我革命"等重大问题,成为习近平新时代中国特色社会主义思想的重要组成部分,为新时代全面从严治党提供了强大思想武器。

一、习近平总书记关于党的自我革命的重要思想开辟了马克思主义建党学说的新境界

从理论特质看,习近平总书记关于党的自我革命的重要思想是我们党坚持"两个结合"推进理论创新取得的新成果,具有守正创

新的鲜明特征。这一重要思想坚持和运用马克思主义建党学说，在溯源中求索、在继承中发展、在守正中创新，以一系列具有原创性、标志性的新理念新思想新战略，标注了我们党对马克思主义政党建设规律、共产党执政规律认识的新高度。

这一重要思想坚守马克思主义的魂脉，创造性回答了马克思主义政党如何在长期执政条件下不变质不变色不变味、永葆先进性和纯洁性的重大课题。勇于自我革命是马克思主义政党区别于其他政党的内在特质和显著标志。马克思主义经典作家没有明确提出系统的自我革命思想，但作为马克思主义哲学基础的唯物辩证法本质上就是"批判的和革命的"，马克思主义科学性、人民性、实践性、开放性的理论品格，也必然要求无产阶级政党具有自我革命的高度自觉。马克思、恩格斯说过："革命之所以必需，不仅是因为没有任何其他的办法能够推翻统治阶级，而且还因为推翻统治阶级的那个阶级，只有在革命中才能抛掉自己身上的一切陈旧的肮脏东西，才能胜任重建社会的工作。"列宁指出："一个政党对自己的错误所抱的态度，是衡量这个党是否郑重，是否真正履行它对本阶级和劳动群众所负义务的一个最重要最可靠的尺度。"毛泽东把我们党称为"按照马克思列宁主义的革命理论和革命风格建立起来的革命党"，新中国成立后号召全党"要保持过去革命战争时期的那么一股劲，那么一股革命热情，那么一种拼命精神，把革命工作做到底"。改革开放后，邓小平强调要"发扬革命和拼命精神"。我们党深刻认识到，党的先进性和党的执政地位都不是一劳永逸、一成不变的，过去先进不等于现在先进，现在先进不等于永远先进，过去拥有不等于现在拥有，现在拥有不等于永远拥有，并围绕解决好提高党的领导水平和执政水平、提高拒腐防变和抵御风险能力这两大历史性课题进行了不懈努力和探索。

党的十八大以来,习近平总书记科学把握世情国情党情的深刻变化特别是"四大考验""四种危险"的长期性、复杂性、严峻性,对中国共产党是什么、要干什么、过去为什么能够成功、未来怎样才能继续成功等重大问题进行深入总结思考,从坚持改造客观世界与改造主观世界相结合的马克思主义认识论和方法论出发,鲜明提出关于党的自我革命的重要思想。这一重要思想深刻把握我们党既是马克思主义执政党又是马克思主义革命党,深刻揭示"两个伟大革命"的辩证统一关系,从理论和实践的结合上阐明自我革命对于党永葆先进性和纯洁性、巩固长期执政地位的极端重要性,把党的自我革命建立在党的性质宗旨、初心使命的坚实基础之上,科学回答了推进党的自我革命的根本保证、根本目的、根本遵循、战略目标、主攻方向、有效途径、重要着力点、重要抓手、强大动力等重大问题,展现了党永葆生机活力、走好新的赶考之路的光明前景。

这一重要思想坚守中华优秀传统文化的根脉,在传承弘扬中华文明革故鼎新的精神特质中彰显了新时代中国共产党人的历史主动精神。中国共产党人是马克思主义的坚定信仰者和实践者,也是中华优秀传统文化的忠实传承者和弘扬者。在中华民族丰富的典籍中,关于"革命"的思想和论述屡见不鲜,诸如"汤武革命,顺乎天而应乎人","周虽旧邦,其命维新","革,去故也;鼎,取新也",等等。中华优秀传统文化中蕴含的革故鼎新的革新精神、自强不息的奋斗精神、民为邦本的民本思想、反躬自省的政治文化、克己修身的处世哲学、知行合一的实践品格等,都为中国共产党推进自我革命提供了丰润滋养。我们党能够发扬彻底的自我革命精神,很重要的原因就在于马克思主义建党学说与中华优秀传统文化的内在基因相契合，因而能够始终保持"以补过为心，以求过为急，以能改其过为善，以得闻其过为明"的精神底色，在以彻底的唯物主义精神坚持真理、修正错误中，赢得了始终走在时代前列、人民衷心拥护的历史主动。

习近平总书记关于党的自我革命的重要思想，植根中华民族历史文化沃土，把马克思主义建党学说精髓同中华优秀传统文化精华贯通起来，用马克思主义激活中华优秀传统文化中富有生命力的优秀因子并赋予新的时代内涵，将中华民族的伟大精神和丰富智慧更深层次地注入马克思主义，让马克思主义建党学说在新时代中国大地上放射出灿烂的真理光芒。

这一重要思想放眼世界各国执政党特别是马克思主义执政党的兴衰成败，为解决政党自我监督难题、推动人类政治文明发展探索了有效路径。自我监督是世界性难题，是国家治理的"哥德巴赫猜想"。纵观近代以来各国的政党政治，因不能正视或无力解决自身问题导致政党日薄西山乃至人亡政息的例子比比皆是。马克思主义早就深刻揭示了西方资产阶级政党搞多党竞争、轮流执政那一套的欺骗性和虚伪性，但是马克思主义政党在执政后如何有效发现和解决自身问题进而巩固长期执政地位，仍是有待深入探索的重大课题。包括马克思主义政党在内的不少老牌执政党，由于长期处在执政地位、掌控执政资源，逐渐陷入"革别人命容易，革自己命难"的境地，最终衰败落伍、政权垮台，令人感慨也发人深省。习近平总书记深刻指出，"我们要居安思危，时刻警惕我们这个百年大党会不会变得老态龙钟、疾病缠身。对党的历史上走过的弯路、经历的曲折不能健忘失忆,对中外政治史上那些安于现状、死于安乐的深刻教训不能健忘失忆;对自身存在的问题不能反应迟钝,处理动作慢腾腾、软绵绵,最终人亡政息"。

正是基于这样宏阔的历史视野和深沉的忧患意识,习近平总书记关于党的自我革命的重要思想对世界范围内各种政党特别是马克思主义政党实践经验进行理论总结,探索出一条长期执政条件下解决自身问题、跳出治乱兴衰历史周期率的成功道路。这一重要思想打破了认为靠西方多党轮替、三权鼎立才能解决执政党自身问题的迷思,以无可辩驳的事实证明了中国共产党有决心也有能力刀刃向内、自剜腐肉,有效破解了党长期执政条件下的自我监督难题,为加强马克思主义执政党建设作出了世界性贡献,也为世界政党治理和人类政治文明发展提供了中国智慧和中国方案。

二、习近平总书记关于党的自我革命的重要思想引领全党开创了新时代管党治党新局面

习近平总书记关于党的自我革命的重要思想是在新时代中国共产党管党治党的历史进程中产生的,又为推进全面从严治党提供了科学指引和根本遵循。全面从严治党作为新时代党的自我革命的伟大实践,一个鲜明特点就是从严从实。党的十八大以来,以习近平同志为核心的党中央以坚定决心、顽强意志、空前力度推进全面从严治党,持续强化严的基调、严的措施、严的氛围,推出一系列务实管用的硬招、实招、真招,打出了一套自我革命的"组合拳"。

抓思想从严,坚持不懈用习近平新时代中国特色社会主义思想

凝心铸魂，党团结统一的思想基础更加牢固。坚持思想建党和制度治党同向发力，组织开展党的群众路线教育实践活动、"三严三实"专题教育、"两学一做"学习教育、"不忘初心、牢记使命"主题教育、党史学习教育、学习贯彻习近平新时代中国特色社会主义思想主题教育、党纪学习教育、深入贯彻中央八项规定精神学习教育等党内集中教育，用党的创新理论武装全党。广大党员干部对"两个确立"决定性意义的认识更加深刻，"四个意识"更加牢固、"四个自信"更加坚定、"两个维护"更加自觉，我们这个拥有1亿多名党员的马克思主义政党更加团结统一。

抓管党从严，以党的政治建设统领各方面建设，管党治党责任层层压紧压实。党的政治建设是党的根本性建设，全面从严治党首先要从政治上看。以习近平同志为核心的党中央把"保证全党服从中央，坚持党中央权威和集中统一领导"作为党的政治建设的首要任务，明确党的领导制度是我国的根本领导制度，系统完善党的领导制度体系，建立健全党中央对重大工作的领导体制，从制度上保证党的领导全面覆盖、党中央集中统一领导更加坚强有力。坚持全面从严治党从党中央做起、从高级干部严起，以上率下、逐级压实责任，推动各级党组织和党员干部知责于心、担责于身、履责于行，确保全面从严治党政治责任落到实处。

抓执纪从严，坚持把纪律规矩挺在前面，党的政治纪律和政治规矩更加严明。把"两个维护"作为党的最高政治原则和根本政治规矩，强化政治纪律和组织纪律，带动各项纪律全面严起来。坚持尊崇党章、依规治党，形成比较完善的党内法规体系。深化运用"四种形态"，推动党员干部坚守底线、向高标准努力。在全党开展党纪学习教育，引导党员干部学纪、知纪、明纪、守纪，不断增强政治定力、纪律定力、道德定力、抵腐定力，坚决杜绝"七个有之"，切实做到"五个必须"，党依靠纪法制度约束推进管党治党的能力极大增强。

抓治吏从严，坚持新时代党的组织路线，党的组织体系更加健全严密。明确新时代好干部标准，树立正确选人用人导向，纠正选人用人不正之风。全面推进中央和国家机关、地方以及基层党组织建设，持续整顿软弱涣散党组织，完善管思想、管工作、管作风、管纪律的从严管理制度，推动党的组织体系高效运转，促进党员干部自律过硬。管党治党从"惩治极少数"走向"管住绝大多数"，党组织政治功能、组织功能有力强化，党的先锋队作用充分发挥、政治本色充分彰显。

抓作风从严，锲而不舍落实中央八项规定精神，以党风政风带动社风民风向上向善。党的十八大以来，习近平总书记身体力行、以上率下狠抓作风建设，中央政治局带头立规矩，从制定和落实中央八项规定这个"小切口"破题开局，推动形成正风肃纪、激浊扬清、刷新吏治的大变局。党中央发扬钉钉子精神，一个节点一个节点坚守、一个问题一个问题解决，持之以恒纠治"四风"，坚决反对特权思想和特权现象，着力解决群众反映强烈、损害群众利益的突出问题，持续整治形式主义为基层减负，刹住了一些过去被认为不可能刹住的歪风，纠治了一些多年未除的顽瘴痼疾，作风建设成为全面从严治党的"金名片"。

抓反腐从严，一体推进不敢腐、不能腐、不想腐，反腐败斗争取得压倒性胜利并全面巩固。腐败是党长期执政的最大威胁。以习近平同志为核心的党中央以"得罪千百人、不负十四亿"的使命担当"打虎""拍蝇""猎狐",开展史无前例的反腐败斗争,不断强化不敢腐的震慑,扎紧不能腐的笼子,构筑不想腐的堤坝。加强对权力运行的制约和监督,完善党和国家监督体系,构建以党内监督为主导、各类监督贯通协调的机制。通过雷霆万钧惩治腐败、利剑高悬强化监督,消除了党、国家、军队内部存在的严重隐患,确保党和人民赋予的权力始终用来为人民谋利益。

实践充分证明,严才能治得住,实才能有成效。正是因为以习近平同志为核心的党中央始终坚持以严的纪律、严的要求、严的标准一严到底,以实的作风、实的工作、实的目标一实到底,始终敢于真刀真枪、动真碰硬,始终做到抓铁有痕、踏石留印,把从严从实贯穿管党治党全过程和各方面,推动了全面从严治党取得历史性、开创性成就,产生了全方位、深层次影响。经过不懈努力,党找到了自我革命这一跳出治乱兴衰历史周期率的第二个答案,自我净化、自我完善、自我革新、自我提高能力显著增强,风清气正的党内政治生态不断形成和发展,党在革命性锻造中更加坚强有力。作为新时代全面从严治党实践创新、理论创新、制度创新的高度凝练和系统集成,习近平总书记关于党的自我革命的重要思想深刻揭示了以中国共产党之治开创中国之治新境界的核心密码和内在机理,指引百余年大党开辟了自我革命的新境界。

三、以习近平总书记关于党的自我革命的重要思想为指引,把新征程全面从严治党向纵深推进

全面从严治党永远在路上,党的自我革命永远在路上。习近平

总书记关于党的自我革命的重要思想明确提出"九个以"的实践要求，使党的自我革命的目标指向更加清晰、战略举措更加严密，为推进党的自我革命提供了行动指南。新征程上，只有准确把握"九个以"的实践要求，坚持用改革精神和严的标准管党治党，注重各个方面和要素有机衔接、系统联动，才能推动全面从严治党向纵深发展。

以坚持党中央集中统一领导为根本保证。维护党中央集中统一领导，彰显着推进自我革命的最高政治原则，决定着全面从严治党的正确政治方向，是一个成熟的马克思主义执政党的重要体现。只有坚持党中央集中统一领导，才能确保全党在政治立场、政治方向、政治原则、政治道路上同党中央保持高度一致，推动全党团结成"一块坚硬的钢铁"。新征程上推进党的自我革命，必须更加深刻领悟"两个确立"的决定性意义，把维护党中央集中统一领导落实到增强"四个意识"、坚定"四个自信"、做到"两个维护"的自觉行动上，确保党的自我革命始终沿着正确方向前进。

以引领伟大社会革命为根本目的。党的自我革命与伟大社会革命是辩证统一的。伟大社会革命锻造和成就伟大的党，党的自我革命保障和推动伟大的事业。新时代伟大社会革命涵盖领域的广泛性、触及利益格局调整的深刻性、涉及矛盾和问题的尖锐性、突破体制机制障碍的艰巨性、进行伟大斗争形势的复杂性，都是前所未有的，对党的自我革命也提出了前所未有的新要求。新征程上推进党的自我革命，必须紧紧围绕以中国式现代化全面推进强国建设、民族复兴伟业来谋划、来展开，使党的自我革命更好服从服务于党的中心任务。

以习近平新时代中国特色社会主义思想为根本遵循。没有革命的理论，就没有革命的行动。党的自我革命的自觉程度、能力水平、实际成效，与理论武装的广度和深度密切相关。在新时代伟大变革中，习近平新时代中国特色社会主义思想指引中国共产党之治开创新局面、推动中国之治形成新气象，成为引领党的自我革命、推动伟大社会革命的行动指南。新征程上推进党的自我革命，必须坚持不懈用习近平新时代中国特色社会主义思想凝心铸魂，淬炼自我革命思想武器，使全党始终保持统一的思想、坚定的意志、协调的行动、强大的战斗力。

以跳出治乱兴衰历史周期率为战略目标。跳出治乱兴衰历史周期率问题，是关系党千秋伟业的重大问题，关系党的生死存亡，关系我国社会主义制度的兴衰成败。把跳出治乱兴衰历史周期率作为自我革命的战略目标，体现了我们党深远的战略考量。习近平总书记指出："只要马克思主义执政党不出问题，社会主义国家就出不了大问题，我们就能够跳出'其兴也勃焉，其亡也忽焉'的历史周期率。"新征程上推进党的自我革命，必须聚焦跳出治乱兴衰历史周期率这个战略目标，及时清除侵蚀党的健康肌体的病毒，及时消除损害党的执政根基的各种隐患，不断巩固党的长期执政地位。

以解决大党独有难题为主攻方向。大党大国，既是我们办大事、建伟业的优势，也使我们治党治国面对很多独有难题。解决好大党独有难题，是实现新时代新征程党的使命任务必须迈过的一道坎，是全面从严治党适应新形势新要求必须啃下的硬骨头。只有时刻保持解决大党独有难题的清醒和坚定，以彻底的自我革命精神检视自身，才能更好肩负起党的历史使命。新征程上推进党的自我革命，必须坚持问题导向,保持战略定力,标本兼治、综合施策、协同发力、锲而不舍、久久为功,积小胜为大胜,在不断解决大党独有难题中彰显大党优势。

以健全全面从严治党体系为有效途径。全面从严治党体系是一个内涵丰富、功能完备、科学规范、运行高效的动态系统。只有整体地而不是局部地、系统地而不是零碎地、持久地而不是短暂地、高标准地而不是一般化地推进全面从严治党,形成布局合理、内容科学、要素齐备、统一高效的全面从严治党体系,才能把我们党建设好。新征程上推进党的自我革命,必须紧扣新时代党的建设总要求,坚持内容上全涵盖、对象上全覆盖、责任上全链条、制度上全贯通,坚持制度治党、依规治党,进一步形成依靠党的自身力量发现问题、纠正偏差、推动创新、实现执政能力整体性提升的良性循环。

以锻造坚强组织、建设过硬队伍为重要着力点。党的力量来自组织。党推进自我革命,要以严密的组织体系为基础,以强大的领导力、组织力、执行力作保障。党的组织和党的工作全覆盖,党中央一声令下,全党闻令而动,这是世界上任何其他政党都不具有的强大优势。新征程上推进党的自我革命,必须深入贯彻新时代党的组织路线,完善上下贯通、执行有力的组织体系,增强党组织的政治功能和组织功能,坚持新时代好干部标准,使广大党员干部真正做到忠诚、干净、担当。

以正风肃纪反腐为重要抓手。端正作风、严肃纪律、反对腐败,是我们党一贯坚持的鲜明政治立场,是党自我革命必须长期抓好的重大政治任务。习近平总书记指出,"党风问题关系执政党的生死存亡"，"反腐败是最彻底的自我革命"。正风肃纪反腐辐射范围广、震慑威力大、带动效应强，对推进党的自我革命有着不可替代的重要作用。新征程上推进党的自我革命，必须把正风肃纪反腐结合起来一起抓，以优良作风作引领、以严明纪律强保障、以反腐惩恶清障碍，推动党的自我革命环环相扣、层层递进。

以自我监督和人民监督相结合为强大动力。我们党全面领导、长期执政，面临的最大挑战是对权力的监督。历史和现实表明，自我监督越主动、越深入、越有力，人民监督越广泛、越经常、越充分，党自身存在的问题就解决得越迅速、越彻底。只有正确把握自我监督和人民监督的辩证关系，实现两者有机统一，才能不断推动党的自我革命开创新局面。新征程上推进党的自我革命，必须强化党的自我监督，自觉接受人民监督，把党内监督同国家机关监督、民主监督、司法监督、群众监督、舆论监督贯通起来，实现自律和他律良性互动、相得益彰。

总之，"九个以"的实践要求，既有战略安排又有工作部署，既有认识论又有方法论，既有祛病之法又有强身之道，构成了一个相互联系、逻辑严密、系统完备的有机整体。我们要坚持解放思想、实事求是、与时俱进、守正创新，学深悟透习近平总书记关于党的自我革命的重要思想，切实把党的自我革命实践要求落到实处，确保党始终成为中国特色社会主义事业的坚强领导核心。

（原载《求是》2024 年第 24 期）

坚持"九个以"的实践要求,把党的自我革命进行到底

勇于自我革命,是我们党最鲜明的品格,也是我们党最大的优势。习近平总书记在二十届中央纪委三次全会上的重要讲话,从统筹中华民族伟大复兴战略全局和世界百年未有之大变局的高度,深刻阐述了党的自我革命的重要思想,科学回答了我们党为什么要自我革命、为什么能自我革命、怎样推进自我革命等重大问题,明确提出推进自我革命"九个以"的实践要求,进一步明确了我们党怎样推进自我革命的重大理论和实践问题,成为习近平总书记关于党的自我革命的重要思想的"纲"和"魂"。认真学习贯彻"九个以"的实践要求,对于将全面从严治党这场伟大自我革命进行到底,具有重大而深远的意义。

一、"九个以"的实践要求是我们党自我革命历史经验和新时代全面从严治党新鲜经验的全面总结

"九个以"的实践要求具有广阔时代背景、深厚历史渊源和坚实实践基础,融通了百余年来我们党自我革命,特别是新时代在全面

从严治党的实践中进行的一系列创新，可以说，是我们党自我革命思想成果、理论成果、制度成果、实践成果的系统集成，是对党的自我革命理论与实践的全面总结和概括。

（一）以坚持党中央集中统一领导为根本保证

坚持党中央集中统一领导是百余年大党开辟自我革命新境界的重要经验。党的一大通过的中国共产党纲领明确提出了纪律的问题；1922年党的二大通过了党的第一部党章，明确全国代表大会及中央执行委员会为本党最高机关，规定"全国大会及中央执行委员会之决议，本党党员皆须绝对服从之"，设置纪律专章，强调了政治纪律和组织纪律。党的五大、六大及中央政治局会议研究革命领导权问题，明确民主集中制为党的组织原则，健全党的中央机关，强化党的集体领导；1938年党的扩大的六届六中全会首次提出"四个服从"。从1945年党的七大确立毛泽东思想为党的指导思想，到1948年中共中央颁布《关于建立报告制度》的党内指示、《关于健全党委制》的决定等，有力地加强了党中央集中统一领导，全党实现了空前的团结统一。党的十八大以来，以习近平同志为核心的党中央把坚持党中央集中统一领导作为最高政治原则，把党的领导落实到管党治党、治国理政各领域各方面各环节，从根本上扭转了党的领导弱化、虚化、淡化问题，为深入推进党的自我革命奠定了强大的思想政治基础。

（二）以引领伟大社会革命为根本目的

马克思主义政党不是从来就有的，而是社会发展到一定历史阶段的产物，是负有崇高历史使命的政党。毛泽东指出："我们党要使人民胜利，就要当工具，自觉地当工具。"我们党从诞生之日起就把实现社会主义和共产主义作为自己的奋斗目标。党的一大通过的中国共产党纲领明确提出"党的根本政治目的是实行社会革命"。新民主主义革命时期，我们党领导人民浴血奋战，打败日本帝国主义，推翻国民党反动统治，推翻压在中国人民头上的帝国主义、封建主义、官僚资本主义三座大山，建立了中华人民共和国。社会主义革命和建设时期，我们党领导人民完成社会主义革命，消灭一切剥削制度，实现了中华民族有史以来最为广泛而深刻的社会变革。改革开放和社会主义现代化建设新时期，我们党领导人民进行改革开放新的伟大革命，推进了中华民族从站起来到富起来的伟大飞跃。党的十八大以来，以习近平同志为核心的党中央领导全党全军全国各族人民砥砺前行，攻克了许多长期没有解决的难题，办成了许多事关长远的大事要事，推动党和国家事业取得历史性成就、发生历史性变革。可以说，新时代中国特色社会主义是我们党领导人民进行伟大社会革命的成果，也是我们党领导人民进行伟大社会革命的继续。

（三）以习近平新时代中国特色社会主义思想为根本遵循

马克思主义政党的先进性，首先体现为思想理论上的先进性。百余年来，我们党坚持解放思想和实事求是相统一、培元固本和守正创新相统一，不断开辟马克思主义中国化时代化新境界，先后创立了毛泽东思想、邓小平理论，形成了"三个代表"重要思想、科学发展观，创立了习近平新时代中国特色社会主义思想，为党和国家事业发展提供了科学理论指导，也为党的自我革命提供了强大的思想武器。新时代新征程，只有坚持以习近平新时代中国特色社会主义思想为指导，持之以恒推进党的自我革命，才能使全党保持统一思想、统一意志、统一行动，心往一处想、劲往一处使，不断开创事业发展新局面。

（四）以跳出治乱兴衰历史周期率为战略目标

我们党是一个有着强烈忧患意识的无产阶级政党，如何跳出"其兴也勃焉，其亡也忽焉"的治乱兴衰历史周期率，是我们党持续探索的重大课题。1945年，毛泽东在延安的窑洞里给出了第一个答案，这就是"让人民来监督政府"。党的十八大以来，面对党内存在的突出问题，以习近平同志为核心的党中央打出一套自我革命的"组合拳"，刹住了一些多年未刹住的歪风邪气，解决了许多长期没有解决的顽瘴痼疾。经过百余年奋斗特别是党的十八大以来新的实践，我们党又找到了自我革命这一跳出治乱兴衰历史周期率的第二个答案，党在革命性锻造中更加坚强有力、更加充满活力。

（五）以解决大党独有难题为主攻方向

我们党一路走来，从只有几十名党员的小党，发展成为世界上最大的马克思主义执政党，组织规模之大、党员人数之多、党组织和党员分布之广泛，都是独一无二、前所未有的。辩证地看，大有大的优势，大也有大的难处。1939年，毛泽东在《〈共产党人〉发刊词》中提出建设一个"全国范围的、广大群众性的、思想上政治上组织上完全巩固的布尔什维克化的中国共产党"的任务，并将这一任务称为"伟大的工程"。党的十一届三中全会后，我们党面临的环境、任务和党的状况都发生了很大变化，邓小平深刻指出，"中国要出问题，还是出在共产党内部"，对这个问题要清醒，"要聚精会神地抓党的建设，这个党该抓了，不抓不行了"。党的十八大以来，以习近平同志为核心的党中央以彻底的自我革命精神检视自身，强调党面临的"四大考验"和"四种危险"是长期的、复杂的、尖锐的、严峻的,必须时刻保持解决大党独有难题的清醒和坚定,驰而不息推进全面从严治党,使百余年大党在自我革命中不断焕发蓬勃生机,始终成为中国人民最可靠、最坚强的主心骨。

(六)以健全全面从严治党体系为有效途径

百余年来,我们党在积极推动党的自我革命的同时,及时将加强党的建设行之有效的经验做法上升为制度,不断提升用制度管党治党的能力和水平。建党之初,党的一大通过的中国共产党纲领就党员条件、中央和地方组织的关系、党的纪律等作出了明确规定。1933年12月,中华苏维埃共和国中央执行委员会专门发出第26号训令《关于惩治贪污浪费行为》,对贪污行为进行惩处。1938年8月,陕甘宁边区政府颁布《陕甘宁边区惩治贪污暂行条例》,强调共产党员有犯罪者从重治罪。改革开放之初,邓小平指出:"要解决思想问题,也要解决制度问题。""这种制度问题,关系到党和国家是否改变颜色,必须引起全党的高度重视。"之后,我们党把思想建设、组织建设和作风建设有机结合起来,把制度建设贯穿其中。党的十八大以来,以习近平同志为核心的党中央把加强党内法规制度建设作为全面从严治党的长远之策、根本之策,坚持纪严于法、执纪执法贯通,形成比较完善的党内法规体系,为推进党的自我革命提供了根本性、全局性、稳定性、长期性的保障。

(七)以锻造坚强组织、建设过硬队伍为重要着力点

严密的组织体系是党的优势所在、力量所在,是中国共产党奋斗历史的制胜秘诀。毛泽东曾作出一个带有规律性的重要论断:"政治路线确定之后,干部就是决定的因素。"从建党开始,我们党就设计和确定了初步的组织结构;到党的五大时,将党的组织系统划分为全国、省、市或县、区、生产单位五级;之后,适应社会主义革命和建设的需要,逐步改进、完善、健全,形成了从中央组织、地方组织到基层组织一整套科学严密的体系,并按照"德才兼备"的干部标准和"任人唯贤"的干部路线,在各行各业培养选拔了一批批又红又专的干部。党的十八大以来,以习近平同志为核心的党中央明确提出新时代党的组织路线,以健全党的组织体系为重点,推动党的领导纵向到底、横向到边,实现全覆盖,党组织的政治功能和组织功能不断增强,着力培养忠诚干净担当的高素质干部,着力集聚爱国奉献的各方面优秀人才,为坚持和加强党的全面领导、坚持和发展中国特色社会主义提供坚强组织保证。

(八)以正风肃纪反腐为重要抓手

党性、党风、党纪是一个有机整体。党性是根本,党风是表现,党纪是保障。20世纪40年代,针对主观主义、宗派主义、党八股问题,我们党第一次以集中教育的方式在全党开展整风,使全党团结在毛泽东思想的旗帜下。新中国成立后,我们党注意克服旧社会贪污腐败等不良风气对新政权及其工作人员的侵蚀,尤其是从严查处"新中国反腐第一案"——刘青山、张子善案,起到了极大的震慑作用。改革开放后,面对腐败现象的滋生蔓延,邓小平强调:"我们要反对腐败,搞廉洁政治。不是搞一天两天、一月两月,整个改革开放过程中都要反对腐败。"党的十八大以来,以习近平同志为核心的党中央从制定和落实中央八项规定开局破题,以钉钉子精神纠治"四风",以严明纪律强化约束,开展了史无前例的反腐败斗争,消除了党、国家、军队内部存在的严重隐患。经过不懈努力,党风政风焕然一新，社风民风持续向好，重塑了党在人民心中的形象。

（九）以自我监督和人民监督相结合为强大动力

我们党全面领导、长期执政，面临的最大挑战是对权力的监督。怎样强化对权力运行的制约和监督？1945年7月，在与黄炎培"窑洞对"谈话中，毛泽东就坚定地表示，只有让人民来监督政府，政府才不敢松懈。只有人人起来负责，才不会人亡政息。党的十八大以来，以习近平同志为核心的党中央把制约和监督权力作为保持党的肌体健康的重要保障，领导完善党和国家监督体系，统筹推进纪检监察体制改革，推动设立国家监察委员会和地方各级监察委员会与同级纪委合署办公，构建巡视巡察上下联动格局，构建以党内监督为主导、各类监督贯通协调的机制，不断加强对权力运行的制约和监督，使各类监督更加规范、更加有力、更加有效。

二、完整准确把握"九个以"的实践要求的科学体系

"九个以"的实践要求是一个系统完备、协同支撑、逻辑严密、与时俱进的思想体系，明体达用、体用贯通，回答了对党的自我革命怎么看、怎么干的问题。"九个以"的实践要求具有很强的政治性、思想性、指导性、针对性，贯穿着马克思主义立场观点方法，闪耀着辩证唯物主义和历史唯物主义的理论光芒。

（一）系统完备的整体性

"九个以"的实践要求是新时代我们党在推进党的自我革命的伟大实践中，经过科学比较选择、精心总结提炼，抓住的最具根本性、全局性、稳定性、长期性的九个方面的重要问题。这九个方面内容

上互相呼应、精神上高度契合，既各有侧重又相互支撑，构成了一个相互联系、相互贯通的有机统一体，是深入推进党的自我革命的重要顶层设计，共同形成党的自我革命的整体效能。

（二）协同支撑的结构性

恩格斯指出："思维既把相互联系的要素联合为一个统一体，同样也把意识的对象分解为它们的要素。""九个以"的实践要求是一个结构分明的系统理论。从思想体系看，"九个以"的实践要求涵盖党的政治建设、思想建设、组织建设、作风建设、纪律建设、制度建设、反腐败斗争等各方面要求，体现了党的自我革命在内容上全涵盖、对象上全覆盖、责任上全链条、制度上全贯通。从科学方法看，"九个以"的实践要求既讲党的自我革命是什么、为什么，又讲对党的自我革命怎么看、怎么办，既部署"过河"的任务，又指导解决"桥或船"的问题，生动体现了马克思主义世界观和方法论的统一。

（三）逻辑严密的层次性

作为新时代党的自我革命的一套"组合拳"，"九个以"的实践要求中的每一条要求都发挥着不同的功能，其排列顺序有着深刻的逻辑指向。排在前三位的分别是"根本保证""根本目的""根本遵循"三个根本，指明了党的自我革命的根本政治方向、最终目标指向、理论指导原则，这是党的自我革命的最核心、最重要、管方向的因素；排在第四位、第五位的分别是"战略目标""主攻方向"，阐述了党的自我革命的内在目标，这是党的自我革命的行动指向；排在第六位至第九位的分别是"有效途径""重要着力点""重要抓手""强大动力"，阐述了党的自我革命的重点任务、组织基础、突破口、动力机制,这是党的自我革命的行动方略和行之有效的实施路径。这九个方面的要求,从价值导向到内在要求再到具体措施,环环相扣、层层递进,显示出清晰的逻辑层次。

(四)与时俱进的开放性

马克思主义理论不是教条,而是行动指南,必须随着实践的变化而发展。习近平总书记关于党的自我革命的重要思想是一个不断展开的、开放式的思想体系。从2015年5月习近平总书记在中央全面深化改革领导小组第十二次会议上首次提出"自我革命"的概念,到2021年11月党的十九届六中全会通过的党的第三个历史决议,将"坚持自我革命"作为党的十个方面的历史经验之一写入决议;从党的二十大报告提出"必须时刻保持解决大党独有难题的清醒和坚定"的重要要求,到2024年1月习近平总书记在二十届中央纪委三次全会上明确提出关于党的自我革命的重要思想的概念范畴,强调"九个以"的实践要求;等等。提出这些新理念新思想新战略,标志着我们党对自我革命的规律性认识不断深化。实践在发展,社会在前进,习近平总书记关于党的自我革命的重要思想必将随着中国特色社会主义伟大事业和新时代党的建设新的伟大工程的深入推进,随着强国建设、民族复兴伟业的全面拓展而持续发展、不断丰富、更加完善。

三、立足新时代新征程把"九个以"的实践要求落到实处

道不可坐论,理不能空谈。学习党的创新理论的目的全在于运用。学习领悟习近平总书记关于党的自我革命的重要思想,一个重

要方面就是要在贯彻落实"九个以"的实践要求上下功夫。我们要提高政治站位，凝聚思想共识，坚持科学的思想方法和工作方法，不折不扣把"九个以"的实践要求落到实处，不断提高党的自我革命的坚定性、科学性、有效性。

（一）坚持系统观念

习近平总书记指出，必须树立系统观念，以正确的历史观、大局观把握大势、统筹兼顾、掌握主动。贯彻落实"九个以"的实践要求，必须坚持系统观念，将其作为党全方位、全过程加强自身建设的系统工程予以推进。要加强前瞻性思考、全局性谋划、战略性布局、整体性推进，把全的要求、严的基调、治的理念落实到全面从严治党全过程各方面各环节；要坚持"两点论"和"重点论"的统一，既要整体推进，又要找重点、抓关键，以重点突破带动整体推进，在整体推进中实现重点突破，使全面从严治党各项工作更好体现时代性、把握规律性、富于创造性。

（二）坚持实践观点

习近平总书记指出，党和人民事业发展到什么阶段，全面从严治党就要跟进到什么阶段。"九个以"的实践要求是在新时代有效破解管党治党、兴党强党实际问题的基础上提出来的，是在统揽伟大斗争、伟大工程、伟大事业、伟大梦想中应运而生、丰富发展的。同时，"九个以"的实践要求作为系统的理论成果，还必须立足新的实际，推动其贯彻落实。党的二十大发出为全面建设社会主义现代化国家、全面推进中华民族伟大复兴而团结奋斗的伟大号召和动员令，我们要紧紧围绕推进中国式现代化来贯彻落实"九个以"的实践要求，使党的自我革命更好服从服务于党的中心任务。

（三）保持战略定力

习近平总书记指出，全面从严治党永远在路上，党的自我革命永远在路上。我们要充分认识党的自我革命的长期性、复杂性、艰巨性，决不能有松劲歇脚、疲劳厌战的情绪。要聚焦如何成功跳出治乱兴衰历史周期率、确保党永远不变质不变色不变味这个战略性问题，不断进行实践探索和理论创新，不断深化对党的自我革命的规律性认识，不断增强党自我净化、自我完善、自我革新、自我提高能力，及时清除一切影响党的先进性和纯洁性的因素，清除侵蚀党的健康肌体的病毒，始终保持党同人民群众的血肉联系，不断巩固党的长期执政地位。

（四）保持历史耐心

腐败的本质是权力出轨、越轨。腐败是人类社会一种共有现象，古今中外都有发生。历史和现实告诉我们，只要拥有权力，就有被腐蚀的风险。习近平总书记指出："面对依然严峻复杂的形势，反腐败绝对不能回头、不能松懈、不能慈悲，必须永远吹冲锋号。"党的自我革命不可能一蹴而就、一劳永逸，毕其功于一役，更不能一阵风，刮一下就停，必须保持足够的历史耐心。要适应全面从严治党新形势新要求，聚焦大党独有难题的破解之道，紧紧围绕"六个如何始终"，既常抓不懈、久久为功，又集中发力、专项整治，以永远在路上的坚韧和执着，推动党的自我革命环环相扣、层层递进，在革故鼎新、守正创新中实现自我扬弃、自身跨越，把党建设得更加坚强有力，为以中国式现代化全面推进强国建设、民族复兴伟业提供坚强政治保障。

（原载《党建研究》2024年第6期）

中央八项规定：激发凝聚起历史性变革力量

作为加强党的作风建设、全面从严治党的重要制度安排，中央八项规定深刻改变了中国，已成为载入史册的大事。习近平总书记在党的二十大报告中，对锲而不舍落实中央八项规定精神、推进作风建设常态化长效化提出明确要求。学习贯彻落实党的二十大精神，有必要全面回顾总结新时代我们党从制定和落实中央八项规定破题，成功开启全面从严治党新篇章的历程，深刻认识其重大现实意义和深远历史意义，以永远在路上的坚定执着继续把中央八项规定精神贯彻好、落实好。

一、一子落而满盘活：中央八项规定以小切口带来管党治党大变局

历史的伟大转折，只有拉长瞭望的镜头、用宏观的视角才能更清楚地看到其发展演变的脉络，也只有透过跨越时空的前后对比，才能更加强烈地感受到发生的巨大变化。2022年是中央八项规定出台的第十个年头。10年前，中国特色社会主义进入新时代，历史的接力棒传递到以习近平同志为核心的党中央手中。我们面对的形势

是，改革开放和社会主义现代化建设取得巨大成就，党的建设新的伟大工程取得显著成效，为我们继续前进奠定了坚实基础、创造了良好条件、提供了重要保障，同时一系列长期积累及新出现的突出矛盾和问题亟待解决。其中一个方面，就是党内存在不少对坚持党的领导认识模糊、行动乏力问题，存在不少落实党的领导弱化、虚化、淡化问题，有些党员干部政治信仰发生动摇，一些地方和部门形式主义、官僚主义、享乐主义和奢靡之风屡禁不止，特权思想和特权现象较为严重，一些贪腐问题触目惊心。当时，党内和社会上不少人对党和国家前途命运忧心忡忡。

面对这些影响党长期执政、国家长治久安、人民幸福安康的突出矛盾和问题，习近平总书记突出强调，打铁必须自身硬，办好中国的事情，关键在党，关键在党要管党、全面从严治党。但积弊甚深，沉疴日久，管党治党从哪里抓起，成为考验执政党政治智慧和政治勇气的十分紧迫的现实问题。党中央深刻认识到，全面从严治党必须从人民群众反映强烈的作风问题抓起。制定和落实中央八项规定，就是我们党坚持有的放矢，从人民群众最深恶痛绝、对党的形象损害最大的地方入手，从具体事情抓起，精准发力、直打七寸的有力举措，成功解决了"老虎吃天，无从下口"的问题，迈出了对全党进行革命性锻造的关键一步。

科学理论的指引最有力，领导核心的感召最强大。党的十八大以来，以习近平同志为核心的党中央从巩固党的执政地位、实现党的初心使命的政治和战略高度出发，强调党的作风和形象关系党的创造力、凝聚力、战斗力，决定党和国家事业成败，加强作风建设必须紧扣保持党同人民群众血肉联系这个关键；强调中央八项规定既不是最高标准，更不是最终目的，只是我们改进作风的第一步，是我们作为共产党人应该做到的基本要求；强调要把刹住"四风"作为巩固党心民心的重要途径，对"四风"隐形变异新动向要时刻防范，坚决防止回潮复燃，以系统施治、标本兼治的理念正风肃纪反腐，不断增强党自我净化、自我完善、自我革新、自我提高能力；等等。这些重要论述，深刻回答了作风建设的一系列理论和实践问题，深化了作风建设规律性认识，为我们落实中央八项规定精神并巩固拓展具体成果提供了根本遵循。习近平总书记作为党的核心、人民领袖、军队统帅，始终坚持以身作则、以上率下，始终如一从自身做起、严格自我要求，带头贯彻执行中央八项规定及其实施细则，坚持把改进工作作风、密切联系群众体现在治国理政的各方面，把勤俭节约、务求实效贯穿国内考察调研和国外出访活动全过程。同时严抓中央委员会作风建设，要求中央政治局同志在严于律己上坚持最高标准，各地区各部门党委（党组）履行主体责任，一个节点一个节点坚守、一个阶段一个阶段推进，抓铁有痕、踏石留印，在全党全社会发挥了巨大的示范、引领、激励作用。

中央八项规定作为激浊扬清、涤荡痼疾的切入点和动员令，以小切口推动管党治党发生格局性变化，体现了以习近平同志为核心的党中央"四两拨千斤"的高超政治智慧，充分说明只要发扬讲认真精神就没有共产党人解决不了的难题。正是从制定和落实中央八项规定开局破题，动真碰硬革除"四风"，持之以恒正风肃纪，我们党解决了新形势下作风建设抓什么、怎么抓的问题，进而使管党治党宽松软状况得到根本扭转，推动全面从严治党取得了历史性、开创性成就，产生了全方位、深层次影响。

二、金色名片放光芒：中央八项规定带来的新风正气为新时代伟大变革提供了坚强作风保障

古人说："风俗者，天下之大事也。""求治之道，莫先于正风俗。"风清气正是一个国家、一个民族、一个政党朝气蓬勃、兴旺发达的重要支撑。作为植根中国大地的马克思主义政党，我们党传承弘扬了中华民族数千年来重视敦风化俗、匡扶正气的优良传统，在加强作风建设上付出了不懈努力。特别是改革开放以来，我们党清醒地认识到，作风建设是摆在我们党面前的一项重大而紧迫的任务。邓小平曾发人深省地说："风气如果坏下去，经济搞成功又有什么意义？会在另一方面变质，反过来影响整个经济变质，发展下去会形成贪污、盗窃、贿赂横行的世界。"他还强调："抓党风、社会风气好转，必须狠狠地抓，一天不放松地抓，从具体事件抓起。"这种对党风政风关系党和国家生死存亡的深沉忧患意识，贯穿我们党治国理政的全部实践。

进入新时代以来，作风建设呈现崭新气象。以习近平同志为核心的党中央推动全党以高度政治自觉贯彻落实中央八项规定精神，坚持作风建设不松劲、不停步、再出发，坚持纠"四风"与树新风并举，健全常态长效机制，以好作风、好形象带领人民群众不断开辟"中国之治"新境界。中央纪委国家监委持续公布查处违反中央八项规定精神问题数据，对典型案例指名道姓通报曝光。经过长期努力，全党转作风改作风的思想政治根基不断巩固，思想上更加统一、政治上更加团结、行动上更加一致。群众立场、群众观念、群

众感情不断强化,党的执政根基更加坚实。"四风"惯性被有效扭转,干部清正、政府清廉、政治清明的政治生态更加纯净健康。党员干部工作状态、精神状态更加积极向上,奋进新征程、建功新时代的精气神有力提振。党风政风引领社风民风持续向善向上,全社会新风正气不断充盈。

各方面普遍认为,中央八项规定是一场"改变中国"的作风之变,刹住了一些多年未刹住的歪风邪气,解决了许多长期没有解决的顽瘴痼疾,重塑了政治生态,深刻改变了人们的思维方式、工作方式、生活方式。曾几何时,上百个文件管不住一张嘴;如今,中央八项规定深入人心,成为党员干部的行动自觉。"十年磨一剑",通过中央八项规定带来的洗礼,纪律松弛、作风漂浮状况显著改变,民生领域的"微腐败"以及违规收送礼品礼金、违规吃喝、私车公养等问题得到有效整治,讲排场、比阔气等不良风气和不理性、不文明消费习俗被逐步破除,弄虚作假、欺上瞒下等"潜规则"的生存空间被不断压缩,许多基层干部从繁文缛节、文山会海、迎来送往中解脱出来,清清爽爽的同志关系、规规矩矩的上下级关系、干干净净的政商关系正在形成,作风建设要求有效转化成为民造福的实际行动。总而言之,"四风"荡涤而去,新风扑面而来,党风政风民风焕然一新,党心军心民心高度凝聚,为新时代伟大变革提供了坚强作风保障。

中央八项规定不仅是作风建设的代名词、新时代中国共产党人的一张金色名片,更是我们党完成重大使命任务的助推器。比如,面对脱贫攻坚这一全面建成小康社会的底线任务,习近平总书记深入一线,面对面同基层干部和群众聊家常、算细账,了解真扶贫、扶真贫、脱真贫情况，提出全面小康"一个都不能少"，把作风建设贯穿脱贫攻坚全过程，把反对和防止形式主义、官僚主义作为重中之重，动员全党全国全社会力量上下同心、尽锐出战，攻克坚中之坚、解决难中之难。广大党员干部以越是艰险越向前的拼搏精神和顽强作风，打赢了人类历史上规模最大、力度最强的脱贫攻坚战，历史性地解决了绝对贫困问题，创造了人类减贫史上的奇迹。又如，面对突如其来的新冠疫情，党中央坚持人民至上、生命至上，开展了抗击疫情的人民战争、总体战、阻击战。在疫情防控关键时刻，习近平总书记突出强调坚决反对形式主义、官僚主义，让基层干部把更多精力投入疫情防控第一线。广大党员干部在大战大考中经受考验，以优良作风确保各项防疫措施落细落实，最大限度保护了人民生命安全和身体健康，统筹疫情防控和经济社会发展取得重大积极成果，交出了不负党中央重托、不负人民群众期待的满意答卷。

历史和现实都充分证明，新时代以来的伟大变革，中央八项规定和作风建设功莫大焉。中央八项规定带来的新风正气，既是新时代以来伟大变革的重要组成部分，又是引领伟大变革的重要因素。不难设想，如果没有以中央八项规定为切入口的作风建设带来的"蝴蝶效应"，党的面貌、国家的面貌、人民的面貌、军队的面貌、中华民族的面貌，就不可能在短短十几年间发生前所未有的深刻变化，中国共产党和中国人民就不可能创造出新时代中国特色社会主义的伟大成就。

三、锲而不舍镂金石：以跳出治乱兴衰历史周期率的清醒和坚定持之以恒落实中央八项规定精神

党的二十大报告指出：全面建设社会主义现代化国家、全面推进中华民族伟大复兴，关键在党。经过党的十八大以来全面从严治党，我们解决了党内许多突出问题，但党面临的执政考验、改革开放考验、市场经济考验、外部环境考验将长期存在，精神懈怠危险、能力不足危险、脱离群众危险、消极腐败危险将长期存在。就贯彻落实中央八项规定精神、加强作风建设而言，也仍然存在一些问题和不足，"四风"树倒根存、禁而未绝，高压之下违反中央八项规定精神的行为仍时有发生，有的以形式主义反对形式主义、以官僚主义反对官僚主义，享乐主义和奢靡之风更加隐蔽，有的领域不正之风与腐败问题相互交织，由风及腐、风腐一体，彻底铲除不正之风滋生的土壤还任重道远，抓作风建设只有进行时、没有完成时。

在党的二十大报告中，习近平总书记郑重告诫全党："必须时刻保持解决大党独有难题的清醒和坚定。""大党独有难题"是一个崭新命题，包含诸多内涵，但归结到一点，就是建设什么样的长期执政的马克思主义政党、怎样建设长期执政的马克思主义政党的重大时代课题，就是我们党历史这么长、规模这么大、执政这么久，如何跳出治乱兴衰历史周期率的问题。1945年，毛泽东在延安的窑洞里给出了第一个答案，这就是"只有让人民来监督政府，政府才不敢松懈"。经过百余年奋斗特别是党的十八大以来新的实践，习近平总书记再次响亮作答，给出了第二个答案，这就是推进党的自我革命。

从跳出治乱兴衰历史周期率的角度来看，出台和落实中央八项规定、加强作风建设，是新时代中国共产党人把外靠人民民主、接受人民监督，内靠全面从严治党、推进自我革命两个答案贯通起来的重要结合点。中国共产党代表中国最广大人民根本利益，没有任何自己特殊的利益，从来不代表任何利益集团、任何权势团体、任何特权阶层的利益。这是我们党能够自觉接受人民监督，"为人民的利益坚持好的，为人民的利益改正错的"，坚持自我革命的勇气和底气所在。中央八项规定从人民群众反映最强烈的作风问题出发，坚持人民群众反对什么、痛恨什么，就坚决防范和纠正什么，既是我们党立党为公、执政为民，自觉接受人民监督的产物，又是新时代党的自我革命伟大实践的重要标志，彰显了党勇于自我革命的鲜明品格。通过整饬作风，中国共产党赢得了始终保持同人民群众的血肉联系、人民衷心拥护、走在时代前列的历史主动。

作风建设永远在路上，全面从严治党永远在路上，党的自我革命永远在路上。 现在，我们正意气风发迈上全面建设社会主义现代化国家、向着第二个百年奋斗目标进军的新征程。全面建设社会主义现代化国家，是一项伟大而艰巨的事业，前途光明，任重道远。没有强有力的作风保障，没有全面从严的过硬要求，没有刀刃向内、刮骨疗毒的革命性锻造，就不可能完成以中国式现代化全面推进中华民族伟大复兴的光荣历史使命。前进道路上风险越大、挑战越多、任务越重，越要加强党的作风建设，以好的作风振奋精神、激发斗志、树立形象、赢得民心。党的二十大召开后不久，二十届中共中央政治局即审议通过新修订的《贯彻落实中央八项规定实施细则》，对作风建设提出更高要求，再次释放出作风建设只有进行时、没有完成时的强烈信号，展现出驰而不息改进作风、把全面从严治党向纵深推进的坚定意志和坚强决心。

习近平总书记在二十届中共中央政治局常委同中外记者见面时指出："新征程是充满光荣和梦想的远征。"在这场伟大远征中，我们要站在跳出治乱兴衰历史周期率的高度，进一步增强贯彻执行中央八项规定精神、加强作风建设的政治自觉、思想自觉、行动自觉，不断把作风建设成效转化为新征程上接续奋斗的强大动力。要牢记中央八项规定不是五年、十年的规定，而是长期有效的铁规矩、硬杠杠，准确把握新形势下反"四风"的规律特点和工作要求，继续在常和长、严和实、深和细上下功夫，管出习惯、抓出成效，化风成俗。要以彻底的自我革命精神打好作风建设持久战、攻坚战、攻心战，把全面从严治党进行到底，确保党永远不变质、不变色、不变味，始终成为中国特色社会主义事业的坚强领导核心，引领和保障"中国号"巨轮朝着光明未来破浪前行。

（原载《中国纪检监察》2022年第23期）

新时代加强党的作风建设的锐利思想武器

——学习习近平总书记关于加强党的作风建设的重要论述

党中央决定,自2025年全国两会后至7月,在全党开展深入贯彻中央八项规定精神学习教育。2025年3月,习近平总书记在贵州、云南考察时,对开展深入贯彻中央八项规定精神学习教育提出明确要求。习近平总书记指出:"党中央决定在全党开展深入贯彻中央八项规定精神学习教育,这是今年党建工作的重点任务。各级党组织要精心组织实施,推动党员、干部增强定力、养成习惯,以优良作风凝心聚力、干事创业。"

我们党高度重视自身建设,特别强调"办好中国的事情,关键在党","党风问题关系党的生死存亡"。党的十八大以来,以习近平同志为核心的党中央,全力以赴大抓党的建设,从加强党的作风建设开局,从制定和落实中央八项规定破题。回顾这段难忘的历程,极不平凡、极不寻常,小切口带来大变化,小切口促成大变局。八项规定一子落地,作风建设满盘皆活,党风政风焕然一新,社风民风持续向好,党在人民心中的形象实现重塑。我们党以作风建设新气象赢得了人民群众的信任和拥护。

伟大实践孕育创新理论,创新理论指导伟大实践,彰显了思想的力量。在推进全面从严治党的实践中,习近平总书记就加强党的作风建设发表一系列重要讲话、作出一系列重要指示批示,形成习近平总书记关于加强党的作风建设的重要论述。这些重要论述是习近平总书记关于党的建设的重要思想、关于党的自我革命的重要思想的重要组成部分,为新时代加强党的作风建设提供了锐利思想武器,也为开展深入贯彻中央八项规定精神学习教育提供了根本遵循。

一、习近平总书记关于加强党的作风建设的重要论述,深刻阐述了加强党的作风建设的重大意义、本质属性和核心要义

党的建设是系统工程,涉及不同的领域和不同的方面。那么,我们党为什么要加强党的作风建设?党的作风建设与党的其他建设是什么关系?党的作风建设在党和人民事业中具有什么样的地位和作用?党的十八大以来,习近平总书记在推进全面从严治党实践中,深刻阐述了新时代加强党的作风建设的重大意义、本质属性和核心要义,对新时代党的作风建设涉及的一系列重大理论和实践问题给予了科学回答。

党的作风关系人心向背,决定党和国家事业成败,这是习近平总书记对新时代加强党的作风建设重大意义的高度概括。党的作风是党的形象,是观察党群干群关系、人心向背的晴雨表。党的作风正,人民的心气顺,党和人民就能同甘共苦。习近平总书记曾指出:

新时代加强党的作风建设的锐利思想武器
——学习习近平总书记关于加强党的作风建设的重要论述

"我们党作为秉持共产主义远大理想的马克思主义政党,在近一个世纪的奋斗历程中,作风状况总的是好的。"在革命战争年代的艰苦岁月里,我们党培育并坚持了党的"三大作风",这是我们党区别于其他政党的显著标志。我们党之所以能够取得新民主主义革命的胜利,带领人民建立了新中国,原因有很多条,其中重要一条是我们党始终保持同人民群众的血肉联系,最终"用延安作风打败西安作风"。习近平总书记进一步指出:"一切事物都处在变化之中,我们党所面临的环境和党的队伍也处在变化之中。特别是党在全国执政以后,党的执政地位给党员、干部队伍带来的变化也十分明显。"作风问题越来越复杂地表现出来。习近平总书记强调:"越是改革开放,越是发展社会主义市场经济,越是长期执政,党内形形色色的作风问题越是突出,我们越是要加强作风教育和作风建设。"习近平总书记明确提出,"我们党的执政基础很牢固,但如果作风问题解决不好,也有可能出现'霸王别姬'这样的时刻";"执政党如果不注重作风建设,听任不正之风侵蚀党的肌体,就有失去民心、丧失政权的危险"。习近平总书记的重要论述振聋发聩啊!

作风问题本质上是党性问题,这是习近平总书记对新时代加强党的作风建设本质属性的精辟阐述。作风反映的是形象和素质,体现的是党性,起决定作用的也是党性,必须在解决作风问题的基础上解决好党性问题,这是改进作风的一个重要着眼点。习近平总书记深刻指出,"衡量党性强弱的根本尺子是公、私二字","作风问题有的看起来不大,几顿饭,几杯酒,几张卡,但都与公私问题有联系,都与公款、公权有关系"。习近平总书记强调:"抓作风建设,就要返璞归真、固本培元,重点突出坚定理想信念、践行根本宗旨、加强道德修养。"习近平总书记指出:"信念是本,作风是形,本正而形聚,本不正则形必散。保持和发扬党的优良作风,坚定理想信念是根本。""对我们共产党人来讲,能不能解决好作风问题,是衡量对马克思主义信仰、对社会主义和共产主义信念、对党和人民忠诚的一把十分重要的尺子。"习近平总书记进一步强调:"党性、党风、党纪是有机整体,党性是根本,党风是表现,党纪是保障。"党性、党风、党纪统一于党的建设实践中,三者相互联系、相互促进,共同作用于锻造坚强有力的马克思主义政党。要按照习近平总书记的要求,把开展严肃认真的党内政治生活作为纯洁党风的"净化器"。

作风问题核心是党同人民群众的关系问题,这是习近平总书记对新时代加强党的作风建设核心要义的精准提炼。加强干部作风建设,最重要的是要抓住保持同人民群众的血肉联系这个核心问题。习近平总书记强调:"党要继续经受住执政考验、改革开放考验、市场经济考验、外部环境考验,就必须始终密切联系群众。"在任何时候任何情况下,与人民同呼吸共命运的立场不能变,全心全意为人民服务的宗旨不能忘,群众是真正英雄的历史唯物主义观点不能丢,始终坚持立党为公、执政为民。习近平总书记进一步深刻指出:"江山就是人民、人民就是江山,打江山、守江山,守的是人民的心。"中国共产党根基在人民、血脉在人民、力量在人民,人民群众有着无尽的智慧和力量。只有始终相信人民,紧紧依靠人民,充分调动广大人民的积极性、主动性、创造性,才能凝聚起众志成城的磅礴之力。习近平总书记明确要求,要始终把人民放在心中最高位置,站稳人民立场,厚植为民情怀,把握新形势下群众工作的特点和规律,带头走好群众路线,把心系群众、情系百姓体现到履职尽责全过程各方面，着力保障和改善民生，及时回应人民群众合理诉求，切实把好事办好、实事办实、难事办妥。习近平总书记重要论述的字里行间，充满着对人民群众的深情厚意和大爱。

二、习近平总书记关于加强党的作风建设的重要论述，深刻阐述了加强党的作风建设的重大举措、重点任务和"关键少数"

党的十八大之后，面对党内存在的种种问题和弊端，党要管党怎么管？全面从严治党怎么严？如同老虎吃天，首先要弄清楚从哪儿下口。经过认真思考和深入研究，习近平总书记和党中央断然决定，从作风建设特别是整治党内存在的形式主义、官僚主义、享乐主义和奢靡之风等突出问题抓起，"从小抓起，以小见大，以小带大"，这就找到了突破口，解决了新形势下作风建设抓什么、怎么抓的问题。制定实施中央八项规定，是我们党在新时代的徙木立信之举，成为改变政治生态和社会面貌的标志性举措。党中央率先垂范、以上率下，对全党作风建设起到了带动示范作用。在这个过程中，习近平总书记深刻阐述了新时代加强党的作风建设的重大举措、重点任务和"关键少数"，对新时代如何加强党的作风建设提出了明确要求。

中央八项规定是改进作风的切入口和动员令，是长期有效的铁规矩、硬杠杠，这是习近平总书记对新时代加强党的作风建设重大举措作出的生动表达。没有规矩，不成方圆。习近平总书记指出："制定这方面的规矩，指导思想就是从严要求，体现党要管党、从严治党。"习近平总书记特别强调："既然作规定，就要朝严一点的标准去努力，就要来真格的。不痛不痒的，四平八稳的，都是空洞口号，就落不到实处，还不如不做。定规矩，就要落实一些已经有明确规范的事情，就要约束一些不合规范的事情，就要规范一些没有规范的事情。规矩是起约束作用的，所以要紧一点。紧一点自然就不舒服了，舒适度就有问题了，就是要不舒服一点、不自在一点，我们不舒服一点、不自在一点，老百姓的舒适度就好一点、满意度就高一点，对我们的感觉就好一点。"习近平总书记还深刻指出："八项规定既不是最高标准，更不是最终目的，只是我们改进作风的第一步，是我们作为共产党人应该做到的基本要求。"习近平总书记一再强调，落实中央八项规定精神是一场攻坚战、持久战。中央八项规定不是只管五年、十年，而是要长期坚持。要拿出恒心和韧劲，继续在常和长、严和实、深和细上下功夫，管出习惯、抓出成效、化风成俗。要发扬钉钉子精神，以踏石留印、抓铁有痕的劲头抓下去，善始善终、善作善成，防止虎头蛇尾，让全党全体人民来监督，让人民群众不断看到实实在在的成效和变化。

持续深化纠治"四风"，这是习近平总书记对新时代加强党的作风建设重点任务给予的突出强调。进入新时代，面对世情、国情、党情的深刻变化，精神懈怠危险、能力不足危险、脱离群众危险、消极腐败危险更加尖锐地摆在全党面前，党内脱离群众的现象大量存在，一些问题还相当严重，集中表现在形式主义、官僚主义、享乐主义和奢靡之风这"四风"上。习近平总书记指出，"在形式主义方面，主要是知行不一、不求实效，文山会海、花拳绣腿，贪图虚名、弄虚作假"；"在官僚主义方面，主要是脱离实际、脱离群众，高高在上、漠视现实，唯我独尊、自我膨胀"；"在享乐主义方面，主要是精神懈怠、不思进取，追名逐利、贪图享受，讲究排场、玩风盛行"；"在奢靡之风方面，主要是铺张浪费、挥霍无度，大兴土木、节庆泛滥，生活奢华、骄奢淫逸，甚至以权谋私、腐化堕落"。习近平总书记尖锐指出，"四风"是违背我们党的性质和宗旨的，是当前群众深恶痛绝、反映最强烈的问题，也是损害党群干群关系的重要根源。习近平总书记要求，解决"四风"问题，要对准焦距、找准穴位、抓住要害，不能"走神"，不能"散光"。反对形式主义，要着重解决工作不实的问题；反对官僚主义，要着重解决在人民群众利益上不维护、不作为的问题；反对享乐主义，要着重克服及时行乐思想和特权现象；反对奢靡之风，要着重狠刹挥霍享乐和骄奢淫逸的不良风气。解决"四风"问题，要从实际出发，抓住主要矛盾，什么问题突出就着重解决什么问题，什么问题紧迫就抓紧解决什么问题，找准靶子，有的放矢，务求实效。习近平总书记强调，"四风"问题具有顽固性、长期性、复杂性，现在压下去了，但如果不较真，如果不防微杜渐，还是会卷土重来的。对"四风"问题及其各种变异表现，必须保持高度警惕，继续把发条拧紧，保持高压态势，寸步不让，一抓到底。要在坚持中见常态，向制度建设要长效，推动社会风气好转。要把刹住"四风"作为巩固党心民心的重要途径，坚决防止产生"疲劳综合征"，对享乐主义、奢靡之风等歪风陋习要露头就打，对"四风"隐形变异新动向要时刻防范，决不允许死灰复燃！决不允许旧弊未除、新弊又生！

各级领导干部要带头转变作风，身体力行，以上率下，这是习近平总书记对新时代加强党的作风建设就"关键少数"提出的明确要求。风成于上，俗化于下。习近平总书记指出："党风廉政建设，关键在领导干部，特别是中央要带头。'上梁不正下梁歪，中梁不正倒下来。'要求别人做到的，自己首先要做到；要求别人不做的，自己首先不做。"凡事都是这样的，上行下效，上率下行，上有所好、下必甚焉，上有所恶、下必不为，上面松一寸、下面松一尺。"人不率则不从，身不先则不信。"习近平总书记指出，在作风建设方面，领导干部带好头是无声的示范。"中央政治局把自身作风建设搞好了，成为全党表率，才能领导好全党的党风廉政建设。"领导机关是国家治理体系中的重要机关，领导干部是党和国家事业发展的"关键少数"，对全党全社会都具有风向标作用。领导机关和领导干部带头冲在前、干在先，是我们党走向成功的关键。习近平总书记要求各级领导干部形成"头雁效应"。要严格自律，注重自觉同特权思想和特权现象作斗争，习惯在受监督和约束的环境中工作生活。他特别强调，领导干部特别是高级干部要管好自身，还要管好家人亲戚、管好身边人身边事、管好主管分管领域风气，在营造风清气正的政治生态、形成清清爽爽的同志关系和规规矩矩的上下级关系、坚持亲清统一的新型政商关系、营造向上向善的社会环境等方面带好头、尽好责。习近平总书记在廉洁自律方面为全党树立了光辉榜样。

三、习近平总书记关于加强党的作风建设的重要论述，深刻阐述了加强党的作风建设的有效途径、重要目的和制度保障

作风建设只有进行时，没有完成时，绝非权宜之计，而是永恒的课题。为了巩固党的作风建设特别是贯彻中央八项规定取得的成果，党的作风建设必须坚持不懈地抓，持之以恒、久久为功；必须

不断完善党内法规，建立健全有效管用的体制机制，不断加强制度建设。在这个过程中，习近平总书记深刻阐述了新时代加强党的作风建设的有效途径、重要目的和制度保障，为新时代怎样加强党的作风建设指明了前进方向。

坚持正风肃纪反腐相贯通，这是习近平总书记对新时代加强党的作风建设有效途径进行的系统谋划。他指出："立明规则，破潜规则，必须在党内形成弘扬正气的大气候。大气候不形成，小气候自然就会成气候。"抓作风是推进党的建设新的伟大工程的重要切入点和着力点，必须坚持全面从严治党，落实管党治党责任，把作风建设要求融入党的思想建设、组织建设、反腐倡廉建设、制度建设之中，全面提高党的建设工作水平。习近平总书记指出，全面从严治党，必然要求依规治党与以德治党紧密结合。道德使人向善，是纪律的必要前提和基础；纪律用来惩恶，是道德的坚强后盾和保障。要扣紧"廉洁自律"这个主题，坚持正面倡导、重在立德，重申党的理想信念宗旨、优良传统作风，展现共产党人高尚道德追求的高标准。要围绕党纪戒尺要求，开列"负面清单"、重在立规，划出党组织和党员不可触碰的底线。要真正把纪律和规矩挺在前面，拿起纪律这把戒尺，既奔向高标准，以人格力量凝聚党心民心；又守住底线，严格执行党的纪律，决不越雷池一步。习近平总书记强调，要深化运用监督执纪"四种形态"，特别是要在用好第一种形态上下功夫。坚持"老虎""苍蝇"一起打，坚持无禁区、全覆盖、零容忍，坚持重遏制、强高压、长震慑，强化不敢腐的震慑，扎牢不能腐的笼子，增强不想腐的自觉。要以正风肃纪反腐为重要抓手，把正风肃纪反腐结合起来一起抓，始终坚持严的基调、严的措施、严的氛围,以优良作风作引领,以严明纪律强保障,以反腐惩恶清障碍,推动党的自我革命环环相扣、层层递进,不断在革故鼎新、守正创新中实现自身跨越。不正之风和腐败问题相互交织,是现阶段党风廉政建设和反腐败斗争要着力解决的突出问题。不正之风和腐败问题互为表里、同根同源。不正之风滋生掩藏腐败,腐败行为助长加剧不正之风甚至催生新的作风问题。要坚持正风肃纪反腐相贯通,以"同查"严惩风腐交织问题,以"同治"铲除风腐共性根源,深入推进风腐同查同治。

使党的作风全面纯洁起来,以优良党风带动社风民风向上向善,这是习近平总书记对新时代加强党的作风建设重要目的提出的鲜明实践导向。习近平总书记指出:"我们抓作风建设,归根到底,就是希望各级干部都能树立和发扬好的作风,既严以修身、严以用权、严以律己,又谋事要实、创业要实、做人要实。"要从解决"四风"问题延伸开去,努力改进思想作风、工作作风、领导作风、干部生活作风,努力改进学风、文风、会风,加强治本工作,使党员干部不仅不敢沾染歪风邪气,而且不能、不想沾染歪风邪气,使党的作风全面纯洁起来。习近平总书记强调,要坚持纠"四风"和树新风并举,以优良的党风带动民风社风,倡导时代新风。他还提出,要大力弘扬中华民族勤俭节约的优秀传统。在引领社会风尚上,明大德、守公德、严私德,各级领导干部要当好旗帜和标杆,全体党员要发挥先锋模范作用。党员干部尤其是领导干部要带头践行社会主义核心价值观,讲党性、重品行、作表率,带头注重家庭、家教、家风,保持共产党人的高尚品格和廉洁操守,当好良好政治生态和社会风气的引领者、营造者、维护者,以实际行动带动全社会崇德

新时代加强党的作风建设的锐利思想武器
——学习习近平总书记关于加强党的作风建设的重要论述

向善、尊法守法。

推进作风建设常态化长效化,这是习近平总书记对新时代加强党的作风建设制度保障提出的根本要求。习近平总书记指出,要注重从制度机制上解决问题,增强贯彻落实制度的执行力。要深化改革、转变职能,从体制机制上堵塞滋生不正之风的漏洞,以改革的办法固化作风建设成果。习近平总书记指出,要强调党委负主体责任。各级党委特别是主要负责同志必须树立不抓党风廉政建设就是严重失职的意识,常研究、常部署,抓领导、领导抓,抓具体、具体抓,种好自己的责任田。各级纪委要履行好监督责任,既协助党委加强党风建设和组织协调反腐败工作,又督促检查相关部门落实惩治和预防腐败工作任务,经常进行检查监督,严肃查处腐败问题。无论是党委还是纪委或其他相关职能部门,都要对承担的党风廉政建设责任进行签字背书,做到守土有责。习近平总书记还强调,要鼓励基层大胆探索实践,努力取得有利于从根本上解决问题、形成长效化体制机制的创新成果。要本着于法周延、于事简便的原则,体现改革精神和法治思维,把中央要求、群众期盼、实际需要、新鲜经验结合起来,努力形成系统完备的制度体系,以刚性的制度规定和严格的制度执行,确保改进作风规范化、常态化、长效化,切实防止"四风"问题反弹。要标本兼治、综合施策,落细落小、到边到底。要改进党员管理机制,完善从严管理监督干部机制,健全正风肃纪常态化机制,完善一体推进不敢腐、不能腐、不想腐工作机制。要用科技手段加强监督,破解"熟人社会"监督难题。习近平总书记对加强党的作风建设的制度保障问题进行了深刻、深入、深邃的思考、设计和谋划。

作风建设永远在路上。2025年3月，习近平总书记在云南考察时指出："党中央已经部署在全党开展深入贯彻中央八项规定精神学习教育，各级党组织和广大党员、干部要自觉增强学习教育的责任感紧迫感，联系全面从严治党的形势任务，联系本地本部门本单位这些年抓作风建设的具体实践，进一步吃透中央八项规定及其实施细则精神，把握相关纪律处分条规，为查摆问题、集中整治打牢思想政治基础。"要深入学习习近平总书记关于加强党的作风建设的重要论述，扎实开展好这次学习教育，弘扬优良作风，在新征程上展现新担当新作为。

（原载《求是》2025年第7期）

坚持历史思维
——学习习近平总书记关于党的历史的重要论述

举办第五届全国党史和文献论坛,围绕"贯彻落实《党史学习教育工作条例》,推进党史学习教育高质量发展"这一主题,开展研讨交流,对于我们深入学习贯彻习近平新时代中国特色社会主义思想,全面贯彻党的二十大和二十届二中、三中全会精神,学习贯彻习近平文化思想,贯彻落实《党史学习教育工作条例》,以中国式现代化全面推进强国建设、民族复兴伟业,具有重要意义。

党的十八大以来,习近平总书记反复强调党员领导干部要坚持历史思维,不断提高历史思维能力。历史思维,是习近平总书记倡导的科学思想方法之一。坚持和运用历史思维,能够帮助我们把过去、现在和未来贯通起来,总结历史经验,把握历史规律,明确前进方向。我们学习习近平总书记著作,都会有一个很深的感受,这就是习近平总书记经常将历史作为思考问题、观察大势、谋划战略的重要坐标和重要起点。习近平总书记每当阐述重大问题时,总是先从历史讲起,对历史典故、历史人物、历史事件、历史经验等信手拈来、运用自如。这是习近平总书记运用历史思维的生动体现。习近平新时代中国特色社会主义思想博大精深,蕴含着科学的思想方法，其中重要方面之一就是历史思维。这是这一思想有智慧、有力量，能够直抵人心，产生强大冲击力、穿透力、震撼力，使人能够获得醍醐灌顶、拨云见日、豁然开朗之感的一个重要原因。

在新时代治国理政的实践中，习近平总书记高度重视党的历史，就党史学习、教育、研究、宣传等发表一系列重要讲话、作出一系列重要指示批示，形成习近平总书记关于党的历史的重要论述。这一重要论述，科学回答了为什么学习党的历史、如何研究党的历史、怎样运用党的历史等重大问题，为我们做好新时代党史工作提供了科学指南和根本遵循。

一、习近平总书记以历史思维深刻阐明了为什么学习党的历史的重大问题，体现了鲜明的历史清醒

历史是前人的"百科全书"，是已经发生过的事情，具有单向性、不可重复性。那么，历史对我们今天有什么用？恩格斯指出，"历史就是我们的一切"。毛泽东说，"读历史是智慧的事"，"只有讲历史才能说服人"，"看历史，就会看到前途"。他一生酷爱读书，尤其是酷爱读史书，高度重视党的历史，强调"如果不把党的历史搞清楚，不把党在历史上所走的路搞清楚，便不能把事情办得更好"。习近平总书记高度重视历史，特别是党的历史，曾指出："我们从哪里来？我们走向何方？中国到了今天，我无时无刻不提醒自己，要有这样一种历史感。"习近平总书记站在推动党和国家事业长远发展、坚持和巩固党的领导地位与执政地位的战略高度，从历史中汲取智慧和力量，对为什么学习党的历史提出明确要求。

（一）党的历史是最好的教科书

历史忠实记录下每个国家、每个民族所走过的足迹，也给每个国家、每个民族未来的发展提供了启示。习近平总书记强调"历史是最好的教科书"，还说历史是最好的老师，历史是最好的清醒剂，"中国革命历史是最好的营养剂"。习近平总书记为什么要一而再，再而三地强调这个问题呢？这是因为正像习近平总书记所指出的那样："我们党的历史是中国近现代以来历史最为可歌可泣的篇章"，"学习党史、国史，是坚持和发展中国特色社会主义、把党和国家各项事业继续推向前进的必修课。这门功课不仅必修，而且必须修好"。这些重要论述，深刻阐明了将党的历史作为教科书的重要价值和重要意义。

（二）从党的历史中汲取智慧、走向未来

历史记述了前人的成功与失败、经验与教训。重视、研究、借鉴历史，了解历史治乱兴衰的规律，可以给我们带来很多了解昨天、把握今天、开创明天的启迪。习近平总书记指出："我们总结和吸取历史教训，目的是以史为鉴、更好前进。""总结历史是为了使全党从历史进程中洞察历史发展规律和时代发展大势，提高认识水平和辨别能力，增强锚定既定奋斗目标、意气风发走向未来的勇气和力量，更加清醒、更加坚定地办好当前的事情。"这些重要论述，深刻阐明了学习党的历史的根本目的。

（三）从坚持和巩固党的领导地位和执政地位的高度学习和对待党的历史

古人曰："灭人之国，必先去其史。"习近平总书记说，国内外敌对势力往往就是拿党史、国史来做文章，竭尽攻击、丑化、污蔑之能

事，根本目的就是要搞乱人心，反对中国共产党的领导和我国社会主义制度。正因为如此，习近平总书记强调："以正确的立场、观点、方法对待党的历史，是巩固党的执政地位、实现党的执政使命的必然要求，是应对意识形态领域挑战，抵制西方敌对势力西化、分化图谋的必然要求，是开创党和国家事业发展新局面的必然要求，关系党和国家长治久安，关系我国社会主义前途命运。"这些重要论述，深刻阐述了学习党的历史的极端重要性。

正确认识和对待党的历史，关系党的形象，关系党的领导地位和执政地位，关系国家长治久安。习近平总书记关于党的历史的重要论述，为我们以科学的态度学习党的历史指明了方向。

二、习近平总书记以历史思维深刻阐明了如何研究党的历史的重大问题，体现了鲜明的历史自觉

我们能不能从党的历史中获得智慧？党的历史应该怎样发挥作用？以什么样的方法研究党的历史至关紧要。毛泽东认为，研究党的历史的根本方法是"全面的历史的方法"，在延安时期他提出"古今中外法"，并强调"研究中共党史，应该以中国做中心，把屁股坐在中国身上"。习近平总书记高度重视研究党的历史，反复强调唯物史观是我们共产党人认识和把握历史的根本方法，要用具体历史的、客观全面的、联系发展的观点来看待党的历史。习近平总书记坚持正确党史观，明确党史工作根本任务，对如何研究党的历史提出明确要求。

坚持历史思维
——学习习近平总书记关于党的历史的重要论述

（一）必须准确把握党的历史发展的主题主线、主流本质

习近平总书记坚持两点论与重点论的统一，强调要在纷繁复杂的社会现象和历史过程中探寻党的历史发展的规律，准确把握党的历史发展的主题主线、主流本质。那么，什么是党的历史发展的主题主线、主流本质？应该如何把握党的历史发展的主题主线、主流本质？习近平总书记的重要论述给予我们重要指导。我讲一个事例，作一个比喻。中华民族的母亲河——黄河的流向可以给我们一个重要启示。黄河的总体流向是自西向东，但其中在许多地段有多次转折，有时流向西、有时流向北、有时又流向南，但最终流向东，流入大海。党的历史发展的主题主线、主流本质就犹如黄河的总体流向。习近平总书记曾指出，近代以来，中国人民面临着争取民族独立、人民解放和实现国家富强、人民共同富裕这两大历史任务。我们党团结带领全国各族人民为实现这两大历史任务而不懈奋斗，就是党的历史发展的主题主线。"中国共产党一经诞生，就把为中国人民谋幸福、为中华民族谋复兴确立为自己的初心使命。一百年来，中国共产党团结带领中国人民进行的一切奋斗、一切牺牲、一切创造，归结起来就是一个主题：实现中华民族伟大复兴。"中国共产党历史发展的主流本质，就是不懈奋斗史、不怕牺牲史、理论探索史、为民造福史、自身建设史。这些重要论述，全面总结和精辟概括了党的历史发展的主题主线、主流本质，为我们研究党的历史提供了"总纲"。

（二）必须正确认识和科学评价党的历史上的重大事件、重要会议、重要人物，尤其是评价党的领袖人物必须放在一定的时代和社会历史条件下去进行

习近平总书记坚持全面的、发展的观点，强调既要尊重党的历史本来面貌，又要站在时代高度，根据时代发展对党的历史进行全面审视和把握，进而形成新认识、得出新结论。关于对重大事件的评价，习近平总书记突出强调其所蕴含的宝贵历史经验。比如，习近平总书记指出："改革开放四十年积累的宝贵经验是党和人民弥足珍贵的精神财富，对新时代坚持和发展中国特色社会主义有着极为重要的指导意义，必须倍加珍惜、长期坚持，在实践中不断丰富和发展。"关于对重要会议的评价，习近平总书记突出强调其所发挥的重大历史作用。比如，习近平总书记指出："党召开十一届三中全会，实现新中国成立以来党的历史上具有深远意义的伟大转折，开启了改革开放和社会主义现代化的伟大征程。"关于对重要人物的评价，习近平总书记突出强调要作历史的、具体的、辩证的分析。比如，习近平总书记指出："对历史人物的评价，应该放在其所处时代和社会的历史条件下去分析，不能离开对历史条件、历史过程的全面认识和对历史规律的科学把握，不能忽略历史必然性和历史偶然性的关系。不能把历史顺境中的成功简单归功于个人，也不能把历史逆境中的挫折简单归咎于个人。不能用今天的时代条件、发展水平、认识水平去衡量和要求前人，不能苛求前人干出只有后人才能干出的业绩来。"这些重要论述，为我们正确认识和科学评价党史上的重大事件、重要会议、重要人物提供了方法论。

（三）必须准确把握党的历史的完整过程，不能割断历史的内在联系

习近平总书记坚持联系的观点，强调党的历史是一脉相承的有机整体，党的历史发展是连续性和阶段性的统一，既有发展的连续性，又有重大历史关头的转折，不能随意割断或加以对立。习近平总书记说:"历史是从昨天走到今天再走向明天,历史的联系是不可能割断的,人们总是在继承前人的基础上向前发展的。""我们党领导的革命、建设、改革伟大实践,是一个接续奋斗的历史过程,是一项救国、兴国、强国,进而实现中华民族伟大复兴的完整事业。"习近平总书记把世界社会主义500年风云激荡的历史划分为一脉相承、不可割裂的六个历史时期;把我们党100多年波澜壮阔的历史划分为持续探索、接续奋斗的四个历史时期;把我们党领导人民进行社会主义建设的历史划分为改革开放前和改革开放后两个历史时期,特别指出这是两个既相互联系又有重大区别的时期,但本质上都是我们党领导人民进行社会主义建设的实践探索;等等。这些重要论述,为我们准确把握党的历史的完整过程提供了科学指引。

(四)必须旗帜鲜明反对历史虚无主义

习近平总书记坚持以唯物史观认识和评述历史,把历史结论建立在翔实准确的史料支撑和深入细致的研究分析基础上,坚决反对和抵制历史虚无主义。历史虚无主义本质上是一种唯心主义的错误历史观,打着学术研究旗号,以所谓"重新评价"为名,歪曲中国革命史、党史、国史、军史等,具有极大的欺骗性、迷惑性、危害性。习近平总书记曾一针见血地指出:"历史虚无主义的要害,是从根本上否定马克思主义指导地位和中国走向社会主义的历史必然性,否定中国共产党的领导。"苏联解体、苏共垮台的一个重要原因就是意识形态领域的斗争十分激烈,搞历史虚无主义,全面否定苏联历史、苏共历史,否定列宁,否定斯大林,这是共产党人应该永远铭记的历史教训。习近平总书记特别强调:"要旗帜鲜明反对历史虚无主义,加强思想引导和理论辨析,澄清对党史上一些重大历史问题的模糊认识和片面理解，更好正本清源、固本培元。"这些重要论述，深刻指出和剖析了历史虚无主义的要害和危害性。

习近平总书记关于党的历史的重要论述，坚持历史的观点、实践的观点、辩证的观点、发展的观点、联系的观点等，注重从历史进程中洞察历史发展规律和时代发展大势，充分显示了中国共产党高度的历史自觉和历史自信，是坚持唯物史观、树立正确党史观的光辉范例。

三、习近平总书记以历史思维深刻阐明了怎样运用党的历史的重大问题，体现了鲜明的历史主动

历史、现实、未来是相通的。历史，叙的是"史"，述的是"道"，也就是规律，启示的是当下，烛照的是未来。向后看是为了向前看，向前看必须向后看。如果仅仅就历史研究历史，就历史说历史，历史就发挥不了作用。习近平总书记说，回顾历史，不是为了从成功中寻求慰藉，更不是为了躺在功劳簿上、为回避今天面临的困难和问题寻找借口，而是为了总结历史经验、把握历史规律，增强开拓前进的勇气和力量。习近平总书记从加强理论武装、掌握历史主动、总结历史经验、发扬革命精神、增强党的团结和集中统一等方面，对怎样运用党的历史提出明确要求。

（一）进一步感悟思想伟力，增强用党的创新理论武装全党的政治自觉

习近平总书记坚持社会意识反作用于社会存在的原理，认为思想的力量在历史的非凡历程中得到表现，与历史结合在一起才能看

得更明白、更直观。习近平总书记指出："在中华民族积贫积弱、任人宰割的时期，各种主义和思潮都进行过尝试，资本主义道路没有走通，改良主义、自由主义、社会达尔文主义、无政府主义、实用主义、民粹主义、工团主义等也都'你方唱罢我登场'，但都没能解决中国的前途和命运问题。"习近平总书记阐述这个历史过程，就是为了说明"是马克思列宁主义、毛泽东思想引导中国人民走出了漫漫长夜、建立了新中国，是中国特色社会主义使中国快速发展起来了"。这些重要论述，从历史的视角深刻阐明了选择马克思主义、用党的创新理论武装全党的历史逻辑。

（二）进一步把握历史发展规律和大势，始终掌握党和国家事业发展的历史主动

习近平总书记认为要通过历史看现实、透过现象看本质，从曲折的历史、零乱的现象中发现历史发展规律和大势。以马克思主义为指导思想的无产阶级政党，在把握历史发展规律和大势的前提下，坚持合规律性与合目的性的高度统一，在推进人类社会发展的历史进程中可以积极作为。习近平总书记说："在一百年的奋斗中，我们党始终以马克思主义基本原理分析把握历史大势，正确处理中国和世界的关系，善于抓住和用好各种历史机遇。""历史发展有其规律，但人在其中不是完全消极被动的。只要把握住历史发展规律和大势，抓住历史变革时机，顺势而为，奋发有为，我们就能够更好前进。""我们看世界，不能被乱花迷眼，也不能被浮云遮眼，而要端起历史规律的望远镜去细心观望。"这些重要论述，从历史的视角深刻阐明了掌握党和国家事业发展主动性的历史逻辑。

（三）进一步深化对党的性质宗旨的认识，始终保持马克思主义政党的鲜明本色

习近平总书记坚持人民群众是历史的创造者的观点，认为我们党的100多年历史，就是一部践行党的初心使命的历史，就是一部党与人民心连心、同呼吸、共命运的历史。习近平总书记指出："以史为鉴、开创未来，必须团结带领中国人民不断为美好生活而奋斗。江山就是人民、人民就是江山，打江山、守江山，守的是人民的心。""中国共产党始终代表最广大人民根本利益，与人民休戚与共、生死相依，没有任何自己特殊的利益，从来不代表任何利益集团、任何权势团体、任何特权阶层的利益。"这些重要论述，从历史的视角深刻阐明了保持马克思主义政党的鲜明本色、保持党和人民群众血肉联系的历史逻辑。

（四）进一步总结党的历史经验，不断提高应对风险挑战的能力水平

习近平总书记坚持从历史中获得启迪，从历史经验中提炼出克敌制胜的法宝，从而更好应对前进道路上各种可以预见和难以预见的风险挑战。党的历史经验不是从天上掉下来的，也不是从书本上抄来的，而是我们党在历经艰辛、饱经风雨的长期摸索中积累下来的。习近平总书记说："我们党一步步走过来，很重要的一条就是不断总结经验、提高本领，不断提高应对风险、迎接挑战、化险为夷的能力水平。"习近平总书记还在不同场合、从不同角度对党的历史经验作了总结概括。这些重要论述，从历史的视角深刻阐明了总结党的历史经验、不断提高应对风险挑战能力水平的历史逻辑。

（五）进一步发扬革命精神，始终保持艰苦奋斗的昂扬精神

习近平总书记坚持物质变精神、精神变物质的辩证法，认为100多年来，在应对各种困难挑战中，中国共产党锤炼了不畏强敌、不惧风险、敢于斗争、勇于胜利的风骨和品质，形成了以伟大建党精神为源头的中国共产党人精神谱系。习近平总书记说："我们党之所以历经百年而风华正茂、饱经磨难而生生不息，就是凭着那么一股革命加拼命的强大精神。"习近平总书记强调要发扬将革命进行到底的精神，发扬老一辈革命家"宜将剩勇追穷寇，不可沽名学霸王"的革命精神，发扬共产党人"为有牺牲多壮志，敢教日月换新天"的奋斗精神，等等。这些重要论述，从历史的视角深刻阐明了弘扬以伟大建党精神为源头的中国共产党人精神谱系、坚守共产党人精神家园的历史逻辑。

（六）进一步增强党的团结和集中统一，确保全党步调一致向前进

习近平总书记坚持马克思主义政党建党原则，强调旗帜鲜明讲政治、保证党的团结和集中统一是党的生命。习近平总书记多次从党史的角度阐述了保证党的团结和集中统一是我们党能成为百余年大党、创造世纪伟业的关键所在。习近平总书记说："要教育引导全党从党史中汲取正反两方面历史经验，坚定不移向党中央看齐，不断提高政治判断力、政治领悟力、政治执行力，切实增强'四个意识'、坚定'四个自信'、做到'两个维护'，自觉在思想上政治上行动上同党中央保持高度一致，确保全党上下拧成一股绳，心往一处想、劲往一处使。"这些重要论述，从历史的视角深刻阐明了增强党的团结和集中统一的历史逻辑。

学习党的历史、研究党的历史，最终目的是运用党的历史。习近平总书记论述党的历史，从来都不是单纯为了党史而讲党史，而是运用历史思维把现实问题置于历史发展的过程中进行思考，着眼党和国家的中心工作和大局，在对党的历史的深入思考中总结党的历史正反两方面经验，认识把握历史发展规律，始终掌握党和国家事业发展的历史主动。

总之，习近平总书记关于党的历史的重要论述，坚持辩证唯物主义和历史唯物主义，坚持历史、现实、未来相统一，贯穿着马克思主义的立场观点方法，闪耀着历史思维的智慧光芒，体现了卓越的政治智慧、强烈的使命担当、深邃的历史眼光、深厚的人民情怀，体现了我们党对党的历史的一贯立场和态度，体现了我们党对学习、研究、运用党的历史重要性和必要性的深刻认识，把我们党对党史工作的认识提升到了一个新高度。

中共中央党史和文献研究院作为党中央直接领导的党史和文献工作的专门研究机构，肩负着为党续写和传承红色家谱、"传经弘道"的神圣使命。我们将以此次论坛为契机，认真贯彻落实好《党史学习教育工作条例》，为构建党的理论研究综合体系、打造党的历史和理论研究高端平台，建设党中央可靠的文献库、思想库、智囊团而努力。

（原载《中共党史研究》2025年第3期）

学好党的光辉历史 用好党的历史经验
——深入学习《习近平谈治国理政》第四卷

中国共产党在百余年接续奋斗中,团结带领人民开辟了伟大道路,建立了伟大功业,铸就了伟大精神,积累了宝贵经验,创造了中华民族发展史、人类社会进步史上令人刮目相看的奇迹。回望过往的奋斗路,眺望前方的奋进路,我们必须把党的历史学习好、总结好,把党的成功经验传承好、发扬好。《习近平谈治国理政》第四卷自始至终贯穿着对党的百年历史的深刻总结、对党的历史经验的科学把握。认真学习《习近平谈治国理政》第四卷,深入领会习近平总书记有关重要论述,对于我们以史为鉴、开创未来,埋头苦干、勇毅前行,在新时代更好坚持和发展中国特色社会主义,具有十分重要的意义。

党的历史是最生动、最有说服力的教科书

历史是一个民族、一个政党安身立命的基础。只有了解党的历史、懂得党的历史经验,才能知道党从哪里出发、一路怎样走来、要到哪里去,才能知道党是个什么样的党、为什么伟大、如何续写党的伟大。正是基于这样的深刻认识,我们党历来重视党史学习教

育,注重用党的奋斗历程和伟大成就鼓舞斗志、明确方向,用党的光荣传统和优良作风坚定信念、凝聚力量,用党的实践创造和历史经验启迪智慧、砥砺品格。在党的百余年奋斗历程中,每当重要历史时刻和重大关头,我们党都要回顾历史、总结经验,从历史中汲取前进的智慧和力量。

党的十八大以来,以习近平同志为核心的党中央高度重视学习和总结党的历史,强调学习党史是坚持和发展中国特色社会主义、把党和国家各项事业推向前进的必修课,这门课不仅必修,而且必须修好。习近平总书记在一系列重大党史事件和重要党史人物的纪念会议上,在考察革命圣地、红色旧址、革命历史纪念场所等重要活动中,在中央政治局集体学习、有关专题研讨班等许多重要场合,多次引述、总结和评价党的历史,就树立唯物史观和正确党史观、准确把握党的历史发展的主题主线和主流本质、实事求是评价历史人物特别是革命领袖、正确认识改革开放前后两个历史时期、旗帜鲜明反对历史虚无主义等一系列重大问题作出深刻论述,为全党科学对待党的历史、认真总结党的历史、自觉运用党的历史经验提供了根本遵循。在中国共产党成立100周年之际,习近平总书记亲自主持党的第三个历史决议起草工作、就总结党的百年奋斗重大成就和历史经验提出一系列重大指导性意见,亲自谋划部署党史学习教育并作出一系列重要论述,推动全党按照学史明理、学史增信、学史崇德、学史力行的要求,经受一次全面深刻的政治教育、思想淬炼、精神洗礼,全党历史自觉、历史自信大大增强,党的创造力、凝聚力、战斗力大大提升。

环视世界,观古看今,没有哪个政党、哪个国家、哪个民族,像中国共产党、中华人民共和国、中华民族这样如此重视自己的历史，如此善于向历史寻经验、向历史求规律、向历史探未来。《习近平谈治国理政》第四卷以党的百年奋斗历史开篇，以党的百年奋斗历史压轴，用21个专题充分展现以习近平同志为核心的党中央带领全党全国各族人民进行新的伟大历史创造的光辉历程。无论是章节编排设计还是具体篇目内容，都体现了对为什么要学习党史、从党史中学习什么、学习党史要达到什么目的等的重大战略考量，为全党学党史用党史提供了重要指导。

"两个确立"是深刻总结党的百年历史得出的重大政治论断

《中共中央关于党的百年奋斗重大成就和历史经验的决议》指出，党确立习近平同志党中央的核心、全党的核心地位，确立习近平新时代中国特色社会主义思想的指导地位，反映了全党全军全国各族人民共同心愿，对新时代党和国家事业发展、对推进中华民族伟大复兴历史进程具有决定性意义。这一重大历史结论、重大政治判断，深刻揭示了党的领袖和党的创新理论对党和人民事业发展的"定海神针"作用，不仅是党的十八大以来最重大的政治成果、最宝贵的历史经验，也是贯通百年大党过去、现在、未来的纲和魂，为我们深刻把握党的百年奋斗历程，看清楚党过去为什么能够成功、未来怎样才能继续成功提供了一把"金钥匙"。

党的百年历史告诉我们，拥有坚强的领导核心、科学的理论指引，是成熟的马克思主义政党的显著标志，是关乎党、国家、人民、民族前途命运的根本性问题；什么时候这个问题解决得好，党和人民事业就前进、就发展，什么时候这个问题解决不好，党和人民事业就必定遭受挫折甚至失败。党的百年历史还告诉我们，党的领导核心的确立与党的理论创新是相辅相成、高度统一的，党的领导核心都是党的创新理论的主要创立者、为党的创新理论作出了决定性贡献，党的创新理论都对党的领导核心作用的发挥起了重大支撑作用。这不是偶然的历史巧合，而是具有深刻的历史必然性。之所以如此，是因为我们党是以科学理论为指导、以带领人民改造世界为己任的马克思主义政党，只有在伟大斗争实践中产生的最有威信、最有影响、最有经验、被选出担任最重要职务的党的领袖，才能肩负起带领全党进行理论创新创造的历史重任；也只有在伟大斗争实践中创立和发展切合时代需要、占据思想制高点、既博大精深又务实管用的科学理论，才能成为让全党全国各族人民在思想上自觉看齐、行动上坚决追随的名副其实的党的领袖。实践造就领袖、领袖创立思想、思想引领实践，这就是总结党的百年历史得出的深刻逻辑和基本结论。

党的十八大以来，以习近平同志为核心的党中央，以伟大的历史主动精神、巨大的政治勇气、强烈的责任担当，统揽伟大斗争、伟大工程、伟大事业、伟大梦想，采取一系列战略性举措，推进一系列变革性实践，实现一系列突破性进展，取得一系列标志性成果，攻克了许多长期没有解决的难题，办成了许多事关长远的大事要事，经受住了来自政治、经济、意识形态、自然界等各方面的风险挑战考验，党和国家事业取得历史性成就、发生历史性变革，书写了在党史、新中国史、改革开放史、社会主义发展史、中华民族发展史上具有里程碑意义的伟大史诗。在这一伟大历史进程中，习近平总书记成为众望所归、当之无愧的党的核心、人民领袖；习近平新时代中国特色社会主义思想应运而生、顺势而成。习近平总书记作为党中央的核心、全党的核心，为习近平新时代中国特色社会主义思想的创立起了决定性作用、作出了决定性贡献。翻开《习近平谈治国理政》第四卷，习近平总书记领导党和人民应变局、育新机、开新局的伟大实践历历在目。从把握新发展阶段、贯彻新发展理念、构建新发展格局、推动高质量发展，到推进中国式现代化、扎实推动共同富裕，再到以伟大自我革命引领伟大社会革命……这一系列伟大变革，充分体现了"两个确立"是创造新时代中国特色社会主义伟大成就的根本所在，充分证明了思想就是旗帜、旗帜就是方向，核心就是力量、力量就是希望。

新时代新征程上，党和人民有习近平总书记这个坚强核心，有习近平新时代中国特色社会主义思想这个伟大旗帜，是党之大幸、国之大幸、民之大幸，必须倍加珍惜。只要我们矢志不渝拥戴核心、信赖核心、忠诚核心、维护核心，坚定自觉用新时代党的创新理论武装头脑、指导实践、推动工作，走好新的赶考之路就有了根本保证，红色江山基业长青就有了根本保证。

在把握运用党的百年奋斗历史经验中更好开创未来

注重学习和总结历史、借鉴和运用历史经验，是我们党由小到大、由弱到强、不断走向胜利的成功之道。在中国共产党百年华诞的重大历史节点上，以习近平同志为核心的党中央对党的百年奋斗历史经验的科学内涵和精髓要义作出一系列深刻总结。这些总结概括，充分体现在《习近平谈治国理政》第四卷各个专题和相关文章中，特别是集中体现在第一个专题收录的四篇文章中。

习近平总书记在《关于〈中共中央关于党的百年奋斗重大成就和历史经验的决议〉的说明》中指出，"十个坚持"的历史经验，揭示了党和人民事业不断成功的根本保证，揭示了党始终立于不败之地的力量源泉，揭示了党始终掌握历史主动的根本原因，揭示了党永葆先进性和纯洁性、始终走在时代前列的根本途径。在《在庆祝中国共产党成立100周年大会上的讲话》中，习近平总书记提出以史为鉴、开创未来的"九个必须"。在《续写马克思主义中国化时代化新篇章》中，习近平总书记深刻阐述了更好把握和运用党的百年奋斗历史经验的"五个重大问题"。在《新时代党和人民奋进的必由之路》中，习近平总书记提出坚定"五个必由之路"的重要认识。

"十个坚持""九个必须""五个重大问题""五个必由之路"，内在统一、相辅相成、各有侧重，共同构成了党的百年奋斗历史经验的有机整体。"十个坚持"凝结着中国共产党过千山、跨万水的百年积淀，贯穿着中国共产党人前仆后继、坚韧不拔的百年奋斗，具有根本性和长远指导意义。"九个必须"与"十个坚持"在精神实质、主要内容、逻辑关系等方面都是根本一致的，必须一体学习领会、一体贯彻落实。"五个重大问题"将理论创新、中心任务、战略策略、自我革命、历史自觉贯通起来，为更好把握和运用党的百年奋斗历史经验提供了科学指南。"五个必由之路"精辟回答了新时代谁来领导、走什么路、具备什么样的状态、如何继续发展、怎样锻造坚强领导核心等重大问题，对广大干部群众奋进新征程具有重大指导意义。

历史经验不仅是总结过去的深刻智慧，更是烛照未来的科学指引。"看历史，就会看到前途。"新的赶考之路上，我们要更加紧密地团结在以习近平同志为核心的党中央周围，把党的历史经验作为正确判断形势、科学预见未来、把握历史主动的重要思想武器，作为想问题、作决策、办事情的重要遵循，作为判断重大政治是非的重要依据，作为加强党性修养的重要指引，坚定信心、勇毅前行，奋力谱写全面建设社会主义现代化国家崭新篇章！

（原载《旗帜》2022年第8期）

坚持问题导向　破解发展难题
——专访中共中央党史和文献研究院院长曲青山

"坚持问题导向"，是党的二十大报告从最深层次、最高抽象凝练概括的"六个必须坚持"之一，是党的十八大以来党治国理政的突出特点，是习近平新时代中国特色社会主义思想的鲜明风格、实践要求，也是推进马克思主义中国化时代化的现实着眼点。

围绕"坚持问题导向"的历史渊源、时代价值和实践要求，《瞭望》新闻周刊记者专访了中共中央党史和文献研究院院长曲青山。

坚持问题导向是我们党重要的思想方法和工作方法

《瞭望》：坚持问题导向是马克思主义的鲜明特点，也是中国共产党百年理论和实践创新的根本出发点。请结合我们党的百年奋斗历史，谈谈对"坚持问题导向"的理解。

曲青山：马克思主义是一种具有强烈问题意识的科学理论，"坚持问题导向"是马克思主义的鲜明特点，也是我们党重要的思想方法和工作方法。

习近平总书记指出："我们党领导人民干革命、搞建设、抓改革，从来都是为了解决中国的现实问题。"100多年来，我们党之所以能够不断从胜利走向胜利，始终走在时代前列，一个重要原因就在于能够准确把握各个时期中国社会的主要矛盾，在发现问题、分析问题、解决问题中把握历史脉络、找到发展规律、推动社会发展和历史前进。

新民主主义革命时期，以毛泽东同志为主要代表的中国共产党人，把马克思列宁主义基本原理同中国具体实际相结合，对经过艰苦探索、付出巨大牺牲积累的一系列独创性经验作了理论概括，开辟了农村包围城市、武装夺取政权的正确革命道路，创立了毛泽东思想，成功回答和解决了中国革命的性质、对象、任务、动力、前途等一系列根本问题，赢得了新民主主义革命的伟大胜利，创造了新民主主义革命的伟大成就。新中国成立后，围绕怎样建设社会主义，如何推进社会主义现代化建设等全新课题，毛泽东提出了把马克思列宁主义基本原理同中国具体实际进行"第二次结合"，结合新的实际丰富和发展了毛泽东思想，提出了关于社会主义建设的一系列重要思想，指引党和人民创造了社会主义革命和建设的伟大成就，为在新的历史时期开创中国特色社会主义提供了宝贵经验、理论准备、物质基础。

改革开放和社会主义现代化建设新时期，以邓小平同志、江泽民同志、胡锦涛同志为主要代表的中国共产党人，团结带领全党全国各族人民，从新的实践和时代特征出发坚持和发展马克思主义，科学回答了建设中国特色社会主义的发展道路、发展阶段、根本任务、发展动力、发展战略、政治保证、祖国统一、外交和国际战略、领导力量和依靠力量等一系列基本问题，形成中国特色社会主义理论体系，成功开辟了中国特色社会主义道路，创造了改革开放和社会主义现代化建设的伟大成就，推进了中华民族从站起来到富起来的伟大飞跃。

党的十八大以来，以习近平同志为主要代表的中国共产党人，坚持把马克思主义基本原理同中国具体实际相结合、同中华优秀传统文化相结合，坚持毛泽东思想、邓小平理论、"三个代表"重要思想、科学发展观，深刻总结并充分运用党成立以来的历史经验，从新的实际出发，创立了习近平新时代中国特色社会主义思想。以习近平同志为核心的党中央，立足时代和实践提出的重大问题，采取一系列战略性举措，推进一系列变革性实践，实现一系列突破性进展，取得一系列标志性成果，经受住了来自政治、经济、意识形态、自然界等方面的风险挑战考验，党和国家事业取得历史性成就、发生历史性变革，创造了新时代中国特色社会主义的伟大成就。历史和实践充分证明，坚持问题导向是中国共产党推动社会历史发展的科学世界观和方法论。

习近平新时代中国特色社会主义思想是准确把握和科学回答重大时代课题的理论结晶

《瞭望》：坚持问题导向，是习近平新时代中国特色社会主义思想的鲜明风格、实践要求，如何从"坚持问题导向"的维度理解习近平新时代中国特色社会主义思想的形成和发展过程？

曲青山：时代是思想之母，实践是理论之源。习近平总书记指出："回答并指导解决问题是理论的根本任务。"马克思主义之所以行，就是因为它能够提供解决实际问题的科学方法，不断解决前进

坚持问题导向　破解发展难题
——专访中共中央党史和文献研究院院长曲青山

道路上遇到的各类问题，也在解决问题中不断创新发展。习近平新时代中国特色社会主义思想就是在破解难题、攻克难关中孕育、创立、形成和发展的。

党的十八大以来，我们面临的国际国内的形势任务等都发生了深刻变化，这些变化对党和国家事业的发展提出许多新要求。以习近平同志为核心的党中央坚持问题导向，直面一系列长期积累及新出现的突出矛盾和问题，进行深邃思考和科学判断，系统回答了新时代坚持和发展什么样的中国特色社会主义、怎样坚持和发展中国特色社会主义，建设什么样的社会主义现代化强国、怎样建设社会主义现代化强国，建设什么样的长期执政的马克思主义政党、怎样建设长期执政的马克思主义政党等重大时代课题，在实践的基础上及时回答了中国之问、世界之问、人民之问、时代之问，推进了党的理论创新。

比如，面对党内一度存在的对坚持党的领导认识模糊、行动乏力，落实党的领导弱化、虚化、淡化、边缘化问题，提出坚持和加强党的全面领导这一重大原则；面对西方敌对势力对我国民主政治的攻击、污蔑和歪曲，提出发展全过程人民民主的重大命题；面对发展中不平衡、不协调、不可持续的突出问题，提出立足新发展阶段、贯彻新发展理念、构建新发展格局、推动高质量发展。

又如，面对拜金主义、享乐主义、极端个人主义和历史虚无主义等错误思潮，提出建设具有强大凝聚力和引领力的社会主义意识形态，建设社会主义文化强国；面对资源环境约束趋紧、生态系统退化，特别是各类环境污染、生态破坏等突出问题，提出绿水青山就是金山银山的理念，倡导人与自然和谐共生，推进美丽中国建设；

面对世界新军事变革加速发展的趋势，提出走中国特色强军之路，实现党在新时代的强军目标。

再如，面对经济全球化遭遇的逆流逆风和单边主义、保护主义甚至霸权主义甚嚣尘上，提出构建新型国际关系、构建人类命运共同体的理念；面对"四大考验"、"四种危险"和党内存在的突出问题，提出全面从严治党和党的自我革命的战略思想；等等。

可以说，习近平新时代中国特色社会主义思想的"十个明确""十四个坚持""十三个方面成就"的全部内容，就是在勇于直面问题、解决问题、破解难题中形成和发展的。这一重要思想既有理论高度又有实践维度，既有战略安排又有具体部署，既把眼光投向远大的目标又聚焦实现目标过程中遇到的问题，特别是注重用全局的眼光来审视当下的实践、当下的工作，提出战略性的新举措，闪耀着辩证唯物主义和历史唯物主义的真理光芒，从根本上引领了党和国家事业全面开创新局面。

实践已经并将继续证明，在坚持问题导向、回答和解决重大问题中形成的习近平新时代中国特色社会主义思想，具有强大的真理力量和独特的思想魅力，是全党全国各族人民为实现中华民族伟大复兴而奋斗的行动指南，必须长期坚持并不断发展。

在解决问题、破解难题中推进强国建设、民族复兴伟业

《瞭望》：新时代新征程，面对我国社会主要矛盾变化带来的新特征新要求和错综复杂的国际环境带来的新矛盾新挑战，应如何把握好"坚持问题导向"的世界观和方法论？

坚持问题导向 破解发展难题
——专访中共中央党史和文献研究院院长曲青山

曲青山：全面建成社会主义现代化强国、实现第二个百年奋斗目标，以中国式现代化全面推进中华民族伟大复兴，是全党全国各族人民在新时代新征程的中心任务。这是一项前无古人的开创性事业，前进道路上，我们会遇到各种艰难险阻，要经受许多风高浪急甚至惊涛骇浪的重大考验。如何应对这些重大考验？如何破解前进道路上的发展难题？"坚持问题导向"是我们赢得优势、赢得主动、赢得未来的一个重要思想武器。

习近平总书记在学习贯彻习近平新时代中国特色社会主义思想主题教育工作会议上指出，要"坚持问题导向，增强问题意识，敢于正视问题，善于发现问题，既看'高楼大厦'又看'背阴胡同'，真正把情况摸清、把问题找准、把对策提实"。我们要聆听时代声音，把握时代脉搏，回应时代呼唤，认真研究解决各种重大而紧迫的问题，不断打开事业发展的新天地。

善于发现问题。习近平总书记曾指出："每个时代总有属于它自己的问题，只要科学地认识、准确地把握、正确地解决这些问题，就能够把我们的社会不断推向前进。"问题是客观存在的，要紧的是善于发现问题，抓住问题就找到了实践前进的突破点。当前，世界百年未有之大变局加速演进，不确定、难预料因素增多，我国改革发展稳定面临不少深层次矛盾躲不开、绕不过，各种风险挑战、困难问题比以往更加严峻复杂，有的是新问题，有的是老问题，有的是新老问题的叠加和交织，有的是老问题变换了新的表现形式。我们要练就善于发现问题的"火眼金睛"，能够在纷繁复杂的表象下发现真问题、找到真症结。要从历史和现实相贯通、理论和实际相结合、国际和国内相关联的宽广视角，聚焦新时代我国发展和我们党执政面临的重大理论和实践问题，深入思考和全面把握，听真话、察真情，正视问题、直面问题，掌握解决问题的主动。

正确分析问题。习近平总书记指出，要"学会用正确的立场观点方法分析问题，善于把握历史和时代的发展方向，善于把握社会生活的主流和支流、现象和本质"。发现问题是前提，能不能正确分析问题更为关键。要坚持以求解思维研究真问题、真研究问题，通过纵向和横向的比较，进行由此及彼、由表及里的分析，深究细研、刨根问底，善于从繁杂问题中把握事物的规律性，从苗头问题中发现事物的倾向性，从偶然问题中揭示事物的必然性，透过现象看本质，提炼出规律性认识。要善于具体问题具体分析，弄清楚哪些是体制机制弊端造成的问题，哪些是工作责任不落实造成的问题，哪些是条件不具备一时难以解决的问题。要善于抓主要矛盾和矛盾的主要方面，明确有效破解问题的主攻方向，带动全局工作，推进事业全面发展。

着力解决问题。习近平总书记指出："坚持问题导向，深入实际摸清真实情况，集合众智提出解决办法，努力使对策建议有的放矢、切中要害。"发现问题、分析问题，目的都是解决问题。不解决问题就是形式主义，对问题听之任之就会贻误党和人民的事业。今天，我们所面临问题的复杂程度、解决问题的艰巨程度与过去相比明显加大，我们要努力从党的创新理论中悟规律、明方向、学方法、增智慧，把习近平新时代中国特色社会主义思想的世界观、方法论和贯穿其中的立场观点方法转化为科学的思想方法，作为研究问题、解决问题的"总钥匙"，瞄着问题去，追着问题走，聚焦实践遇到的新问题、改革发展稳定存在的深层次问题、人民群众急难愁盼问题、国际变局中的重大问题、党的建设面临的突出问题，不断提出真正解决问题的新理念新思路新办法，继续谱写新时代中国特色社会主义更加绚丽的华章。

（原载《瞭望》2023年第45期）

调查研究是我们党的传家宝

在全党深入开展学习贯彻习近平新时代中国特色社会主义思想主题教育,是党中央为全面贯彻党的二十大精神、动员全党同志为完成党的中心任务而团结奋斗所作的重大部署,是深入推进新时代党的建设新的伟大工程的重大部署。在主题教育工作会议上,习近平总书记发表重要讲话,深刻阐述了开展主题教育的重大意义和目标要求,对主题教育各项工作作出全面部署,为全党开展主题教育提供了根本遵循。习近平总书记在讲话中强调,要"按照党中央关于在全党大兴调查研究的工作方案","以深化调查研究推动解决发展难题"。调查研究是我们党的优良传统,是这次主题教育的重要内容,也是习近平总书记对全党同志的一贯要求。习近平总书记多次强调调查研究的极端重要性,指出:"调查研究是我们党的传家宝,是做好各项工作的基本功。"怎样认识这个传家宝、如何掌握这个基本功,是学习领会习近平总书记重要讲话精神、贯彻落实好党中央决策部署、深入开展主题教育的一个重要课题。

调查研究是马克思主义世界观和方法论的集中体现，是党的思想路线和群众路线的内在要求

马克思主义是我们立党立国、兴党兴国的根本指导思想，辩证唯物主义和历史唯物主义是马克思主义的世界观和方法论。调查研究的极端重要性，首先要从马克思主义世界观和方法论的高度，从党的思想路线和群众路线的层面来深刻把握和认识。

调查研究是马克思主义认识论和党的思想路线的内在要求。习近平总书记指出，"实事求是是我们党的思想路线的重要内容"，"要了解实际，就要掌握调查研究这个基本功"。"一切从实际出发，理论联系实际，实事求是，在实践中检验真理和发展真理"，是我们党的思想路线，这是用中国化的语言对马克思主义世界观和方法论的高度概括，是马克思主义认识论的集中体现。

毛泽东对马克思主义认识论作过精辟阐释："通过实践而发现真理，又通过实践而证实真理和发展真理。从感性认识而能动地发展到理性认识，又从理性认识而能动地指导革命实践，改造主观世界和客观世界。实践、认识、再实践、再认识，这种形式，循环往复以至无穷，而实践和认识之每一循环的内容，都比较地进到了高一级的程度。这就是辩证唯物论的全部认识论，这就是辩证唯物论的知行统一观。"无论是"通过实践而发现真理"，还是"又通过实践而证实真理和发展真理"，都离不开对客观实际的深入调查和系统研究。之所以说调查研究是了解实际、做好各项工作的基本功，就是把马克思主义认识论运用于实际工作而得出的客观结论。

调查研究是马克思主义群众观点和党的群众路线的内在要求。习近平总书记指出:"开展调查研究就是走群众路线。""一切为了群众,一切依靠群众,从群众中来,到群众中去,把党的正确主张变为群众的自觉行动",是我们党的群众路线,这是党的性质宗旨的集中体现,是马克思主义群众观点的集中体现。

党的群众路线和党的思想路线是相辅相成的,二者在本质要求上是完全统一的。党的思想路线指明了认识世界和改造世界的过程,而这一过程必须通过"从群众中来,到群众中去"才能实现,也就是必须通过深入群众的调查研究才能实现。习近平总书记指出:"党的理论是来自人民、为了人民、造福人民的理论,人民的创造性实践是理论创新的不竭源泉。"只有通过深入群众的调查研究,"真正把群众面临的问题发现出来,把群众的意见反映上来,把群众创造的经验总结出来",才能获得正确反映客观规律的真理性认识,才能制定出符合客观规律的科学决策;也只有使这种真理性认识和科学决策为群众所掌握,才能"把党的正确主张变为群众的自觉行动",从而实现改造世界的最终目的。

调查研究是推进党的理论创新和加强党的理论武装的内在要求。党的理论创新是一个从实践到认识、从物质到精神的辩证运动过程;党的理论武装是一个从认识到实践、从精神到物质的辩证运动过程。推进党的理论创新离不开调查研究,习近平新时代中国特色社会主义思想正是在新时代的伟大实践中应运而生的,是党和人民实践经验和集体智慧的结晶。只有始终坚持和不断加强调查研究,"使调研的过程成为加深对党的创新理论领悟的过程,成为保持同人民群众血肉联系的过程,成为推动事业发展的过程",才能全面系统掌握习近平新时代中国特色社会主义思想的基本观点、科学体系，增进对党的创新理论的政治认同、思想认同、理论认同、情感认同，不断谱写马克思主义中国化时代化新篇章。

加强党的理论武装同样离不开调查研究，学习贯彻习近平新时代中国特色社会主义思想，最终目的全在于指导实践。只有把握好习近平新时代中国特色社会主义思想的世界观和方法论，坚持好、运用好贯穿其中的立场观点方法，在调查研究中自觉运用党的创新理论去指导，用"六个必须坚持"去思维，不断研究新情况、解决新问题、总结新经验、探索新规律，才能使习近平新时代中国特色社会主义思想成为改造主观世界和客观世界的强大思想武器。

调查研究是关系党和人民事业得失成败的大问题，是我们党的传家宝

历史和实践充分证明，什么时候全党重视调查研究，党和人民事业就顺利发展；什么时候轻视或忽视调查研究，党和人民事业就会遭到挫折、遭受损失。100多年来，从毛泽东提出"没有调查，没有发言权"的重大命题，到习近平总书记作出"调查研究是我们党的传家宝，是做好各项工作的基本功"的深刻论断，经过党的大力倡导和党的领导人的率先垂范，重视调查研究成为党的优良传统和作风，大兴调查研究成为我们党创造百余年伟业的重要法宝。

调查研究是我们党创造新民主主义革命伟大成就的重要法宝。毛泽东开创了我们党重视调查研究之先风，他开展调查研究的过程，也正是把马克思主义基本原理同中国革命具体实际相结合的过程。作为《毛泽东选集》开卷篇的《中国社会各阶级的分析》，在调

查研究基础上率先提出并回答了"谁是我们的敌人？谁是我们的朋友？"这一"革命的首要问题"。著名的《湖南农民运动考察报告》，是毛泽东亲自做了32天的实地调查后才写成的。毛泽东率领红军转战南北，每到一地总是挤出时间做社会调查，如著名的寻乌调查、兴国调查等。毛泽东对这些调研工作非常重视，他后来说，"作了寻乌调查，才弄清了富农与地主的问题，提出解决富农问题的办法"，"贫农与雇农的问题，是在兴国调查之后才弄清楚的"。

延安时期，毛泽东"痛感有周密研究中国事情和国际事情的必要"，为"帮助同志们找一个研究问题的方法"，他亲自把自己过去的调研文稿编成《农村调查》一书，并写了序言和跋，又代党中央起草了《中共中央关于调查研究的决定》。这个序言和决定，后来都被列为整风运动必读文件，使全党同志在整风中掌握了"没有调查就没有发言权"的真理，学会了开展调查研究的基本方法，使大兴调查研究在全党蔚然成风，这对于转变党的作风、加强党的建设、加速中国革命的胜利，起到了非常重要的作用。

调查研究是我们党创造社会主义革命和建设伟大成就的重要法宝。在这一时期，我们党开展过两次大规模的调查研究。一次是在1956年。为准备召开党的八大，毛泽东"在北京经过一个半月，每天谈一个部，找了三十四个部的同志谈话"。他每天一起床就开始听汇报，一听就是四五个小时，每天都是"床上地下，地下床上"。毛泽东召集的这些汇报会，周恩来几乎每次都来，刘少奇、邓小平、陈云等有时也来参加，这实际上成为中央主要领导成员的集体调研活动。这次调查研究的直接成果，形成了著名的《论十大关系》，这成为我们党探索适合中国国情的社会主义建设道路的开端，使毛泽东思想得到丰富和发展。

另一次大规模的调查研究是在20世纪60年代初。在我国遭受严重经济困难的时候,毛泽东强调,"没有调查研究是相当危险的"。他号召全党大兴调查研究之风,并提出要在1961年"搞一个实事求是年",使这一年"成为一个调查年"。毛泽东亲自组织了3个调查组,分赴浙江、湖南、广东进行农村调查。中央其他领导同志也都深入基层,花了很多时间到第一线了解实际情况。在此基础上,党中央先后制定了"农业六十条""工业七十条"等一系列符合实际情况的具体政策,为落实国民经济调整的方针、克服严重的经济困难,创造了重要条件。

调查研究是我们党创造改革开放和社会主义现代化建设伟大成就的重要法宝。40多年前,我们党作出把党和国家工作中心转移到经济建设上来、实行改革开放的历史性决策,同样离不开一切从实际出发的调查研究。1978年9月,邓小平到东北地区视察,他一路看一路听汇报,"在东北三省到处说,要一心一意搞建设",发出了"要迅速地坚决地把工作重点转移到经济建设上来"的先声。邓小平反复强调:"实事求是是马克思主义的精髓。要提倡这个,不要提倡本本。我们改革开放的成功,不是靠本本,而是靠实践,靠实事求是。"这本身就包含了对调查研究极端重要性的深刻把握。

以江泽民同志为主要代表的中国共产党人和以胡锦涛同志为主要代表的中国共产党人,都非常重视调查研究。江泽民指出,马克思主义基本原理同中国具体实际的结合,"始终是以调查研究为前提、为依据的"。他要求县以上各级领导同志,尤其是主要负责同志,"每年至少抽出一两个月的时间,深入基层调查研究"。胡锦涛指出,调查研究是"增强做好工作的自觉性、主动性的重要途径",强调要通过深入调研"不断把握科学发展的主动权"。改革开放和社会主义现代化建设事业,正是在坚持和加强调查研究中一步步向前推进的。

调查研究是我们党创造新时代中国特色社会主义伟大成就的重要法宝。党的十八大以来,以习近平同志为核心的党中央高度重视调查研究工作,习近平总书记对此作出一系列重要论述和重要指示批示,强调指出,调查研究是谋事之基、成事之道,没有调查就没有发言权,没有调查就没有决策权;正确的决策离不开调查研究,正确的贯彻落实同样也离不开调查研究;调查研究是获得真知灼见的源头活水,是做好工作的基本功;要在全党大兴调查研究之风。从党的群众路线教育实践活动到"三严三实"专题教育,从"两学一做"学习教育到"不忘初心、牢记使命"主题教育,从党史学习教育到学习贯彻习近平新时代中国特色社会主义思想主题教育,每一次党内学习教育都对调查研究提出明确要求,调查研究也都成为党内学习教育的重要内容。

习近平总书记是这样要求全党的,更是身体力行、率先垂范,为全党树立了光辉典范。党的十八大以来,习近平总书记聚焦重大战略、重大决策,深入基层、深入群众,调研的脚步走遍了祖国的大江南北。习近平总书记说过:"我提出精准扶贫战略,就是在深入调查研究的基础上提出来的。"他先后7次主持召开中央扶贫工作座谈会,50多次调研扶贫工作,走遍了14个集中连片特困地区,而且年年去、常常去,最终带领全党全国各族人民打赢了脱贫攻坚战。构建新发展格局这一重大战略任务,也是习近平总书记在深入调查研究后提出来的。他曾谈起新发展格局的提出过程:"我在浙江考察时发现,在疫情冲击下全球产业链供应链发生局部断裂,直接影响到我国国内经济循环。当地不少企业需要的国外原材料进不来、海外人员来不了、货物出不去,不得不停工停产。我感觉到,现在的形势已经很不一样了,大进大出的环境条件已经变化,必须根据新的形势提出引领发展的新思路。"在浙江考察返京后不久,2020年4月10日,习近平总书记就在中央财经委员会第七次会议上提出,要"构建以国内大循环为主体、国内国际双循环相互促进的新发展格局"。可以说,新时代采取的一系列战略性举措,推进的一系列变革性实践,实现的一系列突破性进展,取得的一系列标志性成果,无不凝结着习近平总书记一次又一次带头调查研究付出的心血和获得的智慧。

调查研究是主题教育的重要内容,是做好各项工作的基本功

在学习贯彻习近平新时代中国特色社会主义思想主题教育启动之际,党中央决定,在全党大兴调查研究,作为主题教育的重要内容。习近平总书记强调:"这次主题教育不划阶段、不分环节,要把理论学习、调查研究、推动发展、检视整改等贯通起来,有机融合、一体推进。"要求我们"按照党中央关于在全党大兴调查研究的工作方案,组织广大党员、干部特别是各级领导干部扑下身子、沉到一线,深入农村、社区、企业、医院、学校、'两新'组织等基层单位,把脉问诊、解剖麻雀,进行问题梳理、难题排查,运用党的创新理论研究新情况、解决新问题"。掌握好调查研究这项基本功,是贯彻落实好习近平总书记重要讲话精神、开展好主题教育的一个重

要内容。

　　调查研究必须坚持问题导向和目标导向。习近平总书记指出，"要教育引导各级党组织和广大党员、干部突出问题导向"，"把问题整改贯穿主题教育始终"。毛泽东曾形象地说："调查就像'十月怀胎'，解决问题就像'一朝分娩'。调查就是解决问题。"这就要求我们必须把解决实际问题作为调查研究的出发点和落脚点。问题是时代的口号、时代的声音，每个时代总有属于它自己的问题。当前，世界百年未有之大变局加速演进，不确定、难预料因素增多，国内改革发展稳定面临不少深层次矛盾躲不开、绕不过，各种风险挑战、困难问题比以往更加严峻复杂。开展调查研究，必须聚焦实践遇到的新问题、改革发展稳定存在的深层次问题、人民群众急难愁盼问题、国际变局中的重大问题、党的建设面临的突出问题，特别是聚焦学习贯彻习近平新时代中国特色社会主义思想主题教育要着力解决的6个方面的问题、《关于在全党大兴调查研究的工作方案》列出的12个方面的重点问题，不断提出真正解决问题的新理念新思路新办法。

　　习近平总书记强调，这次主题教育要牢牢把握"学思想、强党性、重实践、建新功"的总要求，"根本任务是坚持学思用贯通、知信行统一，把新时代中国特色社会主义思想转化为坚定理想、锤炼党性和指导实践、推动工作的强大力量，使全党始终保持统一的思想、坚定的意志、协调的行动、强大的战斗力，努力在以学铸魂、以学增智、以学正风、以学促干方面取得实实在在的成效"，并明确提出5个方面的具体目标。一个总要求、一个根本任务、5个具体目标，就是学习贯彻习近平新时代中国特色社会主义思想主题教育的目标要求。坚持目标导向,就是要在主题教育的全过程,始终对标对表习近平总书记提出的目标要求,深入开展事关全局的战略性调研、破解复杂难题的对策性调研、新时代新情况的前瞻性调研、重大工作项目的跟踪性调研、典型案例的解剖式调研、推动落实的督查式调研,推动主题教育取得实实在在的成效。

调查研究必须坚持正确态度和科学方法。态度和方法直接决定了调查研究的成效。开展调查研究的正确态度,最重要的是两条:一是实事求是;二是"眼睛向下"。实事求是的态度,就是坚持党的思想路线,"坚守党性原则,一切从实际出发,理论联系实际,听真话、察实情,坚持真理、修正错误,有一是一、有二是二,既报喜又报忧,不唯书、不唯上、只唯实",真正把功夫下到出实招、办实事、求实效上。所谓"眼睛向下",就是坚持党的群众路线,以满腔热忱自觉问计于民、问需于民。毛泽东指出,要做好调查研究,"第一是眼睛向下,不要只是昂首望天。没有眼睛向下的兴趣和决心,是一辈子也不会真正懂得中国的事情的"。习近平总书记强调,"要拜人民为师,向人民学习,放下架子、扑下身子,接地气、通下情,'身入'更要'心至'",要"抓住老百姓最急最忧最怨的问题,解决好群众最关心最直接最现实的利益问题"。这样的态度,才是开展调查研究正确的态度。

我们党在长期实践中积累了很多行之有效的调研方法,在新的形势下,我们需要继承并发扬光大。调查研究包括调查和研究两个环节。在调查环节,要善于抓住典型。毛泽东曾把调查研究比喻为解剖麻雀。他说,"调查有两种方法,一种是走马看花,一种是下马看花。走马看花,不深入,因为有那么多的花嘛",所以"还必须用第二种方法，就是下马看花，过细看花，分析一朵'花'，解剖一个'麻雀'"，"麻雀虽然很多，不需要分析每个麻雀，解剖一两个就够了"。这讲的就是典型的价值。要抓好典型，就必须做到习近平总书记所要求的，"既到工作局面好和先进的地方去总结经验，又到群众意见多的地方去，到工作做得差的地方去，到困难较多、情况复杂、矛盾尖锐的地方去调查研究"。在研究环节，要善于把握规律。对于取得的调查材料，要进行一番分析和综合的工作，把零散的认识系统化，把粗浅的认识深刻化，直至找到事物的本质和规律，找到解决问题的正确办法。我们党长期使用的解剖麻雀、蹲点调研、开调查会等传统调研方式，在新时代依然是管用的，依然应该坚持。同时，也要适应当今社会发展的特点，拓展调研渠道、丰富调研手段、创新调研方式。要坚持因地制宜，综合运用座谈访谈、随机走访、问卷调查、专家调查、抽样调查、统计分析等方式，充分运用互联网、大数据等现代信息技术，提高调查研究的科学性和实效性。

调查研究必须坚持常态化和制度化。实践发展永无止境，调查研究也永无止境。毛泽东说过，"事物是运动的，变化着的，进步着的。因此，我们的调查，也是长期的。今天需要我们调查，将来我们的儿子、孙子，也要作调查"，"一万年还是要进行调查研究工作"。当前，我国发展正处在新的历史方位，国内国际环境变化深刻复杂，改革发展稳定任务千头万绪，我们在认识世界和改造世界中面临着新的考验。这要求我们必须善于不断重新学习，善于不断开展新的调查研究。

要做到调查研究常态化，建立和完善调查研究制度是关键。习近平总书记对调查研究常态化制度化提出了明确要求，党章党规党纪对调查研究作出了明确规定。《中国共产党章程》规定，党的各级领导干部必须具备的一项基本条件是："坚持解放思想，实事求是，与时俱进，开拓创新，认真调查研究，能够把党的方针、政策同本地区、本部门的实际相结合，卓有成效地开展工作，讲实话，办实事，求实效。"《关于新形势下党内政治生活的若干准则》规定："坚持领导干部调查研究、定期接待群众来访、同干部群众谈心、群众满意度测评等制度。""中央委员会、中央政治局、中央政治局常务委员会和党的各级委员会作出重大决策部署，必须深入开展调查研究，广泛听取各方面意见和建议，凝聚智慧和力量，做到科学决策、民主决策、依法决策。"中央八项规定更是在第一条就对改进调查研究提出了要求。可见，开展调查研究，不仅是我们党思想路线和群众路线的内在要求，也是全面从严治党、依规治党的重要任务，是全党同志特别是各级领导干部肩负的一项政治责任。

在全党深入开展学习贯彻习近平新时代中国特色社会主义思想主题教育，大兴调查研究，必将教育全党同志进一步深刻领悟"两个确立"的决定性意义，增强"四个意识"、坚定"四个自信"、做到"两个维护"，为实现强国建设、民族复兴的宏伟目标注入强大动力。

（原载《求是》2023年第8期）

图书在版编目（CIP）数据

学习新时代治国理政的思想和智慧 / 曲青山著. --北京：学习出版社，2025.9. --ISBN 978-7-5147-1381-7

Ⅰ.D610.4

中国国家版本馆CIP数据核字第2025KT1297号

学习新时代治国理政的思想和智慧
XUEXI XINSHIDAI ZHIGUOLIZHENG DE SIXIANG HE ZHIHUI

曲青山　著

责任编辑：李　岩　左轩铭
技术编辑：胡　啸
装帧设计：鸿泰博峰

出版发行：学习出版社
　　　　　北京市崇外大街11号新成文化大厦B座11层（100062）
　　　　　010-66063020　010-66061634　010-66061646
网　　址：http://www.xuexiph.cn
经　　销：新华书店
印　　刷：三河市龙大印装有限公司
开　　本：710毫米×1000毫米　1/16
印　　张：18
字　　数：201千字
版次印次：2025年9月第1版　2025年9月第1次印刷
书　　号：ISBN 978-7-5147-1381-7
定　　价：68.00元

如有印装错误请与本社联系调换，电话：010-66064915